朱丕荣1987年2月在日本访问

朱丕荣与夫人孙叔涵（曾任中央农业广播电视学校副校长）1999年在意大利访问

联合国粮农组织计划委员会委员（1988—1989年），右二为朱丕荣

联合国粮农组织计划委员会委员（1990—1991年），前排右二为朱丕荣

# 乡村振兴与中国农业对外合作

朱丕荣 著

中国农业出版社
北 京

图书在版编目（CIP）数据

乡村振兴与中国农业对外合作 / 朱丕荣著．—北京：
中国农业出版社，2020.5
ISBN 978-7-109-26723-7

Ⅰ．①乡…　Ⅱ．①朱…　Ⅲ．①农业技术－国际合作－
研究－中国　Ⅳ．①F323.3

中国版本图书馆 CIP 数据核字（2020）第 050059 号

中国农业出版社出版
地址：北京市朝阳区麦子店街 18 号楼
邮编：100125
责任编辑：赵　刚
版式设计：王　晨　责任校对：刘丽香
印刷：北京万友印刷有限公司
版次：2020 年 5 月第 1 版
印次：2020 年 5 月北京第 1 次印刷
发行：新华书店北京发行所
开本：720mm×960mm　1/16
印张：15.75　插页：1
字数：283 千字
定价：68.00 元

# 前　言

抗日战争胜利后的 1946 年，我高中毕业，立志要为农业建设服务，考入复旦大学农艺系学习。新中国成立后 1950 年大学毕业，服从国家统一分配，来到农业部工作。先是在粮食生产司，总结推广粮食作物丰产经验。"文化大革命"后的 1972 年，调到农业部计划司工作，从事区域发展规划。这些都要经常下乡调查研究，了解基层农业、农村、农民情况。在这期间，还要参加农村实践，不断锻炼考验，我曾先后参加过农村土地改革（1950—1951 年），农村蹲点调查（1958 年），三年困难时期（1959—1961 年）下放四川省三台县农村当农民，1964 年参加河北省赵县农村社会主义教育运动，1969—1972 年在农业部西华五七干部学校劳动锻炼。亲身感受到农民勤劳勇敢，但农民文化技术素质低，农村、农业贫困落后，是社会主义现代化建设中的薄弱环节，必须得到国家与社会的大力支援与帮助，否则难以快速发展。

改革开放后的 1979 年，我被调到农业部外事司工作利用对外窗口渠道，积极为农业引进资金（包括贷款、粮食等援助）、技术、设备、人才等服务，多办实事。1988 年退休时，得到部党组的信任和培养，推荐我竞选联合国粮农组织计划委员会委员，成功当选、选任两届（1988—1989 年和 1990—1991 年），从事农业外交工作。此后仍是退而不休，情系"三农"，一直关心调研、收集整理有关世界农业发展趋势、农业对外合作进展、农业现代化建设、乡村振兴等状况，向领导部门反映或向社会宣传呼吁。曾出版过《国际农业与中国农业对外交往》（1997 年）、《世界农业与中国农业对外开放》（2002 年）、《环球农业与中国农业对外合作》（2009 年）

三本书，均由中国农业出版社出版。

2019 年是新中国成立 70 周年，为了总结庆贺社会主义农业建设的历史性伟大成就和农业对外合作辉煌成果，以及"三农"事业的新进展，我将近十多年来所写的有关文章 40 多篇汇编成册，以《乡村振兴与中国农业对外合作》为书名出版，供农业工作者广泛交流、参考、探讨，为迎接新时代农业对外开放新形势，发挥我国社会主义制度的优势，开拓创新，推进世界农业进步与共同发展，构建人类命运共同体，更好开展农业对外合作，做出更大贡献。

在本书编写中，曾得到农业部国际合作司同志们、原改革法规司郭书田司长和老伴孙叔涵等的支持、鼓励与帮助，特此，致以衷心感谢。

由于本人水平有限，内容上难免有不妥与错误之处，敬请读者批评指正。

朱丕荣

2019 年 12 月于北京

# 目　　录

## 三、农业现代化与乡村振兴战略

# 目　录

# 一、世界农业

# 全球农业发展的启迪及
# 当前面临的挑战

　　第二次世界大战后50年来，全球农业有了很大发展，基本满足了全球人口对农产品的需求。从世界各国发展农业的实践来看，有4个方面值得重视：①农业发展的快慢，取决于政府正确处理工业与农业发展的关系，是否切实把农业放在国民经济的首位；②国家对农业的干预；③积极推动农业技术进步；④开展多种经营，实行农林牧渔综合发展。然而，目前世界农业也面临人口增长过快及粮食产量增长较慢等新的挑战。

　　第二次世界大战以来的半个世纪里，全球农业有了很大进展，能养活了战后增加的人口，并基本满足了全球人们生活改善的需求。

## 一、50年来全球农业取得很大进展

### （一）农业产量增长

　　世界谷物总产量，50年代增长43%，60年代增长26%，70年代增长29%，80年代增长25.64%。1994年世界谷物总产量19.53亿吨，比1945年6.9亿吨增长1.83倍。其他经济作物、畜牧、渔业等都有很大增长。如世界棉花总产量1993年1 792.9万吨，比1950年65.9万吨，增长26.2倍。世界水产品总产量1950年2 000万吨，1993年近1亿吨，增长近4倍。

### （二）人民生活提高

　　尽管全球人口迅速增长，但世界人均直接粮食消费供应量却增加了。按每年、千克计算，1961—1963年平均为139千克，1969—1971年平均为146千克，1979—1981年平均为157千克，1988—1990年平均为164千克，1994年为160.9千克。世界人均水产品消费量，1969—1970年平均为 11 千克，1989—1991 年平均为 13.3 千克。人均肉类消费量，发达国家 1969—1971 年平均为 63 千克，1988—1990 年平均为 80 千克；发展中国家 1969—1971 年平均为 10.5 千克，1988—1990 年平均为 16.4 千克。

**（三）发展中国家长期营养不良的人口有所减少**

1969—1970 年平均有 9.41 亿人，占其总人口的 36%，1988—1990 年平均 7.81 亿人，占其总人口的 20%。

## 二、发展农业的战略措施

粮食问题不仅是经济问题，也是社会政治问题。为此，国际社会十分关注，从半个世纪实践看，有 4 个方面值得重视。

**（一）世界各国农业发展的快慢，取决于政府正确处理工业与农业发展的关系，是否切实把农业放在国民经济的首要地位**

如美国尽管工业发达，但仍很重视农业，把农业作为一项公共事业，对农业科研、教育、推广、资源保护和农村社会基础设施建设给予很大支持，尽力缩小工农之间差别。日本和德国在战后都把发展农业作为恢复经济的重大战略。日本战后农业比战前下降 40%，人均谷物产量由战前的 228 千克减少到 130 千克，花了 10 年时间对农业进行改革和恢复，到 1955—1973 年农业获得高速发展，基本上建成了高产、稳产的现代农业。法国在战后同样努力发展农业，1971 年就由农产品的净进口国变为净出口国和世界上重要的农产品出口国。

发展中国家中，有些在独立后只强调工业化，忽视了农业的发展，结果造成国民经济的困难，不得不改变战略，采取优先发展农业的方针。如印度 1950—1965 年没有把发展的重点放在迫切需要解决的粮食问题上，而是放在工业上，结果农业落后，粮食短缺，社会动荡，经济不振，1966 年后不得不调整经济发展方针，制定农业的新战略，开展"绿色革命"，才有好转。在东南亚、拉美、非洲都有这样一些国家 20 世纪 50—60 年代片面强调工业化、忽视农业的倾向，在 70 年代前后都吸取深刻教训，相继调整工农业的结构，重视了农业的重要战略地位，努力发展农业经济，才使本国经济逐步走上健康发展的道路。

原苏联，土地资源丰富，历史上粮食有余，十月革命后优先发展重工业，粮食生产长期徘徊不前。战后 50 年代采取开荒的战略，1954—1960年垦荒 4 200 万公顷，付出了资源代价，生产了大量粮食。但由于政治、经济与管理不善等因素，基础不稳，农业生产仍然波动很大，尚未摆脱困境。东欧一些国家 50 年代把发展工业作为首要目标，农业发展缓慢，到60 年代末才注意农业，在提高粮食生产的基础上发展畜牧业和副食品生产，增加肉奶蛋的供应，使人民生活得以改善。

**（二）国家对农业实行干预**

通过经济和政策法规的手段，来引导农业生产向国家预订的目标方向发展，切实保护农民利益，调动生产者积极性，支持与加强农业生产建设，合理利用与保护农业资源，对不利于国家利益和妨碍持续发展的行为要加以限制。发达国家普遍实行以工业的积累扶植农业的政策，对农产品价格补贴，提供低息贷款，资助科研教育推广以及出口补贴、征收关税、促进出口的保护主义等政策。如日本的财政收入来自农业的一般占 1％，对农业投入却占总预算的 10％，通过各种渠道用于农业的投资高达农业总产值的 1.5 倍之多。法国对农业的投资额 1950—1960 年平均每年增长5.4％，1960—1970 年平均每年增长 6.8％；农业投资占整个经济部门总投资的比重，1950—1953 年保持在 8.3％～9.3％，1954—1958 年则上升到 10.1％～10.9％，1964—1968 年则保持在 22.1％～25.5％。80 年代美国、加拿大、欧洲共同体、奥地利、瑞典对农业生产者平均补贴等值的25％～50％，芬兰、日本、挪威和瑞士补贴等值的 70％以上，新西兰和澳大利亚补贴等值的 10％或不到 10％。1992 年经济合作发展组织的国家对农业的补贴总值达 3 540 亿美元。

发展中国家 20 世纪 80 年代对农业投资有增有减。近十多年来，印度、泰国、马来西亚、印度尼西亚、韩国等增加了对农业技术推广、农村基础设施、推广良种化肥农药等提供适当补贴，以及信贷的支持，特别重视扶植贫困地区的发展。韩国每年以总预算的 8％～10％用于农村基础设施投资。拉美的阿根廷、智利、委内瑞拉、厄瓜多尔、哥伦比亚和墨西哥等国家对粮食生产采取鼓励措施，对投入物、信贷给予政策补贴，从财政、价格、减免税收和灌溉基础设施给予优惠待遇。不少发展中国家逐步取消了对农产品的价格控制、放宽农产品贸易，减少国营商业部门的作用，加强合作和私营部门的作用，鼓励出口创汇的政策。

**（三）积极推动农业技术进步，大力发展农业生产力，逐步实现农业现代化**

二战后初期，发达国家在农业增产中 20％～30％靠技术进步实现的，到 70 年代 60％～80％归功于农业技术进步；发展中国家在农业增产中目前只有 10％～40％是靠技术进步实现的。从 70 年代中到 90 年代初，农业劳动生产率，发达国家提高了 3.3 倍，发展中国家提高 1.4 倍；每个农业劳动力的国民抚养能力，发达国家由 15 人提高到 30～40 人，发展中国家仍只有 3～4 人。发达国家农业机械化发展很快。如美国 50 年代就解决了谷物和饲料作物生产的全面机械化。法国 1955 年基本实现农业机械化、种植业机械化程度达 65％，七八十年代畜牧业在机械化、电气化、自动化的基础上实现了工厂化生产。日本 1968—1980 年实现了水稻生产的全面机械化，并研究发展了农牧业节省空间的工厂化、温室化、大棚化等技术。发展中国家农业机械化进展较慢。据联合国粮农组织 1986 年调查，发展中国家机械耕种面积只占 22％（发达国家为 82％），拖拉机 453 万台（发达国家 1 992 万台）联合收割机 24.5 万台（发达国家 366.6 万台），农机化的发展水平以拉美国家较高，非洲国家较低，亚洲国家一般。

农业技术包括选用良种、灌溉、施用化肥农药、植物保护、改进耕作制度等方面都有很大的进展。世界现有灌溉面积 2.35 亿公顷，比 1949 年扩大 1.3 倍多，发展中国家灌溉面积 1989 年比 1961 年扩大 60％，占其耕地的 21.4％。化肥的推广很快，世界平均每公顷化肥施用量 1970 年为 49 千克，1985 年为 87.1 千克，1992 年为 99.4 千克（其中氮 55.7 千克，磷 26.3 千克，钾 17.4 千克）。当今在推广微量元素、复合肥料、微生物肥料的施用。优良品种的选育与推广，对提高单位产量、改善品质、增强抗病虫害力、增加效益有很大作用。对杂交种子的利用，30 年代开始就推广杂交玉米，50 年代推广杂交高粱，70 年代推广杂交水稻，成效显著。60 年代中期到 70 年代中期，不少发展中国家开展以推广良种、发展灌溉和施用化肥农药为中心的技术改革，称为"绿色革命"，取得良好效果。70 年代以来农业高新技术扩大利用，如组织培养、基因、细胞、酶、发酵和生物化学工程等生物技术以及电子计算机、遥感技术、原子能辐射等逐步扩大应用并转向产业化。畜牧业方面，在增加饲养量的同时，着重通过育种、饲养管理和防疫治病等技术措施来提高单体产出率和商品率。几十年来仅动物育种，可使每年牲畜生产率提高 1%～2%。过去饲养 1 只肉鸡长到 1.5～2 千克需 8～10 个月，现在缩短到 2 个月就可以了。

为推动农业技术进步，许多国家增加了财政和智力投入，加强与完善农业科研教育推广工作体系。

农村人力资源开发的关键是做好农业教育与推广工作。发达国家普遍重视农业教育，从基础到专业教育，职业教育、技术推广、继续教育有一套完整的教育推广体系，有立法和相应的鼓励政策措施，有专门的管理机构和足够的经费保证，有政府和社会的大力支持。其农民的文化科技素质较高。如 1990 年美国农场主大部为大学毕业生，德国农民中，大学生占 6.7%，受过职业教育的占一半以上。日本农民中，大学生占 6%，高中毕业生占 3/4。

**（四）开展多种经营，实行农牧林渔综合发展，产供销、农工商综合经营企业化，促进农民增加收入，扩大劳动就业，尽快使农村富裕**

发达国家从 50 年代开始就调整农业产业结构，使粮食作物与经济作物，种植业与养殖业合理布局、协调发展，逐步实现生产区城市化、专业化，提高主要产品的商品率。如美国的东北部为奶牛带、东南部为柑橘、水稻、牛肉、肉鸡带，中部为玉米带，北部小麦带、太平洋沿岸农牧混合与蔬菜带、西南部为棉花带等。每个农场只经营一两种主要产品。加拿大战后实行农牧并重、以牧为主的方针，大西洋沿岸农林牧渔结合，中部地区农牧并举，发展蔬菜、水产品、水果、烟草，平原地带以谷物为主，太平洋沿岸以奶牛为主。法国农业重视分区专业化、全国分 23 个区、各有特色，其中约 1/3 地区以种植业为主，1/3 地区以畜牧业为主，1/3 地区农牧并举；各种农产品都有专业化的集中产区。英国东南部以谷物、甜菜为主，中北部以谷物牧业并举，西南部以牧业为主；全国有 3/5 的农场从事奶牛、肉牛和羊的饲养和经营。

发达国家从 20 世纪 50 年代起即重视产后的加工、运输、贮存、销售等工作。80 年代，美国农产品加工业的产值占工业总产值的 1/4 左右。法国食品工业在工业部门中居首位。保加利亚的食品工业占工业产值的近

30%，占出口总值的 90% 多。美国农村劳动力 20% 用于产前，10% 用于产中，70% 用于产后。英国农业劳力构成，产前（生产资料供应）部分占7.2%，产中（直接参加生产）占 22.9%，产后（产品加工、运输、销售）占 69.9%。日本农民收入中来自非农业的比重，1951 年为 21.7%，1965 年为 52%，1975 年为 66%，80 年代初为 79.5%。发达国家农产品经过加工销售的约占 80%，而发展中国家只占 10%～20%。在 70 年代后期，发展中国家重视农村综合发展，鼓励农村工业化，增加非农业的经济活动和就业机会，以利脱贫致富和减少农村人口盲目流入城市。如亚洲一些国家积极兴办农村企业，逐步改变农村落后面貌。印度把发展村庄和家庭工业作为支持农业的一项重要战略。

为了加快农村经济产业化企业化，发达国家一贯重视发展各种农民组织和合作组织。如美国 4/5 以上的农场主参加各种类型的合作组织。欧洲一些国家在本世纪初就开展以流通和服务为主的农村合作社，长期以来不断巩固与发展。如法国 90% 的农业生产者参加各种合作社，其销售的农产品占农产品总值的 30%～50%，并负责 50% 以上的生产资料的供应。德国有一套完整的合作制体系，包括农村供销、加工、服务、信贷与合作银行、手工业和零售商业、消费、住宅建筑等合作社，并分全国、地区、基层三级，形成以加工销售为"龙头"，以系列化、专业化服务为纽带，发展起广大农民乐于接受的农村合作制模式。日本在 1947 年即成立农业协同组合，1990 年全国有正式会员 550 多万个，非正式会员 290 万个。有综合农协（指导农业经营和农产品购销、信用、金融、加工业等）和专业农协（蔬菜、水果、蚕丝、畜产等 18 个专业服务）两种，全国、县、基层形成一个网络体系，从事经营农产品加工、销售、生产资料供应和信贷保险等业务，还协助组织执行政府的农业政策（如补贴、各种支持）。发展中国家 80年代也重视加强农村社会化服务工作，并发展各种形式的地方基层组织，如合作社、生产者协会、农民协会、农业工人组织、村民委员会、妇女组织、青年组织等，以利发动和组织广大农民参加农村发展工作。

## 三、新的挑战

当今世界农业与农村发展中也存在不少问题，面临着新的挑战。

## （一）全球人口不断增加

到 2010 年达 72 亿人，2030 年将达 90 亿人，2050 年可能达 100 亿人，增加的人口中 95％是在发展中国家，这将给农业带来巨大的压力，须在人均农业资源日益减少的情况下增产更多更好的农产品来满足人口增长和人们生活改善的需要。

## （二）发达国家与发展中国家差距很大

现在发达国家人口占世界的 23％，用地占世界 42％，但其谷物产量占世界 45％、肉类产量占世界 63％，谷物库存量占世界 70％，农产品出口值占世界 70％。发达国家农业劳动力的人均产量 1961—1963 年平均为发展中国家的近 8 倍，1988—1990 年平均则为发展中国家的 18 倍。发展中国家农产品人均占有量只有发达国家的 1/3 左右。据世界银行报告，1990 年发展中国家生活在贫困线（人均年收入 370 美元）以下的有 11.3 亿人，大部分居住在农村，其中南亚 5.62 亿人、非洲 2.16 亿人，东亚和太平洋 1.69 亿人，拉美 1.08 亿人，中东和北非 0.73 亿人。

## （三）世界粮食和农业总产量的增长率在放慢

1961—1970 年平均为 3％，1970—1980 年平均为 2.3％，1980—1990 年平均为 2.1％，1990—1995 年期间上下波动，徘徊不前。其中发展中国家增长较快，1961—1970 年平均为 3.4％，1970—1980 年平均为 3％，1980—1990 年平均为 3.3％。但是发展中国家人均谷物产量下降的国家有所增加，20 世纪 60 年代有 49 个，70 年代有 73 个，80 年代有 84 个，其中 70—80 年代连续下降的国家有 49 个。大体上有 1/3 的发展中国家人均谷物供应量在 80 年代下降了。

世界谷物库存量近年来有所减少。1991—1994 年度世界谷物库存量占消费量的比例为 18％～21％，1994 年度（1994 年 7 月—1995 年 6 月底）世界谷物库存量 3.05 亿吨，只占消费量的 17％（安全系数的最低下限）。据粮农组织最近预计，1995 年世界谷物总产量将减产 1％，1995 年度的世界谷物库存量将降到 2.7 亿吨，只占消费量的 15％，全球粮食安全势将难以保障。

## （四）半个世纪农业发展曾付出了很大的自然资源的代价

据估计，全球 1/3 的土地受侵蚀，每年从河流流失的肥土 240 亿吨冲入大海，荒漠化面积每年达 600 万公顷，由于土壤退化损失耕地 500 万～700 万公顷，盐碱化 100 万～500 万公顷。热带森林每年毁坏 1 700 万公顷（人工造林只 200 多万公顷）。海洋底层鱼类资源由于酷捕而枯竭，草场资源因滥牧而退化，全球生物资源衰退、环境污染加重，对农业和人类健康带来严重威胁。20 世纪 60 年代全球每年遭受旱灾人数 1 850 万人、水灾 520 万人，80 年代每年遭灾的人数是 60 年代的两倍。近 50 年来，世界淡水资源的使用量增加近 4 倍，其中农业用水占 2/3 以上。亚洲的用水量占全球用水总量的一半以上，发展中国家水资源紧缺，将有 1/3 人口生活用水得不到保证。当今农业资源环境的保护与改善以及持续利用，成为日益突出的矛盾。

原载新华社《参考资料》1995 年 8 月 9 日

# 世界水资源与灌溉农业

由于人口增长、使用不当以及对水的利用机会不公平，造成水资源的紧缺。农业用水量最大，卓有成效的灌溉是世界农业发展的一个重要因素，它将为粮食供应和确保粮食安全做出贡献。

水是地球上最丰富的资源之一。人类依赖水而生存。但是确实可供饮用的水仅占水的供应总量的近1%。水资源日益稀少以及淡水的使用不当，对持续发展构成了严重威胁。

农业的用水量最大，但其水利用的价值低，用水的效率低，投资大、补贴高。世界各国用于灌溉的开支占农业预算的大部分。如1940年以来墨西哥在农业方面公共开支的80%用于灌溉项目，在中国、巴基斯坦和印度尼西亚，灌溉占农业投资的一半以上，印度全部公共投资的30%用于灌溉。20世纪80年代世界银行的农业贷款中，灌溉占30%。国际发展援助中近10年来每年对灌溉的经费承诺额超过20亿美元。提高用水效率还有很大潜力，目前引水灌溉和抽水灌溉的水量利用率只40%左右，发展中国家灌溉地的1/4有不同程度的盐碱化。

据有关专家估计，现今全球约有24亿人的工作、食物和收入要靠灌溉农业。世界粮食的30%～40%来自占耕种面积16%的灌溉农田，其中稻谷和小麦产量的55%靠灌溉获得，水产品产量总值的1/5左右来自淡水养殖。全球家畜饮水需要量每天为600亿升（预计每年增加4亿升）。下一世纪的粮食安全，某种程度上取决于灌溉的成功与否。据联合国粮农组织估计，今后30年要供养世界人口所需粮食供应增加部分的80%，将靠灌溉生产。

灌溉对提高农业生产率有显著作用。水将变得更为珍贵，不再是可充分供应的、廉价的资源。要求以持续的方式用较少的水生产较多的产品。

需要采用需求管理机制来重新分配现有的供水，鼓励更加有效地用水，并提倡更加公平地获得供水的机会。决策者需要制定一套奖励、管理、许可、限制和惩罚的措施。这将有助于指导协调人们如何用水，同时鼓励在节水技术方面采用创新技术。过去管理水资源的办法以供水方面采取的措施为主，如截取、储存、输送、处理和挖掘等技术和工程手段开发新的供水，来满足日益增长需求，而现在的重点转为讲求经济用水，水资源的持续利用，即对用水者进行管理的方针。

## 一、世界水资源状况

地球表面的年降水量为 11 万立方千米，其中约有 7 万立方千米蒸发了，其余 4 万立方千米可能供人类利用。但分布极不均衡，其中 2/3 在洪水中流失，比较稳定的供应量只有 1.4 万立方千米。目前全球的淡水消费量约为 4 000 立方千米，仅占可更新年供应量的 10%。

全世界的降水量、水的抽出量和可利用量相差甚大。1980 年拉丁美洲人均可利用水量为 4.88 万立方米，亚洲人均 5 100 立方米，非洲 9 400立方米，北美洲 2.13 万立方米，欧洲 4 400 立方米。预计到 2000 年时，欧洲和北美洲人均可利用水量将不会有大的变化，而亚洲、非洲和拉丁美洲由于人口迅速增长，人均可利用水量将大幅度减少。据世界资源研究所预测，到 2000 年亚洲将消费世界总水量的 60%，北美洲占 15%，欧洲占13%，非洲近 7%，拉丁美洲近 6%。

由于人口增长，使用不当以及对水的利用机会不公平，将造成水资源的紧缺。据世界银行和世界资源研究所的资料，到 2000 年人均可更新水的可利用量降到低于 0.1 万立方米的国家有 21 个。面临长期缺水问题的大多数国家都在非洲、近东和非洲撒哈拉以南地区。到 90 年代末，预计有 40 多个国家的人均可利用水量将下降到低于 0.2 万立方米。有些国家在局部地区也严重缺水。如中国的北部、印度西部和南部以及墨西哥部分地区。也有因污染和过多抽取地下水造成缺水。在印度、中国、印度尼西亚、墨西哥、近东、北非、泰国、美国西部以及许多岛国过量开采地下水，有的引起水源枯竭或地面沉陷。

亚洲、非洲和拉美开发河流流域，发展灌溉农业历史较早，推进了技术与社会经济的进步。从全世界看，70％左右的用水量用于农业，城市家庭和工业与公共设施用水占30％。据世界资源研究所资料，从1950年以来，全球的水消耗量增加了近10倍，农业所占的比例1900年为90％，估计到2000年可能下降到62％。在同一时期中，工业用水量将从2％增加到近25％，而城市的用水量将从2％增加到近9％。20世纪初，全世界可供利用的水量中，使用的不到5％，而到2000年时，将有35％投入使用。工业用水中85％以上是作为废水循环使用。家庭用水需要量虽小，但因涉及饮用、食品加工和卫生，对水的质量要求高。全世界约有10亿人得不到干净的饮用水，有17亿人的卫生设施不足，造成污染。

水是一种战略资源。水资源越来越少，但其价值越来越高。国际上不断出现国家之间和区域之间的水资源的纠纷。有些国家严重依赖来自其他国家的河水流量。博茨瓦纳、保加利亚、柬埔寨、刚果、埃及、冈比亚、匈牙利、卢森堡、毛里塔尼亚、荷兰、罗马尼亚、苏丹、叙利亚等国能够得到的水供应量中75％以上来自上游邻国的河流流量。全球有40％以上的人口居住在一个以上的国家共同拥有的流域之中。水同土地和能源资源一样，成为争端的焦点。如印度和巴基斯坦曾对印度河及其支流的划分就是一个明显事例。其他国际河流包括尼罗河、幼发拉底河、恒河和湄公河、约旦河等都将是复杂的水源政治纠纷。

1992年1月国际水与环境会议认为，淡水资源紧缺和滥用，对可持续发展和环境保护将提出日益严重的挑战。会议指出，应把水作为一种经济商品来管理，是实现有效而公平地利用水资源和鼓励保护稀少的水资源的一种重要方法。因此，有必要把淡水作为一种有限的、易遭破坏的资源来进行管理，并把部门用水规划和计划纳入国家经济和社会政策。为了妥善解决越来越多的水资源问题，人们日益要求决策者综合研究和掌握整个水资源部门的状况问题和进展情况，要求水资源管理人员不仅认识水的循环，包括降雨、分布，生态系统的相互作用，自然环境以及土地用途的变化，而且认识部门间发展对水资源的不同需要。

## 二、对水需求的管理

在20世纪的大部分时间里，决策者的主要注意力一直放在水的供方。

但是世界许多地方发生了很多需方的问题。如水质退化、水力发电、污染和鱼类与野生动物的生态环境遭破坏、地下水开发过量、水流供应量不断减少等。这就需要协调对用水需求的管理科研教育和说服工作。许多国家建立了配水的体制和用水与水质管理制度，试用不同手段来权衡经济效率（从一定的基本资源中获得最高的产出价值）和公正程度（确保同等对待），并考虑个人自由、平等、人民参与，当地控制和有秩序地解决冲突等问题。

### 三、灌溉农业的政策

1800 年时，全球灌溉农田约 800 万公顷，到 19 世纪末已扩大到 4 800 万公顷，到 1990 年净灌溉面积达 2.37 亿公顷，其中 3/4 是在发展中国家，仅中国、印度和巴基斯坦目前就占世界灌溉面积的约 45%，占发展中国家灌溉总面积的 60%。

在全球范围内，60 年代初灌溉面积年均增长率 1%，1972—1975 年期间最高年均增长率达 2.3%，1975 年之后年均增长率开始下降，目前年均增长率不到 1%。

在过去 40 年里由于世界上最好的土地和多数易利用的供应水量已得到开发，因而灌溉项目的建造费用不断增加，而同期内，世界谷物价格大幅度下跌。60 年代中期到 80 年代末期大米价下跌 40%。现今在印度、中国、印度尼西亚、巴基斯坦、菲律宾和泰国的大型项目的新灌溉能力的基本费用为每公顷 1 500～4 000 美元。在墨西哥增加到每公顷 6 000 美元。在非洲，由于缺乏道路和其他基础设施，可以灌溉的田块相对较小，每公顷的费用增加到 1 万～2 万美元，有时甚至更高。据粮农组织估计，即使中型灌溉工程建造费用的差幅也大，从亚洲每公顷 2 400 美元到非洲每公顷 7 200 美元。同样，现有灌溉项目的现代化，如完善控水结构、更好地开发土地和适当的灌溉技术等费用也越来越高。投资费用日益增加，而作物产品价格下跌，这就迫使新的灌溉项目大为减少。

近 10 年来农业对水资源的需求增长，而污染、水土流失、水库淤塞以及不适当的灌溉方法引起积水、盐碱化、土壤侵蚀等问题不断增加。据粮农组织估计，在目前 2.37 亿公顷灌溉面积中，大约有 3 000 万公顷受到严重盐碱化影响，有 6 000 万～8 000 万公顷受到一定程度影响。联合国环境规划署最近报告，因积水和盐碱化而造成的灌溉面积年损失为 150 万公顷。受盐碱影响的面积占灌溉总面积的比例，在墨西哥为 10%，在印度为 11%，在巴基斯坦为 21%，在中国为 23%，在美国为 28%。主要发生在干旱和半干旱地区，关键是需要排水系统的配套。

农业的持续发展取决于水的持续利用。水利灌溉部门作为一个公共部门机构仍需有财政拨款支持，改善资源分配的规划，并要努力调动农民的积极性，依靠搞好服务收费开展工作。鉴于水资源的紧缺，水利部门以农业灌溉为主，兼顾城市和工业用水的需求，发挥水的多功能用途。灌溉是消费者和用户的一项服务，而不是一个生产行业。灌溉工程和水利政策制定、评估需要吸收代表政治、技术、管理和用水户协会共同磋商，需要考虑多种方案，允许在耕作方式和栽培高价值作物方面有更好和多样化的选择。卓有成效的灌溉，是世界农业发展的一个重要因素，它将为粮食供应和价格以及确保粮食安全作出贡献。

原载新华社《参考资料》1996 年 11 月 29 日

# 回顾审议世界农业与
# 环境会议报告的情况

为 1992 年世界环境与发展首脑会议作准备，联合国粮农组织与荷兰政府联合于 1991 年 4 月 15—19 日在荷兰召开农业与环境会议。会议由荷兰前农业部长 G. J. 布赖克斯先生主持，联合国粮农组织总干事萨乌马博士，特邀刚离任的中国农业部长何康教授前去担任会议副主席。会议着重讨论发展中国家的可持续农业与农村发展的战略和手段。有来自 124 个国家的专员、政府间组织 17 名专家、非政府组织 23 名专家和 25 名独立专家出席会议。

会议专门研究了当今和 21 世纪农业面临的问题与前景，探讨不同地区的技术战略以及实现农业与农村可持续发展的步骤和途径。会议还发表了《登博斯宣言》和行动议程。这是世界农业发展史上的一次重要会议。

## 一、会议关注世界农业面临的三大问题

在世界范围内，几千年来，农业一直是人类生存和福利最根本的活动，也是对自然环境的影响和依赖性最大的经济部门。随着人口增长对农业的需求增加，技术发生变化，农村地区缺乏可供选择的就业机会，农业和环境的冲突日益加剧，导致自然资源退化的加快，其中包括毁林、沙漠化和生物多样性减少，以及各种形式的污染。

在全球不少地区，农业正在不能履行为人们提供膳食和其他基本农产品及创造稳定收入的重要职能。世界上有 5 亿多人营养不足和 12 亿穷人，绝大多数生活在农村地区或来自农村地区。由于人口迅速增长和城市化进程的加快等新形势，迫切需要提供越来越多的农产品。到 2025 年，预计发展中国家 57% 的人口将生活在城区（当时为 34%），总人口将达 40 亿人。世界上另一些地区农业生产率不断提高，导致出现粮食剩余、失业和

浪费，并造成污染和不同形式的自然资源退化和环境恶化。

生态经济和社会的失调，不仅影响农业部门对目前几代人的生存能力，而且影响农业部门对今后世世代代人的生存能力。其部分原因是农产品价格可能没有充分反映出其持续生产的成本。考虑到预期农业在社会与经济方面发挥的作用，必须重新研究农业与环境的关系，以便能够持续地开展这种重要的活动。如果富人的生活方式意味着对全球的资源提出了过多的要求，则他们的生活方式是难以维持的，将必须加以改变。

## 二、会议提出了可持续农业和农村发展的新概念

联合国粮农组织对可持续农业和农村发展的定义是"管理和保护自然资源基础，并调整技术和机构改革方向，以便确保获得和持续满足目前几代人和今后世世代代人的需要，这种（农业、牧业、林业和渔业部门）持续发展能保护土地、水资源、植物和动物遗传资源，而且不会造成环境退化，同时技术上适当，经济上可行，能够被社会接受。"

在可持续农业和农村发展的广泛范围内，争取把所有这些重点系统地联系在一起，并使成为各国在环境、社会和经济方面受益的每一种现实。

全球农业尽管在生态、文化、社会和经济条件方面存在很大差异，但农业在确保人人最重要的粮食安全（不论是粮食的数量还是质量），提供就业机会和改善农村地区的生活和收入保障方面，都是排在第一位的。农业的持续发展应作为有力的农村发展过程中的一部分来加以实现。

以上说明：农业的目标，不仅追求生产发展、生活提高，还要讲究生态改善，发挥生态效益；不仅考虑当前利益，还必须考虑资源环境的永续利用与子孙后代的长远利益；要统筹考虑农业、农民、农村综合发展事业，以及人类经济社会与自然环境协调发展的问题。

## 三、会议发表了可持续农业与农村发展的《登博斯宣言》

"登博斯"即荷兰北布拉邦特省斯海尔托亨博斯的简称，是会议的召开地点。

《宣言》基本观点：预计到 2025 年，世界将必须多供养 32 亿人口，而其依赖的自然资源，已受到非持续性农业生产方法和因人类其他活动而

造成的环境问题的严重威胁，现在已有千百万人陷入贫困之中，他们不得不损害赖以生存的唯一手段——自然资源来维持生计。今后几十年中，既要满足世界人口增长和市场化发展，人类生活改善对粮食、纤维和其他农产品以及能源的需求，而不是满足社会奢求。农业必须主要通过现已利用的土地增加产量，尽量避免对仅有很少利用价值的土地的蚕食来解决上述问题。工业发达国家已出现的对非可再生资源的大量需求、环境污染、废物处理、农村人口加速外流、非持续性生产模式的发展等问题，值得引起注意。全球面临的任务是要吸取过去的经验教训，把事情办好，使进一步的发展需要与环境保护要求相协调。

可持续农业和农村发展的基本目标：一是保证自给自足和自力更生之间的适当和持续性的平衡，实现粮食安全。二是农村地区的就业和创收，特别是根治贫困。三是自然资源和环境保护。《宣言》强调指出：战胜贫困并将可持续农业和农村发展的思想变为现实的任务，是整个世界的责任。

会议要求各国按可持续发展要求，调整农业与农村发展政策、战略；加强农民教育培训，推进研制和采用新的农业和农村发展方式，选择既集约化又多样化的生产制度与技术和方式；增加资金投入，推进加强国际合作，监测调查农业资源的变化，制定农业领域中的持续性做法和行为守则与标准，建立与改善信息系统等措施。

## 四、审议会议报告的经历

这个会议报告，在递交 1992 年召开的"环境与发展"首脑会议之前，于 1991 年 5 月在联合国粮农组织计划委员会审议，我当时担任计划委员会委员，参加了审议并提出了一些意见，曾获与会者的赞同。

### （一）对资源与环境只提保护是不够的，还应该强调合理、节约利用并要积极改善增殖

我们中国人口多，水土资源紧缺、有限，必须合理节约有效地利用，积极加以改良，提高质量与效益。对可再生的资源，要积极采取增殖。中国是缺材少林的国家，森林覆盖率低（1950 年仅为 8.6%），大力提倡植树造林，每年有个植树节，动员全民扩大人工造林面积，增加森林面积和

森林覆盖率（1986 年达 16％）。水产方面，不只局限于捕捞，重要的是以发展养殖业为主，增加水产品总量。1988 年中国水产养殖产量约占水产总产量近一半，而世界水产养殖产量只占 12％。

**（二）联合国粮农组织在对可持续农业与农村发展的定义中，只提土壤、水、动植物资源，未把气象列为资源**

中国的农业资源概念，是将气象也包括在农业自然资源中，如光、热、雨水、风等都可加以利用。当然霜冻、冰雹、台风、干旱、暴雨等灾害性气候，是需防御的，要趋利避害对待。中国农业利用光热，推广温室大棚，塑料薄膜地面覆盖，以设施农业来改善农业和养殖业的生产环境，达到稳产、高产、多收，保障蔬菜周年供应。在一些地方，还利用太阳能、风能、小水电等解决燃料不足的农村能源问题。

**（三）开发利用生物能源**

农村积极推广沼气，把秸秆、人畜粪便等通过微生物发酵，产生沼气，加以利用，不仅提供农村能源，用作煮饭、照明，还有利于环境清洁和卫生。沼渣、沼液可以循环利用，代替化肥、农药的使用，有利减少环境污染。中国的沼气池，构造简单，成本低，易于推广。德国还派沼气专家来中国学习技术，之后赴非洲援助，推广利用沼气（联合国粮农组织官员对此特别感兴趣，事后约我们写专稿，在粮农组织的"女谷神"刊物上详细介绍，向各国宣传推广利用沼气）。

**（四）多熟制栽培、轮作倒茬耕作制度**

中国人多地少，人均耕地仅 0.45 公顷。为了有效利用耕地，增加农产量，在多数气候条件好（无霜期长）的地区，采用间作套种，或育苗栽培，扩大复种面积，实行一年两熟或多熟以及二年三熟制等办法，提高土地利用率，达到多种多收。同时注意培养土壤肥力，推广种植绿肥，使用农家厩肥、堆肥、沤肥等有机肥料。在耕作中，采取轮作、休闲和不同作物倒茬，防治病虫害，配合生物等技术，取得持续稳产高产的效用。还在山坡地，修造梯田，实施修建林、路、水利设施，加之生物与工程措施相结合，防治水土流失，改善生产条件，建设稳产高产基本农田，走集约经营的道路。

以上内容的介绍，引起了与会者极大兴趣，当时写进了会议记录。事后，粮农组织还派专人来中国进行考察了解，并与农业部区划司共同编写了"中国可持续农业与农村发展的现状与前景"的报告，提供给联合国粮农组织作为了信息资料。在 1997 年联合国粮农组织农业委员会对可持续农业的解释中，又称"在这种农业中，资源利用和资源保护与增殖相结合，采取与其生产条件相辅的新的技术结构，支援农民生产和保障可持续发展"。"通过人民大众参与形式进行可持续的集约化、多样化粮食生产，提高生产率、效率和安全收益，减少浪费和损失，并充分考虑到维护自然资源的必要性，与威胁粮食安全的环境（如干旱、荒漠化、病虫害、生物多样性丧失、土地资源退化、水土流失、滥伐森林、乱牧草原、酷捕鱼类及污染等）作斗争；加强农业生产与贸易的国际合作，促进处于不同发展水平的地区和国家之间互补互助；开展科研和技术交流，转让和使用适合发展中国家粮食安全需要和符合可持续发展的技术，加强技能开发和培训；加强公共和私人部门之间合作，支持挖掘农业生产潜力，增加农村劳动力就业机会，脱贫致富，维持自然资源的永续利用。"

原载《农业经济技术研究所通讯》2017 年第 4 期

# 全球林业及其资源状况和今后发展战略

据联合国粮农组织统计，1992年全球圆木产量34.77亿立方米。其中，薪柴18.73亿立方米，为30亿人口的家庭的主要能源；工业圆木16.03亿立方米，锯材4.5亿立方米，木质人造板1.22亿立方米，纸张2.45亿吨。这些薪柴和木材产品总价值估计超过4 000亿美元，其中工业用木材占产值的75%。全球木材产量的大约1/4已进入国际市场，其1992年的进出口贸易值达1 033亿美元，占世界商品贸易的3%。

在过去30年中，全球人均林产品消费量每年增长约1%。按实际值计算，1961—1991年全球木材消费值翻了一番以上，每年平均增长2.7%，这一期间，全球圆木产量增长了75%，薪柴产量将近翻了一番，工业圆木产量增长了50%。在加工成品中，锯木产量增长20%，木板产量增长600%，纸张产量增长350%。

发达国家消费量占世界工业用材和纸张的大部分。每千人住房和家具方面的年消费达300立方米。每千人每年在通信、包装和卫生方面消费纸张150吨。发展中国家每千人每年平均消费锯材和木质人造板30立方米，纸张12吨。

林业还有保护生态环境和生物多样性、调节气候、防止水土流失、美化环境、提供旅游娱乐场所等功能。因此，林业对国家的经济社会发展具有重要的意义。

## 一、全球森林资源的分布与特点

### （一）森林覆盖率和人均占有量

据联合国粮农组织1990年调查估计，全球森林面积34亿公顷，森林覆盖率26%，但分布很不均衡。其中，俄罗斯（占全球森林面积的22%）、巴西（占16%）、加拿大（占7%）、美国（占6%）四个国家占全球森林的 50％以上。各区域的森林覆盖率也有差别，南美 51％，北美和中美 25％，欧洲 27％，俄罗斯 35％，非洲 18％，亚洲 17％，大洋洲 10％。按人均森林面积计算，比较多的国家有法属圭亚那 86.9 公顷，苏里南 36.6 公顷，圭亚那 17.7 公顷，加蓬 15.6 公顷，博茨瓦纳 11.1 公顷。森林覆盖率比较高的国家：苏里南 95％，圭亚那 94％，法属圭亚那 91％，伯利兹 88％，文莱 87％。一些森林面积少的国家如阿尔及利亚、埃及和沙特阿拉伯等，气候极为干旱。

中国是少林缺材的国家，森林面积 1.277 亿公顷，居世界第五位（前四位是前苏联、巴西、加拿大、美国）。但森林覆盖率仅为 13.96％，人均森林面积只 0.1 公顷，而前苏联为 2.6 公顷，巴西为 3.7 公顷，加拿大为 9.3 公顷，美国为 0.8 公顷。

### （二）全球森林类型及分布

全球森林资源大体分温带森林和北方森林、热带林和人工林三大类。

### 1. 温带森林和北方森林

面积为 16.4 亿公顷，占世界森林面积近一半，这些森林的 70％以上是在俄罗斯（45％）、加拿大（15％）和美国（13％）。总的看，发达国家温带森林面积比较稳定，通过植树造林还略有扩大。从 1980 年到 1990 年欧洲的森林面积和林地面积扩大了 200 万公顷。

温带森林有温带混合森林和北方森林两个生态体系。温带混合森林由针叶树、阔叶树、落叶树、常青树以及在温带、亚热带和热带国家山区的其他森林组成。北方森林主要是针叶树，处于北极冻原与温带之间，面积广阔，有 9.2 亿公顷，占世界森林面积的 27％，占针叶树森林的 70％以上。

温带森林和北方森林对全球木材供应，对非木材产品、游乐和环境服务的功能均有巨大作用。温带森林中有世界上一些最高的树和树龄最长的树，如北美的红杉和黄杉以及澳大利亚的桉树，能够长到近 100 米高，美国西南部的一些芒松的树龄估计超过 480 年。还有很多具有药用价值的温带树种，如短叶紫杉，含有可治疗几种癌症的化合药物。最近调查发现加拿大的树种中 28％具有药用特性。但人们对温带森林动植物资源的了解不如热带雨林。

衡量森林质量有不同的观点。对森林工业来说，美国西北部太平洋沿岸的原始森林可能已过于成熟；对自然资源保护者来说，这些森林处于保存生物多样性的最佳期；从旅游者的审美观点看，认为原始森林比人工林更加令人赏心悦目。

一些重视森林非木材功能的团体，迫切要求改变对木材管理的方法。欧洲的一些团体呼吁注意集约管理，制约单一品种人工林的扩大，重视在稀有的生态系统地区造林。北美的团体特别关心伐木的方法，关心原始森林木材采伐的数量和强度。加拿大提出了新的试行管理方法和样板森林计划，建有 10 个样板森林，占地 700 万公顷，在那里采用在生态方面最完善的林业作业方法，对每个样板森林以持久供应木材为目标加以管理，大多数样板还包括有保护水的质量、生物多样性、野生动物生境、社区稳定、娱乐、文化和精神价值等重要功能。

美国西北部太平洋沿岸的伐木和英国苏格兰沼泽地区的植树造林引起关于鸟类保护的冲突，为此，美国总统与英国农渔食品大臣亦曾参与解决纠纷。说明发达国家对林业问题和森林生态系统的高度重视。

**2. 热带林区**

全球热带林面积为 17.6 亿公顷，96% 的热带林属于以下四个体系：一是热带雨林，面积 7.183 亿公顷，拉丁美洲占 60% 以上。生长在年降水量超过 2 500 毫米的地区，常年青绿，枝叶茂盛。林区内动植物种类繁多。有一半以上雨林集中分布在巴西（41%）和印度尼西亚（13%）两个国家。二是潮湿落叶林，面积 5.873 亿公顷，拉丁美洲占一半，非洲占 40% 以上，亚洲占 7% 左右。生长在年降水量 1 000～2 000 毫米的地区。一些主要的树种在旱季即将结束时掉叶。一般来说，这种森林的树木品种少于热带雨林。三是干旱地区落叶森林，面积 1.786 亿公顷，非洲占一半以上。位于年降水量在 500～1 000 毫米的热带地区，它们比较稀疏，包含荆棘、灌木、稀树草原林和其他低矮、稀疏的木本植物，如橡树、牧豆树、矮松、枬树，马基灌丛和金合欢。生长脆弱，容易退化。四是热带高原森林，面积 2.043 亿公顷，拉美占 60% 多，亚洲占 25%，位于海拔 800 米以上的地区，如喜马拉雅山、缅甸、泰国和越南部分地区，墨西哥的高原，安第斯山脉，埃塞俄比亚的高原和维多利亚湖周围山区。山区的雨林、云雾林，比较低矮。林区内植物种类简单，覆盖的苔藓和地衣较多，树种与温带森林树种相似。

据统计，全球有 2 亿多人生活在热带森林的开垦地。森林可以提供食物、收入、职业、薪柴、药材、建材以及狩猎。还有保持水土、防止侵蚀的作用。近年泰国和马达加斯加由于破坏了森林，时而发生水灾和粮食减产。

热带毁林问题十分严重。据估计，全世界将近 2/3 的热带森林被毁坏，主要原因是农民毁林造田，以扩大农业生产。许多发展中国家把木材产品作为扩大就业、增加收入（主要是税收）和出口创汇的主要来源之一。1981—1990 年，世界热带森林每年减少 0.8%，其中热带雨林每年减少 0.6%，潮湿落叶树林每年减少 1.0%，干旱和非常干旱地区的树林每年减少 0.9%，热带高原每年减少 1.0%。

森林面积减少最多的是热带潮湿落叶林，因为这些林区最适合人类定居。在 1981—1990 年估计有 6 000 万公顷的森林被砍伐，占剩下的潮湿落叶林面积的 10% 以上。目前潮湿落叶林地带的森林覆盖率为 46%，而亚洲仅为 29%。世界热带雨林地带在过去 10 年中，雨林被砍伐面积达 4 600 万公顷，但森林覆盖率仍达 76%。

**3. 人工林**

全球人工林约 1 亿公顷，提供木材占世界商业性木材消费量的 7%～10%。其中还不包括 1 400 万公顷的橡胶林和油棕榈林，这些人工林主要在亚洲，其产出的木材越来越重要。

联合国粮农组织认为，人工林的统计数字需要谨慎对待，因为有的按累计数，有的按种植数，不按成活数，也有统计不全、不实等问题。

人工林由于是速生林，大部分的用途是低成本地用于生产木材或其他产品，因而难以完全具有天然森林所提供的多种产品和服务的功能。人工林的生产率较高。热带人工林的木材年生长量每公顷可达 30 立方米，而管理中的天然森林每公顷年产仅 2～8 立方米。巴西无性系杂交的桉树品种每公顷年产量高达 70 立方米。

据联合国粮农组织估计，热带国家人工林净面积为 3 000 万公顷（指工业人工林和社区人工林，不包括农民自己土地上种的树）。人工林面积每年平均扩大 260 万公顷左右，其中一半是集体所有的人工林。

## 二、林业可持续发展的国际战略

森林的效益不限于产出木材，它对经济社会的可持续发展与改善环境亦具有重大意义。这已被作为一种国际发展战略来考虑。国际社会对林业的资助已从 80 年代中每年 4 亿美元增加到 90 年代初的 10 亿美元以上。世界银行的贷款截止到 1991 年，已给予 94 个林业项目，近 25 亿美元，支持植树和管理现有森林资源。

1992 年联合国环境与发展会议非常重视全球林业。《21 世纪议程》文件第 11 章谈与滥伐森林作斗争，第 12 章谈与沙漠化和旱灾作斗争，第 13 章谈可持续山区发展，第 15 章谈保护生物多样化，第 10 章提出"综合规划和管理土地资源办法"，各章中都强调了林业的重要作用。此外，还在以下三个公约中讨论了下述重要问题。

（1）《关于气候变化的框架公约》，着重强调温室气体释放问题，谈到进一步控制温室气体增加的必要性，提出减少这种气体和对气候变化应采取的相应措施。

（2）《21 世纪议程》第 15 章和《生物多样性公约》介绍了生物多样性。会议认识到生物多样性对生态、遗传、社会经济、教育、科学、文化和艺术具有巨大价值，森林保存许多遗传财富的作用得到了强调。会议要求采取行动来评估生物多样性状况，进行研究，制定战略。提出鼓励林业和其他行业利用生物多样性，保护并在必要时恢复遭受破坏的生境和生态系统，制定和传播生物技术等的适当方法。提出了技术和资金转移的建议及公平分享利益的设想。

（3）《关于在经历严重干旱或沙漠化的那些国家，特别是非洲的那些国家战胜沙漠化的国际公约》，正在进行谈判，将对《21 世纪议程》第 12 章"与沙漠化和旱灾作斗争"加以补充，该公约规定了林业在国家战胜沙漠化和旱灾行动计划中的作用。

总的来看，国际社会十分强调林业的多种功能和用途，坚持必须全面权衡和把握森林保护与持续发展的问题与机会，在尊重各国对各自森林的主权的基础上，要求各国采取可持续的生产和消费方式，实现对森林的有效和持续的管理。

原载《科技导报》1996 年第 6 期

# 发展中国家农业和农村情况

## 一、农业增长率加快，人民生活稍有改善

20世纪80年代发展中世界农业有了新的进展，农业总产量的平均年增长率为3.3%，比70年代（年均增长率3.0%）有所加快，但略低于60年代（年增长率3.4%）。1981年、1984年、1988年三年农业产量增长率超过4%。1991年世界农业总产量比上年减少0.3%，但发展中国家则增长1%。他们在世界农业总产量中所占的比重有了增加，1961—1963年为42%，1979—1981年为46%，1988—1990年则为52%。

发展中世界每日人均热能供应量高于2 600千卡①的国家，80年代初期有39个，后期增加到56个。中国在80年代进入了高于2 600千卡的国家行列。发展中国家人口的一半已经高于2 600千卡的水平。谷物的自给自足率有了提高。每人平均谷物消费量1986—1988年为232千克，而1979—1981年为220千克，1967—1971年为189千克，1961—1963年为171千克。

但是发展很不平衡，占发展中世界人口一半的中国和印度增长较快，其余发展中国家增长较慢。其中43个最不发达国家（27个在非洲撒哈拉以南地区）粮食和农业产量的增长还赶不上人口增长的速度。80年代人均产量每年下降1.2%。平均每日人均热能供应量低于2 000千卡的有12个国家（有10个在非洲撒哈拉以南地区），2.2亿人口。

尽管发展中国家80年代农业增长速度快于发达国家（年增长1.0%），但是人均占有量仍只有发达国家的1/3左右，而且劳动生产率较低，1961—1963年发达国家的农业劳动力人均产量为发展中国家的近8倍，1988—1990年则已增加到18倍。

---

① 卡为非法定计量单位，1卡＝4.184焦耳，下同

## 二、农业和农村政策改革趋向

在过去 10 年中，发展中国家比较重视发动人民群众参加农村发展工作。非洲、亚洲和拉丁美洲大多数国家的政府重视与扶持农民协会、合作社，村庄委员会和青年、妇女等组织的建立，以便发动和依靠群众，调动他们的积极性，有效地促进农村发展。发展中国家约有 2/3 的青年居住在农村，到 2000 年预计有 10 亿青年（15～24 岁）。由于农村缺乏教育和就业机会，青年农民将纷纷流向城市，因此加强对农村青年的教育和解决就业问题是一项艰巨的任务。

许多发展中国家进行了价格改革。政府取消了对农产品价格的控制。非洲国家提高了一些主要农产品的价格，并停止了对肥料的补贴。

农产品贸易方面，最近几年许多国家减少或完全取消了粮食补贴，提高市场的透明度并加强竞争，使价格对农民有利可图，降低销售成本和使消费者有购买能力。都在鼓励私人贸易和通过农民协会、合作社进行各种形式的销售。过去由国家控制的市场，现在允许私人参加产品和投入物的销售竞争，农业金融信贷机构也相应有了发展。许多国家都在放宽对谷物进出口的限制，有的降低或取消进口税，也有的实行进口配额或发许可证的制度。

发展中国家中存在土地分配不均，有些国家进行了适当调整，主要是把国有土地或可垦荒地分配给国民或无地、少地的农民。

近三十年来，发展中国家十分重视在农村发展非农业活动，以便扩大农村就业机会，脱贫致富和繁荣农村经济。目前一般国家从事非农活动的劳动力（包括就业和部分时间参加的）已占农村劳动力的 20%～30%，有的国家已达 40%～50%。挣工资的劳动（临时工）显著增加，有可能走上农村农业和城市的劳动力市场相结合的道路。在非农活动中主要发展小型企业、农产品加工业和产供销结合的合作社事业。如埃及设在农村的小企业占 80%，孟加拉、塞拉利昂约占 75%。发展中国家农产品经过加工销售的只占 10%～20%，而发达国家则占 80%。发展农产品加工业有很大潜力，特别需要发展产前产后服务的农工商联合企业。巴西、印度、印度尼西亚、韩国等国农村产供销综合经营的合作企业发展很快，非洲的信用合作社也有很大发展。不少国家还把实现农村工业化作为农村发展的一个战略目标。如印度、坦桑尼亚、肯尼亚都重视建立农村工业发展中心。

许多国家还专门拨款、安排以工代赈进行农村公共工程建设计划，以便在农闲季节吸收失业和剩余劳力，在农村地区承担劳动密集型的基础设施建设（如水利、道路、造林等）。

### 三、农业投入和技术改革进展情况

发展中国家为推动农业生产力和生产的发展，加快农业现代化的步伐，都重视农业的投入和积极实行农业技术改革。据联合国 1988 年对 37 个发展中国家的调查表明：中央政府对农业的支出在总财政支出中，非洲和近东一些国家有所增加，但亚洲和拉美一些国家略有减少。1983—1985 年，有 19 个国家的农业支出占财政开支的 9%，非洲 8 个国家占 9%，远东 6 个国家占 2.1%，亚洲 11 个国家占 12.3%，拉美 13 个国家占 3.7%。到 1986—1988 年，19 个国家减到 7%，非洲 8 个国家增到 9.3%，远东 6 个国家增到 2.6%，亚洲 11 个国家减到 9.8%，拉美 13 个国家减到 3.4%。

在增产措施方面，着重于提高单位面积产量。在有条件的国家，也适当扩大耕地面积。发展中国家耕地 1989 年 8.03 亿公顷，比 1961 年增加到 15.5%。

许多发展中国家努力扩大灌溉面积。发展中国家灌溉面积 1989 年 1.69 亿公顷，比 1961 年扩大 60%，已占总耕地 21.4%。地区和国家之间差别很大。非洲撒哈拉以南地区的灌溉面积 1980—1990 年只扩大 17%，占该区域耕地的 3.6%，亚太区域的灌溉面积占耕地的 30.8%。

发展中国家化肥施用量增加很快。1961 年 370 万吨，1970 年 1 380 万吨，1980 年 3 880 万吨，1989 年 6 260 万吨（其中进口 1 450 万吨），每公顷平均化肥施用量 1961 年为 5.3 千克，1970 年 18.7 千克、1980 年 49.7 千克、1989 年 78 千克。

发展中国家农业机械化程度有所提高，但速度有放慢趋势。拖拉机使用量，1961 年为 70 万台，1970 年为 140 万台，1980 年为 340 万台，1989

年为 510 万台。由于国内生产增加和外汇困难，每年进口的拖拉机有所下降，1989 年比 1985 年下降 18%。

推广优良品种成效显著，主要粮食作物和经济作物大部分采用了良种，目前亚洲和拉丁美洲的小麦、水稻 50% 采用了良种。但热带和亚热带地区以及蔬菜、牧草、饲料作物方面进展较慢。如非洲撒哈拉以南地区小麦、水稻的良种面积只占 13%。

为了推进农业技术进步，发展中国家重视增加财政和智力投入，加强农业科研工作。据联合国粮农组织统计，1960—1964 年至 1980—1985 年期间，发展中国家农业研究开支在世界农研经费支出中所占的比重已由 24% 提高到 35%；研究人员（专职研究人员）在世界研究人员总数中所占的比例也从 21% 提高到 45%。发展中国家对农业技术推广工作越来越重视。据对 113 个国家农业推广系统的调查，有一半以上的农业推广组织于在 1970 年以后建立或完善的。推广人员 1980 年 29.0 万人，1988—1989 年为 54.2 万多人。1988 年农业推广的开支占这些国家农业生产总值的 0.9%。

发展中国家农业集约化程度正在逐步提高，但由于解决农村贫困问题进展较慢，资源退化和环境恶化的风险还在继续增加，因此，合理利用资源，保护与改善生态环境，使农业得到持续稳定全面发展，成为十分迫切而重要的任务。

# 非洲农业的困境与出路

## 一、非洲概貌

非洲大陆总面积 3 031 万平方千米，占世界陆地面积的 22.7%，是全球仅次于亚洲的第二个大洲。1990 年总人口 6.42 亿，占世界总人口 52.94 亿人的 12.1%。

非洲大陆海岸平直，港湾、岛屿较少，地势东南高而西北低，70% 以上为起伏不大的高原，海拔 500~1 000 米，中部为盆地，盆地以北是世界最大的撒哈拉大沙漠，沙漠占大陆面积的 1/3 左右。

非洲的气候高温和干燥少雨，3/4 的土地可受到太阳垂直照射。平均气温在 20℃。

以上的地带约占非洲大陆的 95%，其中一半以上的地区终年炎热，有将近一半的地区有炎热的暖季和温暖的凉季。降水量一般从赤道向南北两侧递减。赤道以北 5—10 月为雨季，11—4 月为旱季；赤道以南则相反。全大陆有 20% 属多雨湿润区，有 40% 属半干旱区，降雨集中，变率大，还有 40% 属荒漠和半荒漠区。

非洲农业资源丰富，可耕地有 8 亿公顷，目前用于农业耕种的土地 1.68 亿公顷，仅占土地总面积 29.64 亿公顷的 5.67%，森林 6.86 亿公顷，森林覆盖率 24%，草原牧场 8.9 亿公顷，占土地总面积的 30%。还有较多的海洋和内陆水域渔业可开发资源。非洲光热条件优越，长年生长作物，是世界棉花、香蕉、油棕、可可、咖啡、椰枣的起源地。

15 世纪后，非洲长期遭受帝国主义和殖民主义者掠夺统治，形成多数国家以 1~2 种经济作物或矿产品为主的单一畸形经济结构。第二次世界大战前，非洲只有 2 个独立国家，近 40 多年来多数国家已经独立，现共有 53 个独立国家，撒哈拉以南较不发达，有 43 个国家。绝大多数国家以农业为主，1990 年非洲农业人口 3.89 亿人，占总人口的 60.5％，农业劳动力 1.53 亿人，占社会总劳力的 63.2％。从事农业占主要地位的是农户家庭小农场，还有大的种植园和国营农场。

## 二、粮食增长速度赶不上人口的增长速度

非洲农业和粮食产量有所增长，但是速度慢于亚洲，拉丁美洲和远东的发展中世界；非洲谷物总产量 1979—1981 年平均为 7 197.9 万吨，1994 年为 1.047 亿吨，这期间增长了 45.46％，而世界同期间增长 23.98％；非洲谷物每公顷产量 1979—1981 年平均为 1 142 千克，1994 年为 1 237 千克，增长了 8.3％，而世界同期增长 28.98％。说明单位面积产量的增长是落后于世界水平的。非洲的肉类产量 1981 年为 458.3 万吨，1991 年达 583.7 万吨，年均增长 2.53％，而世界同期内年均增长为 2.87％。

非洲的人口增长很快。1965—1975 年均增长 2.7％，1975 年非洲总人口 4.01 亿人，1990 年总人口比 1975 年增长 51％，1980—1990 年平均增长率为 3.2％，特别是撒哈拉以南地区是当今世界人口出生率、死亡率和自然增长率均高的典型。43 个国家中人口年出生率超过 4.7％的就有 25 个国家，其中肯尼亚和卢旺达高达 5.4％。

非洲粮食增长的速度赶不上人口增长速度，人均粮食产量有所下降。据联合国粮农组织统计，非洲人均粮食产量 1961—1965 年平均为 230 千克，1986—1988 年平均为 192 千克。人均粮食产量如以 1979—1981 年平均为 100，1990 年非洲为 93.55，而世界为 104.39。人均畜产品产量如以 1979—1981 年平均为 100，1990 年非洲为 94.27，而世界为 104.89。非洲的粮食产量大部分供人消费，用于饲料和其他用途较少。

非洲撒哈拉以南地区，20 世纪 60 年代初期以前是一个粮食净出口地区，以后则逐步成为一个粮食净进口地区。有 15 个国家粮食严重短缺。1992/1993 年国际社会提供给非洲的粮食援助 670 万吨，1993/1994 年提供 350 万吨，占全球援助量的 60％以上。1994 年非洲纯进口谷物近 3 000 万吨。

## 三、农业增长缓慢的原因

非洲撒哈拉以南地区有 8 个国家，20 世纪 80 年代和 90 年代初大规

模军事冲突，还有不少国家长期内乱和不稳定；70 年代和 80 年代非洲两次发生持续数年的自然灾害，除此以外比较共性的问题是：

### （一）政府对待农业和农村发展关心不够

农业在非洲国民经济中占重要地位，绝大多数国家仍以农业为主，而不少国家实行了优先发展工业的战略方针，忽视农业。1967—1973 年非洲国家对农业投资一般只占政府预算的 5％～6％，80 年代稍有增加。1986 年非洲统一组织决定，各国应以总预算的 20％～25％的资金用于发展农业。但实际上农业资金投入一般仍仅占总投资的 8％～10％，少数国家只占 5％，国家的建设项目偏重于政治目的而轻视经济目的。为了出口创汇。农业上仍片面发展经济作物，忽视粮食生产，许多国家粮食自给率在独立之初为 98％，70 年代末下降到 82％，80 年代只有 60％～70％。

### （二）对农业资源管理不当，生态环境恶化、抗灾能力薄弱

受沙漠化侵袭的国家由过去 16 个扩大到 36 个。撒哈拉大沙漠每年扩大 200 万公顷。如毛里塔尼亚的沙漠和半沙漠由占全国土地的 2/3 上升到98％。非洲 90％以上的能源依赖木材，森林砍伐严重，每年约 370 万公顷。埃塞俄比亚曾经是一个森林覆盖面积 40％的国家，20 多年前林地面积占 16％，但现在仅有 3.1％。非洲传统的耕作法是采取掠夺式经营的游垦制，撂荒地很多，土层浅薄，暴露在热带的高温气候下有机质分解的速度很快，耕地远，牲畜粪便运输困难，很难利用，秸秆用于燃料，很少使用化肥，土壤肥力低下，草场过度放牧。撒哈拉以南非洲的农用和牧用地的 80％在局部退化。非洲海洋和内陆水域渔业潜力很大，目前年产量只500 万～600 万吨，本地渔民捕获的数量只及产量的一半，如果能合理开发利用，鱼产量可以满足非洲本身的需求并做到有余出口。

### （三）农业生产技术落后

文教科技事业不发达，研究和推广服务体系很弱。农业生产基本靠人力。农业机械化水平很低。1989 年非洲农用拖拉机只 57.8 万台，只占世界拖拉机拥有量的 2.2％，收割脱粒机 5.69 万台、只占世界收割脱粒机总量的 1.44％。化肥平均每公顷只相当于世界平均水平的 1/9。畜牧方面，牛瘟和传染性牛胸膜肺炎、寄生虫病、非洲猪瘟等疫病流行。农产品加工由于技术水平低，引进设备利用率差，往往不到生产能力的 1/3。非

洲成人文盲率达 $80\% \sim 90\%$ ，只有 7 个国家普及小学教育。撒哈拉以南国家小学入学率平均 70%左右，大学入学率不到 3%，知识分子和科技人员奇缺并外流严重。多数国家已建立农业科研机构，但经费很少，又不重视农业管理和技术人员的培训工作。

### （四）农村基础设施很差

非洲铁路总里程只 10 多万千米，11 个国家没有铁路。90 年代初公路163 万千米，全天候公路不到 1/3，电信和水电系统落后。农村农产品贮藏销售设施差，社会化服务机构很不健全。

此外，外部的不利因素有：①80 年代以来非洲农业贸易逆差扩大，相当于出口总值的 60%以上。②债务沉重。1992 年非洲统一组织成员国的外债总额高达 2 000 亿美元以上，每年需偿还的债务本息占出口总收入的 30%以上。撒哈拉以南非洲 1992 年艰苦赚取的出口收入约有 1/5 用于还债。其中待偿还的农业长期外债超过 130 亿美元。

## 四、非洲各国发展农业的措施

非洲农业问题困扰，迫使非洲各国政府不得不反思研究。20 世纪 80年代以来多次开会讨论磋商，研究对策。因此，近十多年来，非洲各国都在调整农业政策，在加快技术进步，争取国际援助方面有了一些进展。比较显著的是，如津巴布韦、马里、肯尼亚、喀麦隆、科特迪瓦等国实现了粮食自给有余。但从非洲整体看，进展还不大，停留在口头和纸面上，行动落实很差。关键是缺乏一整套正确的政策，未能有力地严格控制人口增长率，下不了决心增加对农业投入，对推进技术进步以及农业资源的合理利用、治理等措施不力。

非洲过去是欧洲各国统治的原料生产基地，殖民时代形成的经济结构单一化，使独立后的非洲各国政治经济发展仍受到一定的限制与影响。如政府历来设置了干预国内主粮市场的机制，控制国内农产品价格的提高，提供补贴和支持价格（给消费者），对出口的农产品实行半国营机构收购销售。80 年代期间不少国家已废除了这些做法，实行私有化，放宽市场，但又减少了对农业的支持，取消了对农业投入物的补贴，在一定程度上挫伤了农民生产积极性。某些国家依靠私营部门提供信贷销售服务和供应投入物，使占农村绝大多数的小农很少得到资金和技术上的支持。特别是许多国家为调整结构，对本国货币实行大幅度的贬值，结果使农业缺乏必要的投入物，并引起高的通货膨胀。一些国家由于人口压力，造成土地占有分散，休期短，又没有使用肥料，加上毁林垦荒等问题，使土地资源退化。但也有一些国家推行土地改革，农业产品多样化，并通过乡村社区和非政府组织与集团执行计划，取得了一些成功。

撒哈拉以南地区的粮食问题是当今世界最紧迫的问题。首要任务是通过恢复粮食生产来实现粮食安全。需要在灌溉，提高生产率的技术，环境保护，建立高效率的技术劳力队伍等重要领域大量投资。需要非洲国家自己立即采取决定性的行动，创建和保持有助于农业发展的政策环境，国际社会也应予以大力支持。

原载《改革与理论》1996 年第 8 期

# 埃及的农业及其向市场经济过渡的政策

埃及是地跨亚洲和非洲的国家，总面积 100.2 万平方千米，沙漠占 96％，有人居住的地方不到国土 4％。尼罗河谷和尼罗河三角洲有 3.5 万平方千米，是埃及文化发源地，1990 年全国人口 5 242 万人，99％的人口聚居在这个地区。这个地区耕地 231 万公顷，早在 5000 年前就有灌溉农业，被誉为"尼罗河粮仓"，也是世界上优质棉出口国。

## 一、农业在埃及经济中的重要地位

埃及是非洲工业比较发达的国家之一。石油、钢铁、电力、化工、纺织、食品等工业比较发达，但农业仍占十分重要的地位。

埃及农业在国民经济产值中的比重，1953 年为 32％，1966 年为 28％，1990 年为 17％。但农业人口仍占很大比重，1952 年前占总人口 70％，1966 年占 55％，1990 年农业人口 2 123 万人，占总人口 41％。农业出口创汇占出口总值的 20％。

提高农业生产率的潜力很大。埃及土壤优良，气候温和，一年可以三季收成。单产较高，1990 年每公顷谷物产 5 352 千克，比世界平均 2 763 千克高出 93.7％。棉花每公顷产 2 296 千克，比世界平均 1 596 千克高 43.8％。如果对有限的水资源管理有所改善，效率则可不断提高。

农业在市场开放方面已有良好开端。1986 年以来农业的主要政策在于取消农产品大部分价格扭曲，把农民推向市场经济中，增强其自主权，并发挥私营部门的作用。这为 1990 年 3 月开始的整个经济改革和结构调整计划打下了基础。

## 二、埃及农业政策向市场经济方面改变

一直到 20 世纪 80 年代中期，埃及农业政策是政府采取广泛的干预，

其目标是要实现基本粮食产品自给；低价向消费者供应粮食；创造足够的农村就业机会，吸收快速增长的劳动力，以及向农业征税来支持工业增长并增加财政收入。其手段是控制生产价格、种植面积和销售定额、控制农产品贸易，由政府垄断贸易和销售。在这种政策体制下，农业生产总值增长缓慢。在 80 年代年均增长 2.5%。主要原因是政府对农业投资少以及农产品价格扭曲，挫伤农民生产积极性。

由于粮食产量增长落后于人口增长速度，埃及人均粮食产量有所减少。如以 1979—1981 年平均人均粮食产量指数为 100，1987 年埃及为 99，世界平均为 103。60 年代开始埃及进口粮食，1978—1980 年埃及谷物自给率平均 65%，而 1986 年降为 52%。同一时期粮食进口年均增长 10% 以上。1986 年进口粮食支付的外汇达 26 亿美元。农业增长缓慢，增加了城市压力，人口流向城市。1980—1990 年，埃及城市人口年均增长 3.1%，全国人口年均增长 2.4%。到 1990 年全国 5 200 多万人口中 47% 生活在城市里，其人口密度居世界前列。

为此，从 1986 年开始，埃及实行农业政策改革，其主要内容：①除棉花和甘蔗外，取消作物种植面积分配任务和按固定价格收购配额。②除棉花和蔗糖外，放开所有农作物的价格。③减少对化肥和除虫剂的补贴。④鼓励对农产品和农业投入物的加工及销售的私有化。⑤收回国营企业所占的土地。⑥降低贸易壁垒，并使农产品贸易转向自由外汇市场。

埃及的主要作物是小麦、玉米、蚕豆和棉花，它们占耕地的 80% 以上，其他有大豆、甘蔗、水果和蔬菜。1986 年以来，由于推行市场经济，种植面积结构有显著变化。小麦面积从 1985 年至 1992 年扩大 75%，小麦总产量增加 150%，连续 6 年获得小麦丰收，使小麦进口量减少 14%。粗粮和稻米面积分别扩大 11% 和 16%，而棉花和豆类面积分别下降 17% 和 13%。

市场开放后，政府在 1986 年削减玉米进口，在 1988 年取消饲料补贴，对家禽和畜产品有不利影响。由于饲料价格上涨，成本增加，家禽生产下降。1980—1988 年政府对饲料和设备提供补贴，家禽产量以年均 16% 的速度上升，但 1988—1992 年禽肉生产下降 21%，将近一半的家禽生产者被迫退出这一行业。接着政府采取禁止鸡肉进口和提高关税，保护国内家禽生产者积极性。1989 年曾禁止牛肉进口，1992 年又重新放开。

埃及的水土资源十分紧缺。政府制定 20 世纪 90 年代农业发展战略，核心是要提高使用其有限的水土资源。其目标是提高耕地、用水量的单位生产率，办法是依靠自由市场价格来达到更有效地利用资源，并特别注意到减轻穷人尤其是妇女和无土地者的困难。90 年代的农业增长要求年均 3％～4％，高于人口增长率，以便保证人均产量有所提高。

能否取得土地是埃及农业的一个关键性的制约因素。在埃及土地面积中，可耕地只占 3％，农场很小，大部分为私人所有，一半的农场面积不到 1 法丹（相当于 0.416 公顷）。由于农产品价格不高，土地价格也低，非农占地越来越多。为保护耕地，政府对地权采取立法措施。

埃及的水资源很有限，埃及农业完全靠人工灌溉，灌溉面积占耕地 100％，而尼罗河是埃及用水供给的唯一来源。农业与工业、城市用水的需求矛盾日益尖锐。政府将加强对水资源管理并采取对灌溉用水收费的措施。

要提高土地生产率，一方面在尼罗河流域的老土地上实现高产再高产，通过改进小麦、稻谷、玉米等种子质量，加快机械化进程，加强技术推广工作，改良土壤和改进土地管理等措施来实现；另一方面，从开垦新土地上提高生产率。在邻近农田或沿海地区以及沙漠地带垦殖的农田，约占全部农用地的 25％，这些土地产量较低，潜力较大，只要推广科技成果和提高垦拓者的技能，可以迅速提高产量。

提高农业用水效率的措施，应用技术和经济上可行的节约用水技术，并采取收水费的办法，鼓励更有效地利用水资源，防止土壤盐碱化并资助扩大资本密集型的灌溉系统。同时要逐步减少除虫剂的使用，以减轻污染。

1986 年后，埃及农业领域的价格大幅度放开，但到 1992 年仍有价格扭曲，最突出的是灌溉用水免费和对地租进行调控。以小麦为例，它占用 17％的耕地面积和 9％的水资源，而在埃及农产品增值中贡献率为 17％，而甘蔗占用 4％的耕地面积和 9％的水资源在农产品增值中贡献率仅为 4％，决策者需要以价格为杠杆来参考调整作物配置。

增加畜产品的生产率也是 90 年代农业战略任务之一。畜牧业产值占埃及农业总产值的 20％，要求重视选择优良种畜、防治疫病并鼓励使用粗饲料作物来增加畜产品。

1993 年 11 月政府除棉花外实行取消化肥和农药的补贴，1994 年取消棉花生产的计划调控，确定棉花的保护价格。1993 年对小麦进口放开，对土地出租价格打算在 1997 年由市场决定。

农业生产政策受到消费者政策的影响。直到 20 世纪 80 年代后期，埃及农业政策上要确保城市居民得到便宜的口粮，全国长期以来实行食物配给制度，政府对 90％人口低价供应食糖、食油、大米、茶叶和其他基本食物。还提供补贴的面包、面粉、鱼、肉、鸡蛋、奶酪及其他食品。近年来政府逐步减少了对粮食的补贴，某些食品不再包括在配给计划中。1991 年提高了面包及其他基本食品的价格。1992 年 12 月提高了食糖和食油的价格，并放开了优质小麦面粉的市场价格。政府只继续补贴主食——粗质小麦面包的价格。

原载《改革与理论》1994 年第 11 期

# 欧盟乡村发展的政策措施

## 一、欧盟的国际地位

第二次世界大战后，由于欧洲受破坏，损失惨重，西欧各国认识到，只有联合起来，才能复兴和繁荣。为此，1951 年 4 月，法、德、意、荷、比、卢森堡 6 国成立欧洲煤钢共同体，1958 年成立欧洲经济共同体，1965 年 4 月统称欧洲共同体，以后不断扩大，1994 年更名为欧洲联盟。2004 年 5 月由 15 国扩大到 25 国，2007 年 1 月又有保加利亚、罗马尼亚加入，达 27 国。

欧盟是一个具有超国家性质的组织，既有多边性组织的属性，又有一些联邦的特征。其宗旨是通过建立无内部边界的空间，密切合作，加强经济社会的协调发展。经过半个世纪的发展，欧盟已成为当今世界一体化程度最高、综合实力雄厚的国家联合体。是全球一支强大的经济贸易政治力量，在国际事务中发挥重要作用。

欧盟（25 国）2004 年统计，总面积 398 万平方千米，占全球 2.97%；总人口 4.55 亿，占世界的 7.23%；国内生产总值 12.66 万亿美元，占世界 30.95%。25 个国家中，高中等收入国家 8 个，高收入国家 18 个。其对外贸易额占世界贸易总额的 20%。

据联合国粮农组织 2005 年统计，欧盟 25 国农业面积 179 万平方千米，占世界 3.58%；耕地 103 万平方千米，占世界耕地 7.32%；城市化水平 75.96%，城市人口 3.45 亿人；农村人口 1.01 亿人，占欧盟总人口 24.04%；农业人口 2 460 万人，占欧盟总人口 5.4%；农业劳动力 1 240 万人，占欧盟总人口 2.74%。2005 年欧盟谷物总产量 2.93 亿吨，占世界 12.91%；奶类总产量 1.55 亿吨，肉类总产量 4 265.01 万吨，分别占世界的 22.87% 和 16.58%；水果总产量 6 537 万吨，占世界的 12.99%。2004 年欧盟 25 国农产品进出口贸易总额 1 521.1 亿美元（扣除内部贸易额后），其中进口 710.53 亿美元，出口 740.57 亿美元。欧盟是世界第一大农产品贸易集团。

## 二、欧盟乡村发展的决策规划

欧盟理事会 1999 年《关于欧盟农业指导与保证基金支持乡村发展条例》，把乡村发展作为欧盟共同农业政策的重要组成部分，围绕农业、林业、环境和乡村遗产保护、乡村地区竞争力四个方面，提出资助的发展目标与措施。一是促进经济落后地区（人均国内生产总值低于欧盟平均水平75％的地区以及法国的海外省）的发展和进行结构性调整。二是支持结构性困难地区进行社会、经济转型和调整。三是增强教育、培训、就业系统和政策的适应性及现代化。

欧盟 2004 年 10 月通过的《2007—2013 年乡村发展政策》，是 7 年建设乡村的规划与共同农业政策的具体行动方案。目标是：支持乡村地区的经济增长，创造更多的就业机会；满足消费者对食品质量的安全要求；进一步加强环境保护中乡村地区的主导作用；改善乡村地区的生活条件，使农民富裕起来。政策重点解决如何分配欧盟乡村发展公共资金的问题及如何正确引导各国、各地和私人在乡村地区的投资。在政策中既坚持欧盟的原则，又为不同国家和地区留有选择的弹性，可以因地制宜确定项目。在使用乡村发展资金中，必须兼顾几项原则：一是至少 15％的资金用于提高农业竞争力和提高乡村经济的多样性和改善乡村地区的生活条件；二是25％的资金用于土地管理和保护环境；三是 7％的资金用于自下而上地制定地方发展规划（采取由行政领导与地方社团联合机构主持制定社区发展规划并按项目管理基金）。欧盟 7 年计划投入资金 970 亿欧元（2004 年不变价，约合人民币 9 350 亿元）。各国要拿出一笔配套资金，约计欧盟 25个成员国 7 年计划投入乡村建设的资金达 2 000 亿欧元（约合 2 万亿元人民币，平均每年 2 850 亿元人民币）。这样，欧盟把整个乡村发展控制在共同政策框架之内，从而实现乡村的协调发展。

## 三、欧盟各国乡村发展的主要措施

欧盟十分重视乡村经济社会发展并注意改善农业环境，促进农业可持续发展。

## （一）加强农村基础设施建设

欧盟对农业基础设施建设提供资金补贴，以改善生产条件，提高农业生产力。对购置大型农业机械、兴修水利、土地改良等，欧盟提供25％的资金支持，其余75％由本国自己解决。如荷兰20世纪70年代开始，就投资兴修水利、围海造田等工程，政府每年用于土地改良和开发的资金总额1.4亿欧元，规模每年3.6万公顷，还用与农民交换土地的方法，促进土地整理，扩大规模经营，提高劳动生产率。英国对农业基础设施建设都给予一定补贴。法国除加强乡村电力、交通、通信建设外，20世纪70年代初专门制定有关改善乡村基础设施的特别条例，由中央同地方合作，兴建基础设施大型项目。意大利重视山区基础设施建设，地方财政负责提供80％～90％的建设费用。

## （二）保护乡村生态环境

欧盟农业共同政策中，把保护乡村环境作为支持的重点。1992年6月，欧盟发布2078/92条例，决定建立以"农业环境行动"为名的综合型国家补贴项目，国家对有利于保护乡村环境的农民生产活动提供各种补贴。如对减少污染物质（化肥、农药）的补贴，降低载畜量补贴、退耕还林和休耕补贴等。1997年共同制定的"阿姆斯特丹合约"，把可持续发展列为欧盟的优先发展目标，各成员国一致行动，倡导保护乡村生态环境。德国采取建立国家森林公园、农业自然保护区及草地保护区等措施，保护农业生物多样性，同时投入大量经费，补贴保护生态环境。退耕还林、休闲地每年每公顷补偿750马克。荷兰1989年制定"国家环境政策计划"，对农药的使用量、毒性、残留量、使用方法等都有严格限制。1988年农药用量为28千克/公顷，1995年降到18.2千克/公顷，2000年规定不得超过14千克/公顷。近年来大力加强对农作物病虫害综合防治管理的研究推广，降低化学物质的使用量，保护生态环境，促进农业可持续发展。英国20世纪80年代制定了一系列适于乡村环境保护的标准和规范，限制氮肥的使用量，防止水质污染。法国采取改进轮作、改进施肥方法，保持乡村风光特色，引进保护环境的作物等给予资助，同时大力推广使用新型燃料，治理乡村炊烟污染。芬兰重视保护有价值开放及可耕作的农业景观和草原、草地，推广有利于保护环境的生产方式，利用生物质能源来减少水气污染，增加土壤有机质，保护生物多样性。国家规定保护环境的投资中，至少有50％用于有利于自然条件改造项目上，至少有30％用于农业环境扶植项目上。波兰的化肥农药使用较少，防止耕地污染。

### （三）提高农民素质，开发人力资源

英国政府高度重视乡村教育，包括高等、中等和职业教育，同时注重培养中等技术人才。德国政府历来特别重视农业教育，凡从事农业生产的农民必须接受深造，取得相应的资格，要有2年以上实践并经国家考试后，才能获得独立经营农业企业的资格。还在农村办了50多所业余大学，并通过举办农业学习班、专题讲座、短期进修等多种形式，对农民进行知识和技能培训，提高他们的素质，培训费用均由政府承担。荷兰农民多数具有大学本科以上学历，熟悉和掌握现代种养业生产加工技术，还会修理各种农机具和设备，及时收集和了解有关的农业信息。法国政府不断增加对农业教育和职业培训的经费。20世纪80年代这方面的支出占国家农业拨款的3％，对落后地区的视听、影像教育采取补贴，对农林业经营者可予职业培训的资助，有效地提高了乡村农民特别是青壮年农民的从业水平。

### （四）制定乡村发展规划、推动乡村协调发展

德国在自然资源调查研究的基础上因地制宜制定乡村区域发展规划，考虑到生态、经济和社会协调发展和资源永续利用的原则，中央与各级政府和议会都有专门机构管理国土整治和区域规划工作，保证依法治理国土。在重视自然条件现状及特别重视区域间联系的情况下，改善经济社会、文化条件，为个人在社会的自由发展提供良好的空间结构。意大利山丘占国土面积的3/4，重视山区经济发展。对山丘地区要在有效保护的前提下，合理开发利用，因地制宜制定规划，注意吸收议员、专家、业务部门和农户的意见，强调综合和配套的功能，上下结合，宏观到微观，反复研讨，层层制定，保证规划的科学性、连续性和区域化合理布局。

### （五）扶持发展农民合作组织

德国是合作社发源地，农民合作经济组织历史悠久，早在1867年就

制定过《合作社法》，不断修改完善。20 世纪 80 年代全国 3/4 以上农户参加不同类型的农业合作社，其中多数农户同时参加 2～4 个合作社。生产、加工、贮藏运输和市场销售都通过合作社完成。合作银行占金融界的 20％以上。荷兰农业合作社成立于 19 世纪 70 年代，通过合作社使农民增加收益，提升为农业强国。此外还建立了农民联合会，农业工人联合会和其他技术组织等。荷兰农民至少 60％的收入是通过合作社取得的。英国 1908 年成立国家农民协会，其主要任务是听取和反映农民意见，游说政府机构帮助农民，替农民进行调研。农协有专门的刊物、贸易公司，与政府、银行、大公司建立良好的关系，为农民争取得较大的利益和好处。法国很早就有农民协会，主要向农民工会提出建议，游说议员，召开专业会议，提出农业议案，向有关部门提出建议。农民工会是帮助农民提高农业技术水平和获得农产品市场信息，而且也代表农民同政府进行谈判并参与农业政策的制定过程，以保护农民的合法权益。

### （六）实行补贴制度，促进农业增产、农民增收

20 世纪 60 年代，欧盟为解决农产品短缺、刺激生产，对农产品生产采取高补贴政策。70 年代后，由于欧盟农产品过剩，又实行"休耕限产、生产配额"政策。1997 年开始又实行新的共同农业政策，把限产补贴（按数量补贴）改为对生产单位的定额补贴（按收入补贴）。荷兰从 1990 年以来欧盟对他的农产品和农业生产补贴分别增长 2.4 倍和 1.7 倍，以利于降低荷兰农产品的出口价格，并保护农民生产积极性和增加收入。德国有《农业投资促进纲要》的规定，农业企业其销售收入占业务活动销售额超过 25％的，则可获得相应的补贴和资助；从事园林建设、林业生产、养蜂、水产养殖和放牧的企业也可获得补贴和资助。英国的农产品津贴，按不同地区提供的农产品数量直接付给农民。如苏格兰、威尔士和北爱尔兰地区农业环境条件欠佳，每公顷作物可获英国和欧盟津贴 220.5 英镑；英格兰和其他农业环境适宜区，每公顷作物可获 225.8 英镑津贴。牛肉生产特殊津贴，农民每育肥一头公牛可获 93.11 英镑津贴。意大利给予山区农民每年每公顷 60 万里拉（合人民币 3 320 元）的补贴，连续资助 10 年。对品种更换提供 80％的费用，购置与更新农机，资助 35％，发展乡村旅游建设提供 35％～45％的资助。

### （七）完善乡村社会保障体系

德国政府制定乡村社会保障制度，包括医疗和护理保险、养老保险和事故保险等方面。从事农业的中老年人及其在农场劳动的家庭成员，因终止农场后事业的，可得到赔偿金。1995 年 1 月，政府为农民的妻子设立独立的社会保障体系以及在原东德地区实行农民退休养老金制度。法国乡村社会保险，通过"农业社会互助金"的形式来实现，参加保险的超过600 万人，占法国总人口 10%，包括了所有乡村人口。保险对象和发放标准，分领薪农业人员和非领薪农业人员。根据投保者所交纳的保险金的内容不同而享受不同的标准。领薪人员可享受农业社会保险、家庭补贴和工伤补贴；非领薪人员可享受农业经营者的疾病保险、家庭补贴和乡村养老保险。波兰政府于 20 世纪 70 年代对乡村社会保险制度进行统一部署，1977 年 1 月，波兰议会通过农民退休法令，规定农民养老对象是国营农场职工、农业合作社和农业生产小组成员以及个体农民。农民养老保险基金由国家组建，资金由国家财政负担 2/3，农民交纳保险金占 1/3。

原载《统筹城乡经济社会发展论坛》通讯 2010 年第 10 期

# 世界与中国的水果产业

　　水果是世界主要农产品之一，也是人们不可缺少的食品。其种类较多，营养丰富，消费量大，经济价值高。发展水果生产，对于增加食品来源，改善营养，增加农民收入均有重要意义。由于生产地域不同，可分温带水果、亚热带水果和热带水果。2005 年世界水果种植面积约 4 871.5 万公顷，总产量 5 亿吨左右，种植面积和消费最多的是柑橘、苹果、葡萄、香蕉、梨五种水果。

　　我国是水果生产大国，水果面积 1 046.67 万公顷，占世界 20.48%，居世界首位。2007 年总产量 1.05 亿吨，也居世界第一，是我国农业的优势。

　　水果也是农产品国际贸易的商品之一。2006 年世界水果进出口贸易总额 1 028 亿美元，其中出口 476 亿美元，进口 552 亿美元。我国是水果国际贸易顺差国，2008 年出口 2 484 万吨（42.3 亿美元），仅占水果产量的 4% 左右，而世界平均水果出口比例一般占产量的 9%～10%，扩大出口创汇仍占很大潜力。2007 年我国水果进口 9.55 亿美元。国内水果出口的主要地区是山东、陕西、广东、福建、浙江。国外市场主要是美国、俄罗斯、日本、荷兰、印度尼西亚。国内进口的主要地区是北京、上海、广东、辽宁、进口主要来自越南、泰国、菲律宾、美国、智利。

## 一、主要水果生产与贸易状况

　　1990 年以来，世界水果生产有了显著增长，以梨、桃、香蕉最为突出。据联合国粮农组织统计，位居前 20 位国家的几种水果的产量约占世界总产量的 90% 左右。

　　位居前 20 位国家合计的产量变化如下表。

**世界前 20 位国家水果产量**

单位：万吨

| 年份 | 柑橘 | 苹果 | 葡萄 | 香蕉 | 梨 | 桃和油桃 |
|------|------|------|------|------|------|------|
| 1990 年 | 4 507 | 3 405 | 5 390 | 3 938 | 852 | 853 |
| 2007 年 | 5 801 | 5 638 | 5 907 | 7 624 | 1921 | 1 629 |

### （一）柑橘

柑橘是世界第一大水果。目前世界柑橘面积 667 万公顷，年产量 1 亿吨以上。2005 年全球有 115 个国家和地区生产柑橘，其中巴西产量第一，常年达 2 000 万吨，美国第二，常年产量 1 500 万吨，中国第三，年产 1 200 万～1 300 万吨。柑橘面积以中国最多，为 133.3 万公顷，巴西 86.7 万公顷，尼日利亚第三，54 万公顷。

世界柑橘年贸易额为 65 亿美元，仅次于小麦 160 亿美元，玉米 90 亿美元。世界人均柑橘消费量为 17.7 千克，发达国家人均消费量 60～100 千克，其中 40% 是加工橙汁。巴西用于加工橙汁的柑橘达 75%～80%，美国达 70%。世界人均消费橙汁 2.5 千克，其中美国人均消费 25 千克。世界柑橘出口约近 1 000 万吨，约占总产量的 10%，其中西班牙的柑橘出口 300 万吨左右，约占总产量的 60%。

### （二）苹果

2006 年世界苹果面积 478.6 万公顷，产量 6 380.5 万吨，产值 188.32 亿美元。产苹果的国家有 80 多个，年产量超过或接近 100 万吨的国家有：中国、美国、土耳其、意大利、法国、波兰、德国、俄罗斯、智利、阿根廷、日本、巴西等。他们的苹果总产量占世界的 90%，苹果的国际贸易量约占世界水果总产量的 10%。苹果主产国的出口量占苹果产量的比例，2000 年为 9.5%，2007 年为 12.4%，同期进口量也由 7.3% 增加到 9.8%。

中国 2007 年苹果面积 193.34 万公顷，产量 2 786 万吨，均占世界苹果的 40% 以上，主要集中在渤海湾、西北黄土高原、黄河故道和西南冷凉高地等四大产区。渤海湾（山东半岛、辽宁南部、河北东部）黄土高原（陕北、晋南、豫西）这两大优势产区 2007 年苹果面积 129.53 万公顷，占全国 2/3，产量 1 944 万吨，占全国 72%。中国苹果出口量 2007 年比 2000 年增长近 3 倍。如提高质量和加工能力，出口创汇有很大潜力。

### （三）葡萄

葡萄是世界的重要水果，也是重要的酿酒原料。世界葡萄的产量 80% 用于酿酒。2007 年世界葡萄面积 790 万公顷，其中欧洲约占 60%，亚洲占 22%，美洲占 12%。葡萄总产量 6 722.1 万吨。主要生产国为意大利、中国、美国、法国、西班牙、土耳其、伊朗、阿根廷、智利、南非、印度、澳大利亚、埃及、德国。

发达国家的优质葡萄及其加工制品葡萄酒居国际市场的重要地位。鲜葡萄出口较多的国家和地区是意大利、美国、希腊、西班牙、中国香港、土耳其、法国；进口较多的是美国、法国、中国。中国鲜葡萄进口大于出口，葡萄酒、葡萄干、葡萄汁等加工品进口较多，出口远低于世界主要生产国。

### （四）香蕉

世界有 130 个国家和地区生产香蕉，产量仅次于柑橘、葡萄，居水果第三位。据联合国粮农组织统计，世界香蕉收获面积 2006 年为 418 万公顷，产量 7 076 万吨。前 10 位的国家是印度、中国、巴西、菲律宾、印度尼西亚、布隆迪、厄瓜多尔、泰国、乌干达、越南。

中国是香蕉进口大国之一。国内产区在两广、福建、云南、海南及中国台湾。香蕉因投资少、效益好、收益快、国内市场需求量大。近年来国内生产发展迅速。

### （五）梨

梨是世界的第五大水果，中国的三大水果之一。据联合国粮农组织的统计，世界 10 个主要产梨国的产量连续 10 年增长，总产量超过 1 600 万吨。中国梨的生产发展很快，年总产量达 1 300 多万吨。

梨是国际贸易的主要水果之一。主要出口国有阿根廷、中国、荷兰、比利时、美国、南非、智利等。中国梨出口主要销往东南亚、中国香港、澳门和台湾等地。近年来出口中东、东欧的数量有所增加，质量也有提高，出口的主要品种是鸭梨、酥梨和香梨。进口梨较多的国家有俄罗斯、德国、荷兰、意大利、美国，品种以西洋梨为主。

### （六）桃和油桃

2007 年世界前 20 名的国家桃和油桃产量 1 628.51 万吨，其中，中国产 802.84 万吨，占总产量的一半，是第一生产大国。

### （七）其他水果

2007 年世界前 20 名的水果生产国生产温带水果、浆果、热带水果 3 901.89 万吨，其中中国产 466.98 万吨，占总产量的 11% 多。

## 二、差距

发达国家与发展中国家的水果生产贸易存在较大的差距，发达国家水果生产贸易的历史悠久，良种化程度高，生产组织程度高，规模大，修剪喷药基本机械化，劳动生产率高，果品采后商品处理好，加工能力强。其果品加工率一般达 45% 以上，欧洲葡萄 80% 用于酿酒。发展中国家的水果生产以小农户方式经营，生产单位规模不大，产业化程度低。

中国水果生产是世界第一大国，但贸易竞争力差。2007 年中国苹果产量占世界的 38%，柑橘产量占世界 21%，梨产量占世界 61%，桃产量占世界 45%，人均水果占有量 79 千克，相当于世界平均水平。但葡萄、菠萝、椰子、无花果、杏等产量较小、全国出口量较少。2008 年全国出口水果仅占总产量的 4% 左右，低于世界平均水果出口比例 9%～10% 的水平。香蕉主要生产国为印度、中国、菲律宾和南美的巴西、厄瓜多尔、哥斯达黎加，但印度、中国均不是主要出口国，拉美成为香蕉主要出口国。

中国水果加工能力薄弱。中国柑橘人均占有量 46.5 千克左右，加工橙汁仅占产量的 5%。而巴西占 85%，美国占 70%，中国苹果加工能力也只占产量的 6%。

## 三、水果生产发展趋势

### （一）区域化生产

充分利用地理（气候、土壤和资金、技术、人力）的优势发展生产。巴西大力发展橙汁为主的加工业；西班牙发展鲜食柑橘；非洲的尼日利亚大力发展柑橘，其面积超过了美国。中国从 2002 年以来，把苹果规划为渤海湾和黄土高原优势区，把柑橘规划为长江上中游柑橘带、赣南—湘南—桂北柑橘带、浙闽粤柑橘带、湘西鄂西柑橘带四大优势区。2008 年又规划了梨的优势区，如华北白梨区、西北白梨区、长江中下游砂梨区为重点优势区，使水果生产逐步走上区域化布局。

### （二）产业化发展趋势

发达国家已实现产业化生产，规模不断扩大。如美国新奇士公司操纵柑橘的经营销售，使公司利润最大化。巴西是柑橘生产国，1990—2000 年柑橘生产单位由 2.9 万多个逐步合并，扩大规模，减少到 1.4 万个；加工企业减少到 15 家，有利于降低成本，提高商业竞争力。中国改革开放以来，新建了一批苹果出口企业，如山东复发、申纪、陕西华圣等一批经营出口鲜苹果的企业。北京汇源、恒河集团以及庞大等苹果浓缩汁加工企业，使我国成为苹果汁主要出口国。四川和重庆大力发展汁用甜橙，忠县建设了一个现代化汁用甜橙果园，福建永春、赣南和湘南也在筹建橙汁加工基地。

### （三）提倡省力化栽培

世界水果主产国果树栽培都在向省力、低成本方向发展。法国、意大利苹果采取高纺锤形的简化修剪方式。日本讲究苹果、柑橘整形修剪，并提倡大枝疏剪，以节省劳力成本。不少国家推广生草、种草、免耕等管理制度，节省劳力。灌溉果园采用滴灌或推行灌水和施肥结合进行。中国近年来提倡疏果、疏枝、疏株，大改型做法，省力、省成本。

### （四）保证食品安全

为适应市场消费者需求，果品要向优质化、标准化、品牌化和绿色安全方面发展。一些发达国家建立生产绿色果品为目标的生产制度，确保食品安全，如德国有机食品已占 30％～50％，意大利苹果、猕猴桃绿色标准化已达 80％。中国近年来也加强了农产品质量安全监督管理，在果品基地逐步建立生产、管理、收获、贮藏、运输、加工过程的督促检验，防止污染，保障产品安全。

原载《统筹城乡经济社会发展论坛》通讯 2011 年第 3 期

# 世界木材产品的贸易格局

据联合国粮农组织统计，1992 年全球木材消费量包括 18.7 亿立方米薪柴和 16 亿立方米工业原木，其总产值估计超过 4 000 亿美元，其中工业用木材占 75%。关于非木材服务和效益，难以全面统计。据联合国粮农组织 1992 年对地中海地区调查，如软木、树脂、橡胶、蜂蜜、蘑菇、野生水果和野生动物的贸易值加上畜牧中利用的树木的价值，估计每年超过 10 亿美元。瑞典森林的非木材产品和服务的估计价值，1992 年相当于木材价值的 50%，但仅相当于木材制成品价值的 5%。

在过去 30 年中，全球人均林产品消费量每年增长接近 1%，从 1961—1991 年按实际值计算，全球木材消费值翻了一番以上，每年平均增长 2.7%，这一期间，全球原木产量增长了 25%，薪柴产量将近翻了一番，工业原木产量增长了 50%，在加工成品中，锯木产量增长 20%，木板增长 600%，纸张增长 350%。

全球木材产量的 1/4 左右进入国际贸易，1992 年的贸易额共达 1 033 亿美元，占世界商品贸易的 3%（1961 年世界木材贸易额只有 604 亿美元）。

发达国家控制了贸易的流量，占木材总贸易量的 80% 以上。贸易集中在少数几个国家，美国、法国、日本、英国、意大利五个进口大国，占世界进口量的一半，加拿大、美国、瑞典、芬兰、德国五个出口大国，占世界出口量的 50% 以上。巴西、印度尼西亚和马来西亚占世界木材出口量的 10%，占发展中国家出口量的 50%。

对若干主要出口国来说，林产品是他们对外贸易的一个重要部分。在柬埔寨、中非、赤道几内亚、芬兰、老挝、利比里亚、缅甸和所罗门群岛，木材产品超过总出口值的 20%，在加拿大、喀麦隆、刚果、科特迪瓦、加蓬、斐济、印度尼西亚、马来西亚、新西兰、斯威士兰和瑞典，木材产品超过出口值 10%，加拿大的木材产量中有将近 50% 出口。其他国家严重依赖进口，特别是纸张方面，大约有 80％ 的发展中国家的纸张供应量中有一半以上依靠进口。美国既是木材出口国，又是最大的林产品进口国。

发展中国家的一个贸易特点是木材制成品出口量在总出口量中的比例不断增加，1961 年 54％ 的出口值是未加工原材，到 1991 年这个比例下降到 20％。

热带木材在世界木材产量和贸易中占的比重很小，但对某些国家来说极为重要。在 1991 年和 1992 年，马来西亚的锯木和木质人造板出口量占产量的 60％ 以上，而印度尼西亚的木质人造板和胶合板的 80％ 以上出口。出口比例较高的，还有刚果、科特迪瓦、加蓬、利比里亚和巴布亚新几内亚。

中国、日本、泰国和韩国四个亚洲国家进口热带国家工业原材的 80％ 左右。日本是最大的进口国，1992 年占进口量的 45％。

原载《国际产品贸易》1996 年第 5 期

# 国际农业发展战略概念的演进

第二次世界大战结束，当时许多国家面临粮食困难，农业衰退，国际社会十分关注大众民生问题。由美、英、法、意、加、澳等国倡议，在原有国际农业协会的基础上，积极筹划成立政府性的联合国粮食与农业组织。终于在 1945 年 10 月 16 日正式成立，比联合国成立还早 8 天，届时，有 42 个成员（包括中国）。农业领域成为国际社会重视的首要议题。

联合国粮食与农业组织确定的目标是："提高营养与生活水平，提高生产与分配效率，改善农村人口的状况，促进世界经济发展与保证人类免于饥饿。"显然，就是期望解决农业增产，农民增收，改善生活，推进农村经济社会发展，也可以说要振兴"三农"（农业、农村、农民）事业。农业、农村、农民三类紧密联系，相互促进，相互影响。

现在联合国粮农组织由近 190 个成员组成。发展中国家居绝大多数，世界贫困人口集中在农村。这个组织主要为发展中国家服务。其主要任务：一是提供论坛与政策咨询，二是研究与交流世界农业信息，三是提供技术援助与服务。

回顾半个多世纪以来，国际农业界在总结实践经验的基础上，不断深化农业发展战略，提出一些新的理念，对推进世界"三农"事业的发展，起到一定的作用。

## 一、粮食与农业是广义的

粮食不仅指谷物，凡是能食用的，包括蔬菜、瓜果、豆薯，林、畜、渔产品等，实际指的是食物（FOOD）。农业是指大农业，不仅种植业，还有养殖业、畜牧业、渔业、林业，以及生产、加工、销售（产前、产中、产后）一体化经营。许多国家把主管农业、农村的行政机构称为农林食品部或农业农村发展部，有利统筹协调发展。

## 二、强调农村综合发展

1978 年联合国粮农组织召开世界农村改革与农村发展会议。总结中提出，国际社会充分认识到："只有农村贫困问题得到解决，世界发展才有希望。"呼吁各国政府要加强对农村发展工作的领导，要改革体制，善于调动广大农民的政治与经济积极性，有效地利用财政、技术和人力资源，推进农村综合发展。

综合发展就是要多方面增加投入，促进农村经济活动的多样化，农业与非农业，第一、二、三产业都要发展，以求增加农民收入，扩大劳动就业机会；要重视妇女（仍在受歧视与不平等待遇）与青年农民的工作，加强对农民的教育，增加对智力投资与开发；为保障与谋求农民民主与福利权益，建立农业合作组织和农民协会。

## 三、关注农村贫困和营养不良人口

1994 年世界人均每日生活费不到 1 美元的贫困人口约有 11 亿多，其中营养不良的达 8 亿多人。1996 年世界粮食会议。提出的目标是：要求采取各种措施，争取到 2015 年把营养不良的人口减少一半。任务艰巨，不易完成。

## 四、要实现粮食安全

联合国和联合国粮农组织在 1974 年和 1976 年两次召开粮食会议，研究粮食安全问题。粮食是人类赖以生存的基础，是一种超常规的物品，重要的战略物资，是解决其他有关经济稳定以及国内和国际安全问题的一把钥匙。粮食是指食物，不仅要增加产量，消灭饥饿引起的死亡，而且要改善分配流通，提高粮食产量、营养与安全。要能自力更生，生产足够供人们消费的粮食，或是有钱能买得起的粮食，要储备一定的粮食。粮食安全系数——谷物储备量至少占消费量的 17％～18％，以供青黄不接时对粮食调剂的需求，并逐步研究膳食能量供给的家庭粮食营养安全和卫生保健（绿色食品，有机食品），也就是要密切关注粮食、健康、营养与活力（寿命）的平衡与安全。

## 五、倡导农业与农村可持续发展

1992 年联合国召开了"环境与发展"首脑会议。提出了可持续发展的战略，在农业与农村方面的具体目标是：生产要发展，生活要提高，生态要改善；不仅要着眼于当代人的利益，还要照顾到子孙后代的长远利益；要合理节约利用资源，保护与改善资源与环境的状况。

## 六、都市农业

1994 年世界城市化率为 45％（城市人口占总人口的比例），其中发达国家为 75％。预测 2025 年世界将达到 65％。城市化是全球经济社会发展的必然趋势。城市的特点：区位好，交通经济发达，有科技、人才、资金、市场等优势，但水土资源有限，生产成本高，污染加重等劣势；同时，人口增长快，要求供应鲜活、优质、卫生、安全、营养和多样化农产品，市民对精神文化生活需求日益增长。都市农业，是指城市居民从事在城市范围内或周边地区的农业活动，要为城市服务。1996 年联合国开发计划署召开都市农业国际会议，对都市农业的多功能性取得了共识。认为：它可以提高食物的安全性，增加收入来源，为低收入和中等收入的城市居民带来就业机会，包括通过家庭自给水平以及整个商品化农业产品的生产、加工、销售；并有助于形成生态健全的城市环境，对经济社会发展，改善生态环境，提供舒适生活与可持续发展的条件，都有重要的作用。都市农业，要积极调整农业结构，发展优质、高产、高效、生态、安全农业，率先实现农业现代化，很好发挥其经济、社会、生态、文化等多功能作用，向二、三产业延伸拓展，实现城乡一体化，缩小城乡、工农差别。

## 七、农业的多功能性

农业具有经济、社会、生态、文化、休闲等多种功能。20 世纪 80 年代以来，国际社会加深了对农业多功能的认识，积极发挥其作用。1999 年 9 月联合国粮农组织与荷兰政府联合召开国际农业与土地多功能特性会议，认为：农业不仅是提供农副产品和工业原料，又是稳定政治和社会，提供劳动力，发展第二、三产业，振兴经济，扩大农村劳动力就业，增加农民收入，繁荣城乡经济建设，缩小工农与城乡差别；通过保护与改善农业资源和生态环境，实现经济、社会与自然的和谐可持续发展，并美化生活环境（发展观光、休闲、旅游农业），达到调节身心健康和文化娱乐的功能。

### 八、气候智慧型农业

联合国粮农组织 2010 年提出，旨在可持续提高农业效率，增强适应性，减少温室气体排放，并可更高目标实现国家粮食安全的农业生产和发展模式。世界银行认为，为建立面对气候变化，能满足不断增长的需求，并保持盈利和可持续发展的食物系统。气候智慧型农业的总体发展目标是实现从农户到全球不同尺度下的农业系统可持续利用，保障人类的粮食与营养安全，同时增强农业系统应对气候变化影响的适应性和弹性。具体目标是：一要持续提高农业系统的生产效率。二要提高农田应对气候变化的弹性与适应性。三要减少农业系统的温室气体排放，增强碳封存能力，最终达成农业系统增产，抗逆与减排的三方共赢。

原载《农业经济技术研究所通讯》2017 年第 1 期

# 发展"气候智能型农业"的讨论

联合国粮农组织于 2010 年提出了发展"气候智能型农业"的理念，在 2013 年 12 月 5 日于南非约翰内斯堡召开的第三届全球农业粮食营养和气候变化会议，又进一步提出在全球推广气候智能型农业。其主要内容包括，在不增加耕地面积的同时，持续提高粮食生产，提高农作物对气候变化的适应力，降低农业部门的温室气体排放等问题。

目前全球有 8 亿多人口的粮食安全得不到保障。到 2050 年世界人口可能达到 96 亿，届时，粮食需求量将比现在多出近 70%。气候变化和环境破坏对农业和农村发展带来新的挑战。全球有 25% 的土地已经或正在高度退化，气候变化往往对最贫困国家的农业带来更为严重的影响。正是在这种背景下，联合国粮农组织提出要发展气候智能型农业，这是应对气象变化挑战、创造可持续未来的一种方式。

南非农业研究协会主席沙德瑞克·莫夫利对此解释，如果在种植水稻时，减少对化肥的过量使用，可以减少对水资源的污染，又提升了农作物生产率，能够达到气候智能型农业的效果。但这需要因地制宜地运用。如目前非洲很多国家施用化肥很少，仍需要适当增加使用量，以提高粮食生产率。

为了提高农作物对气候变化的适应力，全球常用或推广的农业技术和方式包括：选育抗旱、抗虫、抗逆力强的优质种子，发展秸秆还田等节约型农业耕作，设立极端天气早期预警系统以及推广气候指数保险等措施。

在降低温室气体排放方面，农业部门能有所作为。目前非洲很多养殖家禽和畜牧的农场，会让动物粪便自然发酵，因而产生大量甲烷等温室气体，污染环境。而中国大力推广沼气技术，可以有效地解决这一问题。

在应对未来人口增长所带来的粮食不足方面，也提出了要减少过度消费，降低肥胖，减少浪费等改变生活习惯的建议。同时认为，目前包括美国在内的多国政府建立了使用生物能源的目标，这将加剧未来粮食的短缺。

联合国粮农组织认为，在推广气候智能型农业方面，非洲国家可以采用保护地下水源和多元化作物种植（即种植多样化、轮作倒茬）等手段，来改善本地区农业生态系统，减缓土地退化；从长远看，也有助于降低农业生产成本，增加农业投资回报率。

非洲大陆目前拥有全球 60% 的未开垦可耕种土地，但仅生产了全球 10% 的农产品。专家们提出，为解决未来全球粮食缺口问题，非洲必须在 2040 年前担负起成为"世界菜篮子"的重任。

据联合国开发计划署的调查资料，撒哈拉沙漠以南非洲国家有四分之一人口营养不良，三分之一儿童因缺乏营养而发育迟缓。非洲专家认为，当前非洲 90% 的食物供应，由小农耕作提供，而大部分小农耕作并不具备有效进行食物储存的系统，因而收获后的食物大量腐坏和浪费损失。非洲的农业缺乏肥料、种子、机械和技术的投入，这是造成非洲农业不能自给自足的主要原因。

乌干达农业专家认为，乌干达大部分外国公司的农业投资出于商业利益目的，均以种植甘蔗为主，但人不能以甘蔗为主食。另外，农村基础设施很差，农产品市场渠道不畅，政府对农业缺乏引导性的政策和法规支持。

与会农业专家认为，现在中国在非洲国家建立了多个农业技术示范中心，非洲农民愿意学习中国的农业专长和先进技术，能够帮助他们推进提高农业生产率。

*原载《统筹城乡经济社会发展论坛》2014 年第 5 期*

# 中国农业文化遗产居全球领先地位

联合国粮食组织于 2002 年发起创立全球重要农业文化遗产的倡议，目的是要推动全球优秀传统农业文化遗产的保护、利用、推广与可持续发展，以造福于人民。并提出了凡是入选遗产，需要具备五项标准：能保障食物和生计安全；拥有生物多样性和生态功能；体现农业知识体系和技艺；含有农业文化与精神体系；具有自然景观和水土利用系统等特点。

我国是最早参加全球重要农业文化遗产工作的国家之一。2005 年经农业部国际合作司向联合国粮农组织推荐，浙江青田稻鱼共生系统，就首批成功入选为全球重要农业文化遗产名单。这一项目，时任浙江省委书记的习近平同志就曾批示过，要求"勿使其失传"。到 2018 年 5 月止，在联合国粮农组织全球确定的共 20 个国家 50 项遗产中，我国已拥有 15 项，数量居世界各国之首位。

中国的名录如下：浙江青田稻鱼共生系统、江西万年稻作文化系统、云南红河哈尼稻作梯田系统、贵州从江侗乡稻鱼鸭系统、云南普洱古茶园与茶文化系统、内蒙古敖汉旱作农业系统、浙江绍兴会稽山古香榧群、河北宣化城市传统葡萄园、陕西佳县古枣园、江苏兴化垛田传统农业文化系统、福建福州茉莉花种植与茶文化系统、甘肃迭部扎尕那农林牧复合系统、浙江湖州桑基鱼塘系统、山东夏津黄河故道古桑树群、中国南方山地稻作梯田系统等 15 项。

我国对农业文化遗产的管理、科技支撑和国际交流居领先地位。农业部先一步成立农业文化遗产专家委员会，加强制度建设，并在全球第一个发布国家级管理办法。组织推动遗产所在地政府成立专门的管理部门；在中国农学会成立农业文化遗产学会，组织带动 20 多家高校与科研机构参与这方面的学术研究、监测、评估、保护交流等工作。农业部于 2012 年就启动了国家级重要农业文化遗产的挖掘工作。迄今已认定了 91 个国内农业文化遗产项目。

我国注意发挥遗产作用，增强乡村发展活力。中国农业历史悠久，勤劳农民在长期实践中，因地制宜善于合理利用土、水、生物、气候资源，有效发挥经济、社会、生态综合效益，创造丰富的经验与智慧，应当继承发扬推广。浙江青田已培育出稻鱼共生的生态大米，青田田鱼等品牌，并扩大稻鱼技术。内蒙古敖汉旗先发展敖汉小米特产品牌，收集当地农家品种研究提高。福建茉莉花茶产业日趋兴旺发达；浙江绍兴香榧产业扩展，增加农民收入。江西万年开展水稻传统品种提纯复壮工作。

积极开展遗产的宣传推介活动。支持中央电视台、英国广播公司、意大利广播电视台等新闻媒体，分别拍摄了《农业遗产的启示》《美丽中国》《天人合一》《红河哈尼梯田地区特色饮食文化》等农耕文化题材的纪录片，扩大社会影响。

加强国际交流，提升中国农业国际声誉。农业部推荐中国科学院李文华院士和闵庆文研究员多次担任全球重要农业文化遗产委员会议事机构的主席，主持起草了各项规则标准的制定，同时派遣三位年轻官员到联合国粮农组织秘书处任职，参与全球农业遗产发展规划。此外积极利用国际舞台输出中国遗产保护理念。如利用世博会、全国农业现场交流会等平台展示中国农业文化遗产面貌、发展经验。特色产品。还通过联合国粮农组织"南南合作"项目，吸引60多个国家农业官员来华学习遗产工作经验。还推动农业遗产走出去。如"福州福建茉莉花与茶文化系统"与法国勃艮第葡萄园、"江苏兴化垛田农业系统"与墨西哥城浮田系统等先后签署了合作协议。

从全球入选的20个国家50个项目看，以亚洲国家居多。除中国15个外，其他国家项目介绍如下：日本11个（能登半岛山地与沿海乡村景观、佐渡岛稻田—朱鹮共生系统、熊本阿苏可持续草地农业系统、静冈传统茶—草复合系统、大分国东半岛林—农—渔复合系统、岐阜长良川流域渔业系统、和歌山青梅种植系统、宫崎山地农林复合系统、大崎可持续稻作生产的传统水资源管理系统、西粟仓山地陡坡农作系统、静冈传统芥末栽培系统）；印度3个（藏红花农业系统、科拉普特传统农业系统和喀拉拉邦库塔纳德海平面下农耕文化系统）；韩国3个（青山岛板石梯田农作系统、济州岛石墙农业系统、河东郡传统茶农业系统）；坦桑尼亚 2 个（马赛游牧系统和基哈巴农林复合系统）；西班牙 2 个（拉阿哈基亚葡萄干生产系统和阿尼亚纳海盐生产系统）；秘鲁的安第斯高原农业系统；智利的智鲁岛屿农业系统；阿尔及利亚埃尔韦德绿洲农业系统；菲律宾伊富高稻作梯田系统；突尼斯加法萨绿洲农业系统；肯尼亚的马赛草原游牧系统；摩洛哥阿特拉斯山脉绿洲农业系统；伊朗喀山坎儿井灌溉系统；孟加拉国浮田农作系统；阿联酋艾尔与里瓦绿洲枣椰种植系统；埃及锡瓦绿洲椰枣生产系统；斯里兰卡干旱地区梯级池塘—村庄系统；墨西哥传统架田农作系统；葡萄牙巴罗索农林牧系统。

原载《农业经济技术研究所通讯》2019 年第 2 期

# 二、农业对外合作

# 阔步前进的中国农业对外合作四十年

## ——纪念中国改革开放四十周年

　　我国是世界最大的发展中国家，当今是仅次于美国的世界第二大经济体，人口众多，是农产品生产、消费、贸易的大国，在全球农业领域占有重要地位，农业对外交流与合作将与日俱进、更趋频繁。

　　1978年实行改革开放的40年来，在和平发展合作共赢的对外方针指导下，我国农业对外交流与合作取得了历史性快速发展。1978年时，仅与50多个国家与联合国粮农组织，国际农业研究磋商组织等少数国际多边机构有联系。目前已与150多个国家和许多国际农业机构与金融组织建立了广泛稳定长期农业合作关系，互动互信，与上百个国家有双边、区域、多边农业合作项目机制。在多边国际舞台上，成为负责任的农业大国，对全球农业治理，有了更多话语权，主导地位日益提升，影响力不断扩大。通过引进来与走出去相结合，在农业技术、人才、经济、贸易、文化、外交等方面，开展全方位、多渠道、多层次、多形式深入交流合作，取得互利双赢成效，不仅有利推进我国农业现代化建设发展，也促进了国际间友好和谐与农业共同发展，对全球减少贫困，保障粮食安全，改善生态环境，可持续发展，做出了有益贡献。

## 一、农业对外交流合作的发展历程

　　回顾40年来，农业国际交流与合作大体经历了四个阶段：

　　第一阶段：1978年党的十一届三中全会召开到1984年党的十二届三中全会前，大力开展对外交流，中央与地方农业领导与科技人员有计划地去先进国家考察取经，广开眼界，解放思想，取长补短，更新概念，虚心学习先进经验，并起步对农牧渔业与乡镇企业、农产品加工业积极引进外企业、资金、技术、设备、人才，接受国际援助与贷款。加入世界粮食计划署、国际农业发展基金会、国际农业研究磋商组织等国际机构，向驻美、法、比、日、澳使馆派农业官员，扩大对外交流局面。

第二阶段：从 1984 年到 2001 年加入世界贸易组织前，积极发展商品生产、重视一、二、三产业综合发展，"无工不富，无商不活，无农不稳"，重视引进来为主，更多吸收外资企业直接投资，利用国外贷款，接受国际粮食与技术援助（多边、双边、政府与民间）。从 1985 年开始走出去，赴非洲合作发展远洋渔业，利用国内外两种资源，两个市场，"你中有我，我中有你"，融入经济全球化。

第三阶段：2001 年加入世界贸易组织后，利用市场经济地位，积极发展农产品国际贸易，农业部参与农产品对外贸易事务。引进来与走出去相结合，在农业援外的基础上，扩大境外农业投资合作办企业的步伐。

第四阶段：2012 年党的十八大以来，进入社会主义建设新时代，开创新局面。加强农业对外投资合作，倡导共商共建共享"一带一路"建设，同时扩大农业援外的力度；倡议构建人类命运共同体。积极参加区域与多边外交活动，由中国主办或在中国召开的多边高层农业与专业会议增多。为适应农业对外合作新形势，国家由农业部牵头有关部委参加，成立农业对外合作联席会议机制，统一规划，统筹协调，政策支持。对驻外使馆增派农业官员，除原有的五国外，新增俄、德、乌克兰、保、阿根廷、加、柬埔寨、缅、墨、非盟使馆，适应农业外交需求。同时逐步向国际农业机构推荐增派中方职员与服务专家。我国承担国际农业机构的会费（两年一次）也有所增加。20 世纪 80 年代，向联合国粮食组织交纳约 500 多万美元，世界粮食计划署 40 万～250 万美元，国际农业发展基金会 100 万～700 万美元，2016 年则分别交纳 2 400 万美元（第 6 位）、1 100 万美元（第 29 位）、2 167 万美元（第 8 位）。

## 二、借鉴学习国外农业先进管理经验

从 1979 年起，我国认真吸收欧美经验，重视农村一、二、三产业综合发展，注意加强农产品产后加工、储存、运销等薄弱环节。一些城市郊区和国营农场企业试办农工商、牧工商、渔工商等联合企业，提高效益。一些地方试办各种农业合作组织，以及企业、基地加合作社、农户、实行产加销结合的产业化经营体系。组织农业机械协作社，向农户提供有偿服务。对农业投资拨款，参照国际合作项目严格管理制度，要有立项的科学依据、目标、设计、论证、评估、可行性调查研究，具体措施进程、审计、监督、验收等程序，力求发挥经济、社会、生态效益。对农业科研项目，引入竞争机制，采取合同制，课题要有明确目标、要求、责任，进行论证、评审、核查等程序，以利提高效益、多出快出成果。

学习荷兰、丹麦、德国等开展农民职业教育、对合格农民颁发绿色证书制度的经验，我国加强了对农民进行各种形式的职业培训教育，有利提高农民素质，推进农村智力开发，加快农业现代化建设。借鉴欧美国家开发农业多功能性，推动休闲农业与乡村旅游业，既满足城市居民改善生活需求，又有利富裕农民、美化农村、密切城乡关系、缩小城乡差别。

参照国外农业法治的经验，国家逐步制定了各种农业专业法规，认真依法实施，保证农业、农村稳定健康发展。党的十六届四中全会，吸取工业化国家的经验，提出了"工业反哺农业、城市支持农村、实现工业、农业、城市、农村协调发展"，实施以工补农、优惠扶农、惠农补贴；对农村采取"少取、多予、放活"的政策，有力推进农业、农村的发展。

参照1992年联合国环境发展首脑会议提出的"可持续发展"战略，和1996年世界粮食首脑会议"保障粮食与食品安全"战略，以及2016年"巴黎协定"应对气候变化战略。国家都相应加强了节约利用资源，保护与改善环境，重视生态安全、生态文明建设、节能提高能效，以及粮食食品安全，抗灾防灾等方面工作，推进社会主义现代化建设。

## 三、农业对外科技交流合作，推进农业技术进步

农业对外科技交流合作，可以互补优势，推广、创新良种和先进技术，实现农业高产、优质、高效、安全、生态的目标，促进农业技术进步与共同发展。1978年后，我国认识到科技落后于先进国家20～30年的状况，提出"科教兴国"、"科教兴农"的战略。急起直追，加大投入，积极引进良种先进技术、设备与智力人才，合作研究创新等工作，有效地促进了农业生产力的发展。农业科技进步贡献率，有了较快提高，1976—1980年为27%，2005年为48%，2012年为54.5%，2017年为57.5%，这是

引进先进技术起了一定促进作用。

## （一）引进良种

40年来引进农作物种质资源10多万份，有的经试验、鉴定、试种成功，直接利用；有的作为育种材料、培育成新良种。目前生产上应用的农作物优良品种，有一半是从国外引进或利用引进种质资源育成的。如抗虫棉、富士苹果、脐橙等大面积推广。还引进一些微生物、食用菌种质资源，以及新的作物如甜叶菊、木豆、籽粒苋，剑麻、香草兰、银合欢、树莓、西洋参、啤酒花、藜麦、辣木等。畜牧方面引进欧美的瘦肉型猪，从欧、澳引进绵羊、奶山羊、波尔山羊，从巴基斯坦引进奶水牛，从欧洲、泰国引进蛋鸡、肉鸡良种，从美洲引进鸵鸟。水产方面，引进罗非鱼、虹鳟鱼、罗氏沼虾、南美白虾、加州鲈鱼、澳洲龙虾、俄罗斯鲟鱼等。

## （二）引进先进实用技术

设施农业、塑料薄膜地面覆盖、智能温室已经广泛用于蔬菜花卉，经济作物，水稻育秧以及养殖业，可以集约利用耕地，保障稳产高产。2017年全国设施农业超过5 500万亩[①]。还引进水稻机械化栽培、免耕法、少耕法、无土栽培、高效低毒农药、生物农药、节水灌溉、测土配方施肥以及机械化养鸡、养猪、养奶牛、人工授精、奶品加工、饲料配方、秸秆氨化、网箱养鱼、飞机播种与防治病虫害、农业遥感技术等先进技术，都在不断推广使用。

## （三）引进农业技术装备

利用贷款补偿贸易或技术援助等方式，引进各种农业机械设备和测试仪器，有效地提高劳动生产率，土地产出率，资源利用率。目前黑龙江垦区和新疆生产建设兵团都已成为农业机械化水平高的农业商品基地。2017年全国主要农作物耕种收综合机械化率超过65％。畜牧方面，引进养鸡、养兔、养猪，奶业生产加工等机械设备。为发展新兴的饲料工业，从10多个国家引进200多台饲料加工设备。还引进各种农产品加工设备，农业科教单位引进一些先进仪器设备，充实重点试验室，改善科研手段，有利

---

① 亩为非法定计量单位，1亩≈667平方米，下同。

提高科技水平与快出成果。

### （四）开展合作研究

采取中外结合，双方投入、共同研究，成果共享，推进科技创新进步。除国家级科教单位外，省地级也开展对外合作研究。如与日本合作进行北京市瓜类育种、云南水稻育种、吉林水稻机械化栽培、黑龙江低温冷害防治等；与加拿大进行钾肥施用、油菜品质育种；与法国进行梅山猪、肉牛生产质量安全追溯；与德国进行农村再生能源，农场废弃物处理；与美国进行生物防治、虾病测定、陆地棉基因组测序；与澳大利亚进行小麦育种、反刍动物微量元素，以虫治虫；与意大利进行肉牛育种等项目；与以色列、德国、荷兰、韩国等合作办示范农场。国际农业研究磋商组织所属各专业研究所与我国20多个省市区的50多个科教单位合作课题200多个，不少合作研究成果获得国家、部、省级的奖励。

中国农业科学院、热带农业科学院、水产科学研究院及北京农业大学以及一些重点省级农业科教单位，都承担合作研究的任务。以中国农业科学院为例，与83个国家的地区，38个国际组织，7个跨国公司，美国比尔盖茨基金会等建立合作关系，签订82份科技合作协议，与美、加、日、荷、澳、德、英、法、丹麦、巴西、古巴等国科研院所在华共建联合实验室或研究中心62个，在巴西、比利时、澳大利亚、古巴和哈萨克斯坦等建立海外联合实验室，拥有联合国粮农组织和世界动物卫生组织参考实验室6个。该院开展的国际合作研究项目达250多个，覆盖全国20多个省市区，还组织实施美国比尔盖茨基金会绿色超级稻项目，在亚非15个国家示范推广超级稻。国际马铃薯研究中心2015年在北京延庆，成立了亚太中心。省级农业科教单位，以西北农林科技大学为例，已与40个国家与地区的153所大学与科研机构（重点是中亚、俄、埃及、马里、喀麦隆、以色列等国）建立合作关系，开展农业科技教育合作，为"一带一路"沿线国家农业科技教育提供服务。一些外国企业，也在我国不同地区与作物，进行农药、化肥、良种等试验示范推广工作。

### （五）人才培训、智力引进

1979年前，我国农业科技闭关自守，迷信苏联米·伊林学说，批判摩尔根基因学说，加之受"文化大革命"的影响，农业科技落后，人才短缺。1979 年后，重视科教兴农，积极引进智力。最先利用世界银行贷款，建立农业科技教育项目，每年组织专家技术人出国考察学习，了解吸收国外科技成就，并有计划地派出懂外语的中年专业人员赴先进国家作访问学者，深入进修和合作研究，实地系统学习掌握基础理论和先进技术，填补一些国内空白学科。还建立公派留学项目，逐步派更多的青年人员，出国留学深造。

据统计，1979—2007 年共向 43 个国家和地区派出访问学者和留学人员 7 000 余人，其中访问学者 1 800 多人。以后利用公费渠道每年派留学生近千人。不少访问学者和留学生，回国后努力钻研，成为科研教育的骨干力量，有的成为学科带头人或评上了院士。同时还派一些专业技术人员和有文化青年农业职工赴日本、美国、欧洲一些企业研修实习，回国后，实践中吸收、消化、应用，推进技术进步与生产发展。

此外，采取请进来的办法，有计划地邀请外国专家学者来华讲学咨询指导。为了克服语言上障碍，扩大受教队伍，特邀请一些外籍华裔学者来华系统讲授一些新学科的技术理论知识，尽快缩短我国农业科技与国际上的差距。不完全统计，用专项经费，请进的专家达 1.3 万多人次。1986 年起，农业部率先对一些突出贡献的海外农业专家颁发国际科技合作奖，或授予名誉称呼，以表彰他们的功绩与贡献。

### （六）专项引进计划

1994 年 8 月国家设立《引进国际先进农业科技计划》，即"948"计划，投资 18 亿元人民币，从 40 多个国家与地区引进种质资源 2 万多份，高新和实用技术 2 000 多项，通过消化吸收创新，加快了农业科技水平的提高。据专家评估，可缩短 10～15 年的研究开发时间，节约研究开发经费 30％～50％。这是推进农业科技进步的有效举措。

## 四、引进资金、外企，加快农村综合发展

我国农村基础设施薄弱，农业产后储存、加工、运销落后，需要资金投入。改革开放后，积极利用国际贷款和吸收外商直接投资，偏重于中西部和贫困地区与国营农场及商品基地，以利农村开发建设，增强农村一、二、三产业综合发展能力，推进城镇化进程和农村劳力转移。

**（一）利用贷款**

主要是世界银行，国际农业发展基金会、亚洲开发银行。世界银行：1980 年起，由国家农业委员会牵头，最先利用世界银行贷款。据统计资料：1981—2016 年，我国利用世界银行贷款总计 602 亿美元，509 个项目（包括环境交通、城市、农村、能源、水资源、人类发展等领域），其中农业方面有 115 个项目，承诺贷款 112.8 亿美元。占总贷款额的 18.8%，每个项目较大，一般为 5 000 万～1 亿美元。有华北平原农业发展，黑龙江农垦，中国橡胶发展，农业部科教二期，种子、淡水养鱼，红壤改良，长江中下游农业开发，农业支持服务，红埌改良二期，饲料工业开发，农垦商业化，沿海资源可持续利用，肉牛发展，新农村生态家园，富民工程等项目，对于推进科教兴农、农业区域综合开发、改造低产田，加强国营农场企业，建立农产品商品基地，都收到良好效益。

国际农业发展基金会贷款：1981—2010 年在中国有 24 个项目，提供贷款 6.36 亿美元，与其他国际机构联合投资还有 5 690 万美元，中国政府配套资金 8.93 亿美元，合计总投资 15.8 亿多美元，用于农村边远贫困地区开发建设，北方草原和畜牧发展、河北农业发展、广东综合养鱼、湖北农村信贷款、四川畜牧发展、山东烟台农业开发、山西农业综合发展、吉林白城低洼地开发、云南思茅农业开发、青海南部开发、江西赣州农业综合开发、皖西、武陵山、秦岭、广西西部、宁夏甘肃南部、新疆、内蒙古、大别山区等，有利加强农村基础设施建设，改善生产条件与生态环境，发展农村经济。

亚洲开发银行贷款：1987—2015 年，对中国农业与自然资源项目 31 个，共 36.41 亿美元，农业部经管的主要用于农村能源、沼气建设一、二期，旱作农业可持续发展（推广龙头企业加基地农户的产业化模式）3 个项目，总投资 33.62 亿元人民币，涉及山东、江西、黑龙江等 7 个省范围，对项目区开发推广农村再生能源，扶持农业产业化发展、保护与改善农村生态环境都起了良好作用。

**（二）吸收外商直接投资**

开放初期，以"三来一补"（来料、来样、来设备加工、用产品补偿贸易）为主，在沿海地区的乡镇企业、国营农场中兴办，逐步发展独资、合资、合作经营、租赁、融资等企业，并由沿海向中西部扩展。主要来自中国香港、澳门、台湾地区和韩国、日本、新加坡、泰国、美国、加拿大、德国、英国、法国等国外商。据商务部统计资料：农林牧渔业吸收外商直接投资；1979 年 821 家 6.7 亿美元，2010 年累计 20 262 家，492.7亿美元，2016 年底，达 24 652 家（占总的外商 2.85%），1 026.8 亿美元（占总的外商投资 2.56%）。

吸收外商直接投资，有利贸工农结合，引进先进设备，了解国际市场行情，提高经营管理水平，推进农业专业化、标准化、集约化、现代化，并增加出口创汇能力；外商可以获得盈利，称心满意。

其中，"三来一补"乡镇企业，1984 年有 3 500 多家，1988 年 64 253家，2005 年 15.38 万家，从业人员 1 804 万人，出口产品交货额 2.066 万亿元人民币（包括农畜产品和工业品）。国营农场出口商品 2015 年 822.6 亿元（其中工业 754.7 亿元），2016 年 665.4 亿元（其中工业 624.6 亿元）。

黑龙江洪河农场与日本日棉株式会社合作，利用贷款 1 350 万美元，购买引进先进农机设备，开垦 40 万亩耕地，用项目生产大豆（5.5 万吨），分 5 年补偿归还贷款本息。天津市农垦用合作经营方式，与法国合作生产"王朝葡萄酒"；深圳市光明农场与港商合作，扩展奶牛业，牛奶向香港市场销售；广东华侨农场与新加坡商人合作生产油棕和甜叶菊项目，都获得成功。互利双赢，外商获得良好盈利和信誉。

泰国正大集团是个工业化饲料生产大企业，已在我国建立原种鸡场和畜牧养殖场和饲料工业共 400 多家，总投资 1 100 亿元人民币，年销售额近 1 000 亿元人民币，员工超过 10 万人。重庆三峡集团与美国派森百公司合资，在四川忠县建设全自动鲜橙汁生产线，年加工 23 万吨，成为亚洲最大橙汁生产基地，产品畅销东亚、中东、欧美。

外商投资的种子企业，2012 年有 25 家，如美国孟山都、先锋、瑞士先正达，德国拜尔等，经营蔬菜、花卉、玉米、棉花等良种，在我国市场占有一定地位。

### 五、利用国际农业援助，增强自我发展能力

我国于 1971 年恢复在联合国的合法权利与地位，1973 年恢复在联合

国粮农组织的合法地位。联合国在 1959 年有决议，要求发达国家每年拿出国民经济总产值的 0.7％来援助发展中国家，可通过多边或双边渠道，按项目需求进行定位援助，以利世界平衡共同发展。我国从 1979 年开始，为安置越南侨民回国和湖北、河北发生水灾，开始申请世界粮食计划署粮食援助，之后，逐步接受多边和双边的及民间的援助。

**（一）粮食援助**

世界粮食计划署的援助从 1979 年开始，有紧急援助和开发性援助。开发性援助，用以工代赈方式，用于贫困缺粮地区劳动积累，搞农田基本建设工程。该署提小麦面粉等实物，发给项目区出工农民，每人、每日 3.25 千克粮食；工具、材料、种苗、运输等费用，由中方作为配套投入。其中大城市奶类项目，对方提供奶粉、黄油，由我方奶牛企业加工成液体奶，出售后收入，用于发展郊区奶牛业，增加奶品供应，缓解市场紧缺。1979—2005 年，该署在华 76 个项目，提供粮食实物，折合金额达 10 亿多美元，涉及全国 31 个省市区，3 000 多万农民直接受益。成效显著，获得国际称赞表扬。2006 年起，该署停止对中国援助，中国变为该署的捐赠国、对外援助国。

欧盟奶类项目援助。由于中国奶业落后，城市牛奶供应紧缺，1983—2004 年，接受欧盟向我提供奶类项目援助，对我国 20 个大中城市和 4 个省区无偿提供五期援助，供给奶粉、黄油和资金设备等，用于发展奶品生产能力，折合金额总计达 10.5 亿元人民币，我方配套资金 17.4 亿元人民币。有力推进我国奶业发展，改善大中城市人民食品消费结构，增加营养供应。

德国（前联邦德国）粮食援助。1988 年 1 月开始，向山东省沂水，沂南、沂源三县，以后扩大到 11 个县市，提供粮食援助，总称"中德合作山东粮援项目"，持续达 10 年之久，用于山区开发、流域治理、农田水利、农村道路、供电网等建设，以及农民培训。1988—1999 年共向中方提供小麦实物及资金，折合人民币 4.5 亿元，中方配套资金近 6 亿元，总投资达 10 亿元人民币。对促进沂蒙山区综合发展，脱贫致富，起了很大作用，受益人口超过 150 万人。德方评估被誉为"样板工程和模范项目"。

日本粮食增产援助项目。日方向我项目区提供水稻秧机、收割机、化肥、农药、农用汽车等生产资料，促进水稻增产。1983—2000 年共 13 期，折合总金额 94.7 亿日元（约 7 520 万美元）。涉及 23 个省区市的水稻产区的少数重点县，对于受援地区水稻生产机械化和增产水稻，起了示范作用。

**（二）技术援助**

有多边、双边政府和民间捐赠三个渠道援助。多边主要联合国粮农组织和世界开发计划署的技术援助。联合国粮农组织通过技术合作计划和信托基金会计划和粮食安全特别计划等分别向我国提供技术援助。

技术合作计划的特点是项目小（每个项目援额不超过 25 万美元），内容单纯，针对性强，执行快速，硬件与软件结合（硬件不超过一半）起促进、示范作用，1979—2017 年主项约 190 个，援额达 3 000 多万美元，内容广泛，包括专项技术开发、农产品保鲜、加工贮藏运销、农业管理培训等。信托基金项目是粮农组织寻找一些发达国家专门资助的技术合作项目，共 40 多个，总额 4 000 多万美元，内容包括水土保持、治沙、环境监测、灌溉改进、病虫害综合防治，畜牧、渔业、农产品加工、农机、遥感技术、农业统计等，对于加快我国农业科技进步，促进农业、农村可持续发展均有良好作用。

联合国开发计划署也是援助机构，向发展中国家提供经济技术的发展援助。对我国的项目，主要用于农业技术开发、教育培训、资源开发示范、项目前活动与技术支持。如西北黄土高原土地资源利用，黑龙江大豆研究，氨化秸秆饲料研究，苏、鲁海水养殖，农机化试验鉴定，农业遥感培训与应用，沼气技术培训中心，蚕桑技术培训中心，淡水养殖培训中心，蔬菜无土栽培研究，甘肃沙漠综合治理等，不仅对我国有益，也为亚太地区其他发展中国家服务，利用培训中心接受发展中国家来华培训。

来自发达国家的双边技术援助。20 世纪八九十年代项目较多，进入新世纪后逐步减少。如欧盟提供中欧农业技术合作中心，海南橡胶木利用，四川长江上游水土保持等。加拿大提供的奶类、河北养猪，旱地农业钾肥使用、油菜品种改良等。澳大利亚提供的保护性耕作，湖南零陵柑橘研究中心，黑龙江农用飞机，兽医研究所等。日本提供的中日农业研究中心，天津奶类发展等，德国提供的金华奶牛及奶制品加工，南京兔毛纺织等，荷兰提供蔬菜温室技术、马铃薯种薯培育等，挪威提供海洋渔业资源调查船，瑞典、芬兰提供禽流感防治研究，水稻病虫害防治技术等。这些众多项目，对于解决我国不同地区的关键性农业技术，都有促进、示范作用。

民间援助。国外一些企业的友好人士向我国提供农业援助，包括资金、设备、技术等。如日本米可多商社石本正一先生，1985—1995 年赠送和推广塑料薄膜地面覆盖技术应用，并援助多座设施农业大棚。泰国正大集团 1993 年向北京农业大学、华南农业大学、浙江农业大学各赠送肉鸡父母代养鸡及配套孵化场及商品代肉鸡场设备。美国孟山都、百事可乐、福特基金洛克菲勒基金会、瑞士先正达公司等均资助我发展农业科技教育事业。日本国际协力财团理事长神内一良先生向中华农业科教基金会捐赠 1 000 万元人民币，用于奖励优秀农业技术推广人员。

## 六、发展农产品国际贸易，促进世界经济繁荣

我国农村商品经济不发达，农产品国内外贸易市场滞后。1978 年中国农产品进出口贸易总额仅 61 亿美元。随着农业与城市化发展，农产品对外贸易有了迅速发展。1989 年农产品进出口贸易总额达 200 多亿美元，1995 年超过 300 亿美元。

随着全球经济一体化发展，我国需融入世界贸易组织。世界贸易组织，提倡有条件的贸易自由化，各成员国权利与义务相等，完全平等，重大决策需四分之三成员国通过，其职能是制定规划，开放市场，解决争端。

联合国粮农组织，在 1990 年前，把西方资本主义国家，称为市场经济发达国家；把社会主义阵营（苏联、东欧、中国、越南、朝鲜、古巴等）称中央计划经济国家，1990 年苏联解体后，把苏联和东欧称为转型经济国家（即待市场经济国家）；把中国等列为发展中国家。我国由计划经济转为市场经济，取得国际认可，是一个艰苦过程。从 1986 年开始就申请参加世界贸易组织，经不断谈判，要求我国全面开放市场，降低关税，取消出口补贴，减少外汇管理，价格市场化，吸收外资政策透明度，服务贸易准入放宽等措施。就此与 90 多个国家谈判，达成协议，到 2001

年12月1日才获通过，正式加入该组织。

农产品国际贸易原由外贸部门主管，为维护国家利益和遵守国际贸易准则所作出相应承诺，需农业部门共同参与，因此农业部设立了国际合作司贸易处和农业对外贸易中心。

2002年12月，国家对农业法相应作了补充与修改，增加了农业投入与支持保护的内容，对农产品进口保护和促进出口扶植的措施，支持开展农业信息和产前产中产后的社会服务等内容。农业部还制定了《优势农产品区域布局规划》，建立与完善农产品质量标准体系，检测体系和产品认证体系，积极提高农产品质量和安全水平。

农产品关税由2001年的23.1%降到15%（占世界平均水平62%的1/4），对粮、油、糖、羊毛等进口实行关税配额管理，2006年取消食油进口关税配额管理，实行9%的单一关税政策。农业对国内支持、补贴约束在该产品产值的8.5%之内，取消所有农产品出口补贴。推进与东盟、新西兰、澳大利亚等双边农产品贸易自由化，建立自由贸易区。积极参加世贸组织农业谈判，坚持权利和义务相平衡的原则，坚持对农业的合理保护，注重长远利益，尽最大努力保护有限的关税手段，预留必要的政策调整空间，确保农业持续健康发展。

加入世贸组织以来，我国农产品对外贸易发展加快，进出口贸易总额，2001年279.1亿美元，比1978年增长3.5倍多。2010年达1 207.9亿美元，2017年达2 013.9亿美元，其中出口755.3亿美元，进口1 258.6亿美元。成为世界农产品贸易第二大国、农产品进口第二大国、出口第五大国。2004年前为农产品贸易顺差国，2004年开始为逆差国，当年逆差11.3亿美元，2015年逆差462亿美元，2017年逆差503.3亿美元。进口以土地密集型粮油产品为主，2017年进口谷物2 398万吨，大豆9 553万吨，油菜籽475万吨，棕榈油508万吨，出口以劳动密集型的蔬菜、果品、水产品为主，有利缓解我国水土资源紧缺的压力，保障主要农产品有效供给，出口市场和进口渠道逐步多元化。国内出口基地由东部为主向西部地区扩展，农业产业化龙头企业成为出口主力军。

为了促进农产品出口，农业部积极支持与组织中央和地方有关单位赴境外参加国际农业博览会，参加贸促会举办的各种展览、农业食品展销会，并通过农业经贸合作论坛、洽谈会等，努力向国外开展优势农产品营销、促销推介等活动，宣传与提升我国优势农产品出口声誉，树立国际良好形象，同时不断支持优质农产品出口基地和品牌示范的建设。重视加强对农业经贸管理人才的培训，推进农产品出口创汇。

## 七、互利共赢，发展境外农业合作

1979 年起，我国倡导农业领域"南南"合作，并利用国内外两种资源，两个市场，优势互补，开展互利共赢合作，推进农业共同发展。1985 年中国水产集团首先到非洲开创合作捕捞，取得良好效益和信誉。到 2016 年底，我国远洋渔业有渔船 2 571 艘，年产量约 200 万吨，作业海域分布 40 个国家的专属经济区及太平洋、印度洋、大西洋公海及南极海域。一些国营企业，乡镇企业、地方、民营企业等相继走出去，开展境外合作。由小到大，采取租赁、独资、合资等各种形式，从事粮、油、棉、糖、菜、果、饲料、养猪、禽、兔、牛奶、奶制品、油橄榄、油棕、橡胶、剑麻、葡萄酒以及水产的生产、加工、兽药、农机等各产业链，有的还建农业综合开发区。重点在东盟、俄罗斯及中亚、非洲和巴西、阿根廷，也有在欧美、澳、新西兰的一些发达国家。据商务部资料，2004—2010 年，我国农林牧渔业对外投资存量由 8.3 亿美元，增加到 26.12 亿美元。2013 年对外投资企业达 379 家，投资存量达 37.13 亿美元，遍及 71 个国家，解决东道国 10.9 万人就业。

2013 年农业部制定了《2013—2020 年境外农业资源合作开发的发展计划》，支持中机美诺公司牵头，成立了中国境外农业开发产业联盟，鼓励推动企业强强联合，发挥各自优势，形成走出去产业链。2014 年国家进一步重视农业对外合作，成立了农业对外合作部际联席会议制度，农业部牵头联合有关部委统一协调，给予政策、贷款的扶植与支持，以市场为导向，企业为主体，项目为载体，政府服务为保障，围绕保障农产品供给和提升企业国际竞争力，在更大范围领域，更高层次上组织参与重点产业和区域的农业对外投资合作计划。全国有 24 个省区市也建立了省级农业对外合作联席会议工作机制，并出台了"实施意见"，湖北、海南、广东等 16 个省市区制定了走出去的规划。2016 年农业部又制定了《2016—

2020年农业对外合作规划》，在中国农科院成立了海外农业研究中心，并建立农业对外合作公共信息服务平台，举办走出去农业企业人才培训，征集项目信息与评价等工作体系。

据商务部2016年底统计，境外农业领域投资存量148.85亿美元，扩展到90多个国家。现在已拥有一批骨干企业。如中国水产总公司，中国农业发展公司等，特别是中国粮食集团公司，已收购全球两大粮商（荷兰基尼德拉集团和新加坡来宝公司），其资产与机构覆盖60个国家与地区，业务涉及140多个国家与地区，海外经营收入占一半以上，经营量达1亿吨，海外员工超过2万人，预计到2020年海外营业收入将占60%以上，海外粮源掌握量超过5 000万吨，第三国贸易量超过8 000万吨，总经营量达2亿吨，成为国家粮食进出口战略的国家队。还有一些地方国有企业，如黑龙江农垦集团，云南农垦集团，广东农垦公司等。2016年底统计，我国农垦部门在40多个国家和地区建设了106个合作项目，境外产值460亿元人民币，净利润15亿元人民币。集体民营企业在境外合作更多，如伊利集团、蒙牛集团、光明食品、双汇食品、上海鹏欣集团、四川新希望集团等都在发展壮大。如光明集团海外企业总营业收入达226亿元人民币，海外资产总额329亿元人民币，海外员工1.2万人以上。中国杨凌投资贸易服务中心在哈萨克斯坦、美国等6个海外农业示范园区，推广农业对外投资与中国农业技术装备，加快农业对外开放步伐，增强企业国际竞争能力。

2013年9月习近平主席提出共建"一带一路"倡议以来，得到沿线国家地区热烈响应，实施。在东南亚、中亚、南亚、西亚、中东欧非洲等区域23个国家商谈建立自由贸易区并加强农业科技经贸合作。2016年底统计，共商共建共享"一带一路"倡议农业投资500万元人民币以上项目已达185个，合计156亿元人民币。2017年11月统计，我国与沿线58个国家，其他地区国家及6个国际组织签署了126个多双边合作协议。推动我国农业优势产能走出去，利用国内外两种资源，两个市场，可为农业供给侧结构性改革拓展更大空间，有利缓解国内资源环境压力，巩固我国粮食食品安全，同时可以助力推动各国农业共同进步、繁荣发展，有利共建人类命运共同体的战略实施。

## 八、扩大农业援外，推进发展中国家共同发展

我国与发展中国家同命运，共呼吸，都经受强国侵略压迫，贫困后进。从 1953 年起，就力所能及向一些发展中国家提供农业援助。20 世纪 70 年代恢复联合国合法地位后，接替中国台湾农耕队在非洲 22 个国家农业援外任务。到 1978 年执行农业援外项目达 127 个。1979—1987 年又增加了 39 个农业援助项目。1982 年援外体制改革，由经贸部统筹招标，由各部与省市区承办，农业部成立了农牧渔业国际合作公司，按"守约，保质、薄利、重义"的方针，执行农业援外 60 多个项目，包括种稻、蔬菜、茶叶、棉花、养鱼、养蚕、沼气等，并与联合国开发计划署和粮农组织合作，接受发展中国家学员来华进行技术培训。1995 年起，引入市场经济机制，给予贷款支持。

2000 年中非合作论坛成立后，农业援外进入新阶段，以建立境外农业技术示范中心，以及派专家指导和来华培训等方式援外，逐步加大了农业对外援助的力度。1996 年和 2004 年向联合国粮农组织二次捐赠共8 000 万美元，支持"南南"合作，通过粮农组织粮食安全特别计划框架下，向发展中国家提供农业技术援助。"援人以渔"，积极帮助他们提高农业生产能力。2008—2017 年，我国向非洲国家援助 27 个农业技术示范中心，向非洲 35 个国家派出农业专家 567 人次，农业职业教育教师 332 人次，帮助受援国在当地培训约 5 万名农业人员，在华举办 200 个培训班，培训 3 000 多名农业官员和技术人员。

2004 年我国向非洲提供"现代化合作计划"，援助 600 亿美元，其中将建立 100 个乡村实施农业富民工程，派 30 批农业专家赴非洲，建立中非农业科研机构（10＋10）合作机制，配置设备专家，帮助推进实施农业现代化建设。在肯尼亚援建中非联合研究中心，从事农业技术开发研究示范和培训高级人才。2014 年李克强总理访非，宣布支持非洲实施农业优质高产示范工程，5 年内为非洲培训 1 000 名农技管理人员。向东盟国家和拉美国家提供农业技术援助，执行技术促进项目，支持农作物育种，推广良种与技术改进，人员培训。在亚洲周边国家组织跨境动植物疫病虫害防控等项目实施。2014 年向上海合作组织捐赠 5 000 万美

元，用于成员国农机推广和人员培训。2015 年 9 月，习近平主席在联合国大会上宣布，为最贫困国家提供 20 亿美元的发展援助和增加对最不发达国家投资，力争 2030 年达 120 亿美元，其中都有农业技术教育援外的项目。

据商务部资料，截至 2015 年底，我国援外完成 270 多个项目，派出 1 万多人次专家与技术人员，帮助 100 多个发展中国家在当地培训 18 万多名农业技术人员，在华培训 4 万多名农业官员与技术人员，还提供大量农机、良种、化肥、农药等生产资料。还进行粮食援助，救济灾民。仅 2016 年就向非洲 14 个国家提供紧急粮援（7 亿多元人民币）。累计帮助发展中国家减少饥饿人口近 1 亿人。

农业援外是我负责任大国的担当，受到受援国的赞扬与好评。如布隆迪农业部长说："中国专家的水稻示范超高产，将载入布隆迪史册，坚定了布隆迪用中国农业技术，解决本国粮食安全的信心。"圣多美和普林西比总理表示："中国专家积极挖掘我国农牧业发展潜力，增加了粮食、蔬菜和肉类供应，为我国做出了巨大贡献。"

## 九、国际地位提高，对外影响力增强

40 年来，我国农业发展取得很大成就，以世界 11％的农用地，养活占世界 20％的人口，贫困人口大幅减少，人民生活显著改善，连续十多年农业增产，深获国际好评。1999 年联合国粮农组织授予江泽民主席农民奖章，表彰中国农业的巨大成就。1993 年农业部何康部长，2004 年水稻育种专家袁隆平院士分别获得"世界粮食奖"，2011 年 12 月联合国粮农组织与开发计划署联合授予中国农业部"南南合作"特别贡献奖。2012 年 10 月温家宝总理被联合国粮农组织授予农民奖章。2015 年联合国粮农组织表扬中国，被授予完成世界粮食首脑会议"2015 年贫困营养不良人口减少一半目标"的证书，成为国际农业扶贫发展的典范。

当今国际社会十分关注农业、农村、农民的问题。面临减少农村贫困与营养不良人口，保障粮食与食品安全，保护农业资源，改善生态环境，应对气候变化与自然灾害，城乡协调发展，农业与农村可持续发展战略等挑战，需要认真对待，共同协力解决。我国积极参加农业国际事务，努力发挥负责任大国的作用。近几年来，国际机构与地区多边组织召开的农业论坛与农业专业会议日益增多，不少在中国召开或由中方主持或主办。如上海合作组织、金砖国家组织、亚太经济合作组织，中国与欧盟，中东欧、东盟、非洲、拉美，二十国集团等高层次农业部长会议以及世界农业科学院院长，世界农业展望大会等。特别是 2012 年起，我国提出构建人类命运共同体理念和共商共建共享"一带一路"倡议，积极推动全球农业治理体系变革，主动承担越来越多的国际责任，获得国际社会的赞同响应。在多边舞台上，我国充分阐述中国的主张与观点，表达发展中国家的呼声，引领全球农业治理体系新发展。如 2016 年在昆明召开的中国—中东欧国家（16＋1）农业部长会议暨国际农业经贸合作论坛，发表了"昆明共同宣言"，宣扬中国绿色发展理念和建设"一带一路"倡议，获得各方共识与响应。在西安召开的二十国集团农业部长会议，有副部长级以上 44 名和四个国际农业组织的第一把手参加，由我东道国设置议题，磋商主导权推进会议，并创新有部长、科学家，企业家三位一体的开会方式，取得了里程碑意义的成果，突出了中国绿色发展和推动"一带一路"倡议，获得联合国粮农组织，国际农业发展基金会，世界粮食计划署三大农业国际机构的集体响应与支持。在杭州召开的二十国集团首脑峰会，把粮食安全纳入重要领域，并赞成实现二十国集团农业部长会议的机制化。2013 年我国与联合国粮农组织和经济合作发展组织（发达国家）联合在北京召开世界农业展望大会，发布"2013—2020 年农业展望"报告，专章介绍中国农业，提升我国农业对全球农业信息的影响力。

在世界贸易组织，世界动物卫生组织，食品法典委员会，国际植物保护公约，联合国粮农组织渔业委员会及 8 个区域性渔业组织等机构，常要讨论规章、制度、协定，并修订标准细则等事务，带动辐射的效应很强，中方必须认真应对，提出明确表态意见，要有理有节，力争维护国家利益，遵守国际秩序。中国的意见一般能得到尊重或采纳。

2013 年起，我国积极推动国际社会重视农业文化遗产保护，促进联合国粮农组织全球重要农业文化遗产工作制度化、规范化、科学化。我国率先制定了农业文化遗产管理办法，并申报了一批农业文化遗产项目，迄今已有 13 个项目获联合国粮农组织批准（占认定总数的 1/3），居世界首位，被联合国粮农组织誉为世界农业文化遗产保护的领军者。中国历史悠久，丰富多彩的农耕文化，受到国际社会的尊重与颂扬。

原载《纪念农村改革 40 年》（中国农业出版社）2018 年出版

# 党的十八大以来
# 我国农业对外合作交往新形势

党的十八大以来，以习近平同志为核心的党中央统筹国内国际两个大局，统筹发展与安全两件大事，提出治国、治党一系列新的理念、思想、决策，领导发动全国各族人民，同心同德，勤奋努力，为实现两个一百年奋斗目标和中华民族伟大复兴的中国梦，满怀信心，胜利前进。

对外开放方面，坚持"和平、发展、合作、共赢"的方针，推进建立新型国际关系，促进和谐共同发展，打造人类命运共同体：倡议建立"一带一路"的战略布局，共同实施开放、包容、均衡、普惠的区域合作框架，得到国际社会的响应和支持，树立了中国是负责任大国的形象。

我国是发展中国家的农业大国，也是国际农产品贸易大国。改革开放以来，我国农业发展、农村脱贫，取得了显著成就，获得了国际好评。随着国家经济实力和国防建设增强，我国已成为世界第二大经济体，国际地位显著提高。农业对外开放水平明显提升，引进来、走出去相结合，平等互利，我中有你，你中有我，多渠道、多层次、多领域、全方位，扩大农业对外经济、技术、文化交流与合作，为增进国际友谊，加快我国农业现代化建设，推进世界农业进步，为消除饥饿贫困和世界粮食安全作出了有益贡献。

## 一、农业对外开放的新特点

目前，我国已与全球 150 多个国家建立了农业合作往来关系，与 60 多个国家建立了长期稳定的农业合作机制，与联合国粮农组织、世界粮食计划署、国际农业发展基金、国际农业研究磋商组织等国际农业机构以及更多的区域性、专业性多边组织建立了农业合作机制。近年来，农业对外交往活动和合作项目更多、更广、更前瞻、更有效、更活跃。

**（一）参与区域性多边组织农业活动与部长级高层交往增多**

中国与拉美、中日韩、中国与东盟、中国与欧盟、中国与中东欧、亚太经合组织、上海合作组织金砖国家、二十国集团等都举行过部长会议。双边方面，与美、加、德、俄、澳、新西兰、丹麦、乌克兰、芬兰、意大利、缅甸、阿根廷、巴西、南非、摩洛哥、阿尔及利亚、突尼斯、塞浦路斯、埃塞俄比亚、马耳他、纳米比亚等国进行部长级互访、会谈，有利于增进相互了解，加强合作。我国常驻联合国粮农机构代表提升为大使级，以利推动农业领域多边"南南合作"和"一带一路"倡议沿线国家农业合作。

**（二）加快农业走出去步伐，发展境外农业合作**

2013年制定"境外农业资源开发合作发展规划"，2014年加强农业对外合作的组织协同，成立了由农业部牵头，与发改、财政、商务、外交等有关部门参加的国家农业对外合作部际联席会议制度，进一步制定《农业对外合作"十三五"规划》与措施，加大政策扶持、投资，支持企业走出去，平等互利，合作开发利用境外农业资源，兴办农业产业和产、加、销一体化经营的实体。

**（三）扩大对发展中国家的农业援助**

在原有援非和"南南合作"的基础上，扩大援外的范围与资金投入。2014年李克强总理访非，2015年习近平主席出席联合国大会，都宣布我国增加对发展中国家援助力度，在农业领域将积极支持发展中国家农业现代化建设，促进技术进步和帮助培训农业科技管理人才等内容。

**（四）加强农业对外科技交流与合作**

与一些国际农业研究机构和发达国家、发展中国家联合成立农业实验室、研究中心等科研机构，取长补短、确定重点、发挥智慧，着重科技创新能力的建设，共同研究，成果共享，提高农业科技水平。

**（五）中国农业国际声誉提高，对全球农业治理有了更多话语权**

中国被联合国誉为"过去30年间发展最快的国家"。中国被联合国粮农组织授予完成世界粮食首脑会议"2015年贫困营养不良人口减少一半目标"的证书，成为国际农业扶贫的典范。中国主持召开世界农业展望大会和二十国集团农业部长会议等高层次重要会议，发表宣言，传播中国对世界粮食安全、绿色发展、可持续发展等立场观点，有利扩大国际影响力，引领全球农业治理体系新发展。中国农业文化遗产被联合国粮农组织列为全球重要农业文化遗产项目已达 11 个之多，居世界之首，有利于树立中国农业历史悠久，有优良传统的国际威望。

## 二、农业对外合作的进展和成果

### （一）扩大对外投资，创办境外农业企业，平等互利、共同发展

我国远洋渔业首先走出去，1985 年 3 月就组织中国水产集团派 73 艘渔船、230 多名员工去非洲合作捕鱼，双方获利，效益良好，逐步扩展规模和经营范围，带动我国农业走出去创业，有利于利用国内外两种资源两个市场，实现优势互补、共同繁荣。现在我国境外农业已扩展到 100 多个国家和地区，遍及全球五大洲。有中央国有企业、地方国有企业、集体和民营企业等单位，也有沿海一带农民，闯出去开办蔬菜等小农场、供应当地市场消费。涉及从事粮食、大豆、饲料、饲草、油料、棉花、糖料、果蔬园艺产品、养猪、养禽、养兔、养牛、牛奶、水产、橡胶、油棕、剑麻、油橄榄、农产品加工、奶粉、葡萄酒等产业，以及农业机械、兽药、农药、沼气工程等领域。有的还建立农业开发区，产供销加工一体化实力正在不断壮大。

在党的十八大重视扩大对外开放的指引下，2013 年农业部制定了"2013—2020 年境外农业资源合作开发的发展规划"，积极支持中机美诺公司牵头，成立了中国境外农业开发产业联盟，鼓励推动企业强强联合，发挥各自优势，形成走出去产业链。2014 年国家建立了以农业部牵头，发改委、商业部、财政部、外交部等参加的农业对外合作部际联席会议制度，统一协调，制定政策措施，加强领导，推进农业对外合作事业，出台了《国务院办公厅关于促进农业对外合作的若干意见》。中国进出口银行和国家开发银行给予贷款支持。采取围绕保障农产品有效供给和提升国际竞争力、在更大范围和更高层次上，组织参与重点产业和区域的农业对外投资合作。2016 年农业部牵头制定了《农业对外合作"十三五"规划》。在中国农科院成立了海外农业研究中心，并建立农业对外合作公共信息服

务平台，成立了全球农业大数据与信息服务联盟，启动对外合作企业信用评价，征集重点项目信息。启动农业对外合作"扬帆出海"培训工程，举办了8个培训班，培训600多人次，成功启动农业对外合作"猎英行动"计划，有100多家知名大中型农业走出去企业参与，创建了农业对外合作人才培训基地。

据商务部统计：农业对外投资（存量）2004年8.34亿美元，2010年26.12亿美元，2013年底，境外农业企业达379家，投资存量37.13亿美元，遍及71个国家，解决东道国9万多人就业，交纳税费达10.9亿美元。2015年底统计，境外农业企业达1 300多家，对外农业投资存量117.4亿美元，扩展到85个国家。仅中国进出口银行正向90个农业对外合作项目贷款230多亿元人民币。2016年中国水产在伊朗，将计划投资200多亿元人民币，开发西亚、非洲渔业合作，将派60多艘渔船进入红海、波斯湾从事捕捞生产。阿里巴巴集团马云企业家，也在法国投资8 900万元人民币，收购波尔多地区的两座葡萄酒庄。2016年统计，我国在"一带一路"倡议沿线国家农业投资500万元人民币以上项目已达185个，共计156亿元人民币。

我国农业战线已经培育了一批对外投资合作的骨干企业。如中粮集团，已收购了全球两个大粮商（荷兰基尼德拉集团和新加坡来宝公司）股权，这是农业领域对外投资的最大项目，到2020年该公司海外营业收入将占到60％以上。海外粮源掌控量超过5 000万吨，第三国贸易量超过8 000万吨，总经营量达2亿吨，成为国家粮食进出口战略的国家队。还有一些地方国有企业，如黑龙江农垦集团、云南农垦集团、广东农垦集团等；集体民营企业有伊利奶业、双汇食品、光明食品集团等，逐步发展壮大国际竞争能力。

**（二）扩大农业对外援助**

我国从20世纪80年代起就倡导"南南"农业技术合作。通过双边和联合国粮农组织粮食安全特别计划框架下，向发展中国家提供农业技术援助。以建立农业技术示范中心、派遣专家、提供咨询、技术指导、培训人才等方式，积极帮助他们提高农业生产能力。2008—2013年，我国向非洲国家援建近30个农业技术交流中心，派出专家千名以上，来华培训

3 000 多人。2008 年和 2014 年，我国分别向联合国粮农组织捐赠共 8 000 万美元的信托基金支持执行粮食安全计划。截至 2017 年初，中国通过与 FAO 开展的南南合作项目，已向非洲、亚洲、南太平洋、拉丁美洲和加勒比地区的 28 个国家和地区派出了 1 044 名专家和技术员，占 FAO 南南合作项目外派人员的 60%，深受受援国和联合国粮农组织的好评。2014 年我国决定向非洲提供"现代化合作计划"援助 600 亿美元，其中将建立 100 多个乡村实施"农业富民工程"，派 30 批农业专家组赴非洲，建立中非农业科研机构（10＋10）合作机制，帮助推进非洲实现农业现代化建设。在肯尼亚的内罗华农业科技大学援建中非联合研究中心，中方提供配套研究设备、研究经费，并派 30 多名专家，从事玉米、高粱、小麦、水稻、猕猴桃、葡萄等研究，技术示范，同时培训非洲各国农业高级技术人才（硕士、博士）。这个中心，对津巴布韦、埃塞俄比亚、贝宁等国也有用。2014 年李克强总理访非，还宣布支持非洲实施农业优质高产示范工程，为非洲培训 1 000 名农技管理人员。

2014 年我国向上海合作组织捐赠 5 000 万美元，用于成员国农机推广和人员培训。向东盟国家提供 700 多万美元无偿援助，执行农业技术促进项目，支持农作物育种、农业技术推广和管理人员培训，内容包括气候变化、作物育种、蔬菜生产、养殖业、农业机械与实用技术等；组织跨境动植物疫病防控、水稻迁飞性害虫防治项目。还与世界粮食计划署签订了加强消除全球饥饿及促进发展伙伴关系的备忘录，要在华举办"南南合作"培训农技与管理人员，推广实用技术和管理经验。习近平主席 2015 年 9 月在联合国大会上宣布，要为最贫困国家提供 20 亿美元发展援助，并为最贫困国家免除债务，要增加对最不先进国家投资，力争到 2030 年达 120 亿美元，其中提到在减贫、农业合作、促进贸易、生态建设与应对气候变化、医疗、教育等 6 个方面，各建 100 个项目，接受发展中国家来华培训 12 万人，给奖学金名额 15 万个，培训职业技术人员 50 万名。还筹建"南南"合作与发展学院、国际发展知识中心。

据商务部资料，到 2015 年底，我国农业援外完成 270 多个项目，派出 1 万多人次专家和技术人员，帮助 100 多个发展中国家在当地培训 18 万多名农业技术人员，在华培训 4 万多名农业官员和技术人员。提供大量农业机械、良种、化肥等生产物资。还相继对外进行粮食援助，仅 2016 年就为非洲 14 个国家提供紧急粮援达 7 亿多元人民币。累计帮助发展中国家减少饥饿人口近 1 亿人。2016 年 10 月菲律宾总统访华，商订了"中菲 2017—2019 年农业合作行动计划"，将支持菲律宾农业发展。

**（三）发展农产品国际贸易**

我国是农产品国际贸易大国。1978 年农产品进出口总额仅 61 亿美元，1989 年达 200 亿多美元，1995 年超过 300 亿美元，2007 年达 781 亿美元，2010 年达 1 207.9 亿美元，2016 年达 1 845.6 亿美元。2004 年前是农产品贸易顺差国，出口大于进口，2004 年开始为逆差国，当年逆差 11.3 亿美元，2013 年逆差 510.4 亿美元，2016 年逆差 386 亿美元。近年来，由于国际粮豆价格低于国内市场，进口谷物与大豆数量较多。如 2016 年进口谷物 2 200 万吨，进口大豆 8 391 万吨。目前我国农产品进出口总额居世界第二位（仅次于美国），是世界农产品进口的第二大国，农产品出口居世界第五位（前四位分别为美国、荷兰、德国、巴西）。

特点是，出口劳动密集型产品，进口土地密集型产品，有利缓解我国水土资源紧缺的压力，保障主要农产品有效供应。蔬菜、水果和水产品是三大主要出口优势产品。2016 年蔬菜出口 1 010 万吨，水果出口 512 万吨，水产品出口 424 万吨。苹果汁、罗非鱼和大蒜出口稳居世界首位。劳动密集型产品的技术、品牌、质量等优势逐步增长。

我国积极参与世界贸易组织农业谈判，确保农业利益不受损害，维护农产品关税配额管理体制，以及以粮食安全为目标的农业支持政策调控空间，也推动发达国家成员承诺取消出口补贴。在中瑞、中韩、中澳等自由贸易区谈判中，打掉外方不合理要求，为我产业发展争取最大利益。2016 年中美磋商中，对进口大豆加强实施杂质监测的要求，打掉美方在转基因生物安全审批、禽流感解禁等方面不合理要求，有效把控美国牛肉入华的节奏，敦促美方在水产品可追溯规定方面作出调整。与商务部合作，对进口干玉米酒糟采取贸易救济措施，征收反倾销、反补贴税，以抑制这些产品进口。

近年来农业部积极支持并组织有关企业赴境外参加国际农业展览，参加国际贸易促进会举办的各类贸易促进活动，通过农业经贸合作论坛、洽谈会等，积极向国外开展优势农产品营销、促销、推介等活动，宣传与提升我国优势农产品出口声誉，树立国际良好形象。同时不断支持优势农产品出口基地和品牌示范的建设，并举办农业经贸管理人才培训，推进农产品出口。

吸收外商直接投资和发展创汇农业，与乡镇企业和国营农场密切相关。据商务部统计，1979—2010 年农林牧渔领域吸收外商直接投资，平均每年 600 多家，投资约 15 亿美元。2012 年吸收外商直接投资 882 家，投资 20.62 亿美元，2014 年 719 家，投资 15.22 亿美元，到 2014 年底累计有 2.3 万多家，投资 782.63 亿美元。2016 年为 538 家，投资 123.2 亿美元，投资规模有所扩大。其中一半以上投资来自港澳台地区。

乡镇企业出口交货值（包括非农产品）2011—2013 年 15 万多家企业，每年稳定在 4.3 万亿～4.5 万亿元人民币。农垦部门 2014 年出口供货商品总额为 944.84 亿元人民币。

### （四）开展农业科技交流与合作

引进来，走出去，取长补短，创新与推广先进技术，投资小，收效大，有利于实现农业高产、优质、高效、安全、生态的目标，加快我国农业现代化进程，促进世界农业技术进步与共同发展。我国农业科技进步贡献率 2012 年为 52%，2016 年达 56%。不可否认，引进国外农业优良品种与先进技术与装备是起了一定促进作用的。目前生产上应用的农作物优良品种有一半是从国外引进或利用引进的种质资源育成的。引进推广国外先进技术，如地膜覆盖、设施农业、高效低毒农药、复合肥料、配方施肥、农业机械化、保护性耕作技术、机械化养鸡、人工授精、配合饲料、秸秆氨化饲料、节水灌溉、网箱养鱼、养奶牛业、农产品保鲜加工等，得到广泛应用，有效地提高生产效率和经济效益。1996 年起通过国家"948 引进国际先进农业技术计划"的实施，引进种质资源品种 2 万多份，先进技术240 多项，仪器设备 120 多台套，向 40 多个国家派出 400 多名专家，从30 多个国家请进 40 多名专家。评估结果使农业科技研发时间平均缩短10～15 年，节约研发经费 30%～50%。这是一项很有成效的举措。

近年来，着重通过多边、双边合作，建立了许多农业实验室、研究中心，针对重点课题，有计划地开展合作研究，成果共享。这是技术创新机制，有利于发挥智力作用。仅中国农业科学院与国际农业研究磋商组织、原子能机构、世界自然基金会、国际农业与生物科学中心等以及双边政府研究机构建立联合实验室与农业研究中心，已有 70 多个。如美中生物防治研究室与南美白对虾技术交流，英国洛桑研究所三个联合实验室，中德农业中心并建沼气研究中心，中欧盟在环保、生物技术合作创新，中丹麦进行畜牧可持续发展研究和建立乳品技术合作中心，中荷加强马铃薯种苗与商品薯生产技术合作，中芬进行奶品、燕麦、农机、生物质能源研究，中匈农业科技合作促进中心，引进大樱桃良种合作研究，中瑞典引进燕麦品种与加工合作研究，中波农技中心引进良种黑猪和兽医合作研究，中加拿大对草原管理、奶牛、油菜等进行科研合作。中澳、中新西兰在畜牧、奶牛、动物检疫、防治疫病等进行技术合作，中国阿根廷成立食品技术中心，在植物蛋白、肉品加工、骨血利用等合作研究。国际家畜研究所在华建立反刍动物疫病防控联合实验室，世界农用林业中心合建农用林业与可持续畜牧业联合实验室，2015 年国际马铃薯中心亚太中心在北京举行揭牌仪式。

中国农科院还在国外建立一些合作研究机构，如在巴西、古巴都成立了联合的农业研究中心。与国际应用生物科学中心，在瑞士合作建立欧洲实验室，开展"一带一路"沿线国家作物病虫害防治研究。

一些涉农企业也在国外进行技术开发推广工作。如瑞士先正达、德国拜耳、法国科马格兰等在华进行植保和育种的研发工作。拜耳、雀巢公司在黑龙江建立奶牛培训中心，传授寄生虫控制、健康、环境卫生等技术。美国杜邦公司在湖南推广农作物无公害专业化统防统治技术示范。先锋公司在河北省建立现代农业科技示范园区，推广玉米良种和新型种衣剂、病虫防治技术。百事食品公司在宁夏建立薯片加工型马铃薯科技示范基地。2015 年美国常青藤联盟名校与一些著名农业高校科研单位，在中国与伊利集团合作建立中美食品智慧谷，积极协助中方培训技术人才。我国的伊利集团也在新西兰与林肯大学合作进行乳制品营养与技术研究，在荷兰与瓦赫宁根大学共建伊利欧洲研发中心。飞鹤乳业公司与美国哈佛大学医学院在波士顿成立营养实验室，合作研究婴儿和成人的营养需求。

我国农业技术具有一定优势，也向国外传授、推广，为世界农业技术进步作贡献。如独特的优良品种，杂交水稻、蔬菜、茶叶种植、食用菌栽培、橡胶栽培加工、养蚕、养鸭、养鱼、生物防治、动物疫苗、马的传染性贫血病防治疫苗、禽流感防治疫苗、沼气工程、太阳能利用、中小型农机具等，在国外试验示范推广，深受各国欢迎采纳。如禽流感疫苗，开拓亚非市场，出口销售。近年还向国外推荐一些新的技术成果。如中国农科院植保所创新的"阿太灵"生物农药，能有效提高植物免疫能力，控制病害发生，促进根系生长，安全、环保、无残留，在亚、美洲8个国家实验推广。福建农林大学菌草工程技术研究中心，研发的菌草及食用菌栽培技术，已在10多个国家示范推广，并为90多个国家培训了500多名学员。2015年习近平主席访问古巴，将辣木种子作为礼物赠送给古方试种。辣木是新的热带作物，营养丰富，也可药用，有抗癌、消炎、抗氧化、保健作用。

为了培育提高我国农业科技人才素质，请进来、派出去相结合，学习国外农业先进技术知识与经验。改革开放以来，1978—2014年不完全统计，我国农业派出留学生、访问学者以及到国外短期培训人才达1.4万余人次。请进专家（指导、咨询、讲学）3万多人次，有效地增强了我国农业科技队伍和创新能力。

**（五）积极参与农业国际事务，发挥建设性作用**

国际机构与地区性多边组织农业论坛日益增多，关注着发展农业、保障粮食食品安全、增加农民收入、减少农村贫困营养不良人口、发展农产品贸易、保护农业资源、改善生态环境、应对气候变化与自然灾害、农业与农村可持续发展等战略问题。上海合作组织、金砖国家、亚太经济合作组织、中国与欧盟、中东欧、中国与东盟、中国与拉美、二十国集团等相继召开高层次农业部长会议以及世界农业科学院院长会议，很多在中国召开，我国利用承办主持国地位，安排议题，发表宣言，阐述中国的主张与观点，也表达发展中国家的呼声，引领全球粮农治理体系发展。在昆明召开的中国、中东欧国家（16＋1）农业部长会议暨国际农业经贸合作论坛，发表了"昆明共同宣言"，宣传中国绿色发展理念和"一带一路"倡议，获得各方的赞同和响应。在西安召开的二十国集团农业部长会议，有副部长级以上 44 人和四个国际组织的第一把手参加，我国作为东道国设置议题，主导会议进程，创新由部长、科学家、企业家参加的三位一体的会议方式，取得了里程碑意义的成果；突出了中国绿色发展和推动"一带一路"倡议，获得联合国粮农组织、世界粮食计划署、国际农业发展基金三大国际农业机构的集体响应和支持；在杭州召开的二十国集团首脑峰会，把粮食安全纳入重要领域，并要实现二十国集团农业部长会议的机制化。2013 年我国与联合国粮农组织和经济合作发展组织（发达国家），联合在北京召开世界农业展望大会，发布"2013—2020 年农业展望"报告，专章介绍中国农业，提升我国农业对全球信息的影响力。

世界贸易组织、世界动物卫生组织、食品法典委员会、国际植保公约、联合国粮农组织渔业发展委员会及 8 个区域性渔业组织等，常要商讨规章制度，协定并制定标准细则等事务，带动辐射的效应很强，必须认真应对，力求维护国家利益，遵守国际秩序。加参加国际食品法典标准磋商，将"茚虫威"列入农药评估优先列表，启动"茚虫威"在茶叶中的最高限量制定进程，促进了我国茶叶出口。出席国际植保公约第 8 届缔约方大会，成功地推进谷物国际运输标准的制定，要求粮食出口国加强检疫管理。

2013 年起，我国积极推动国际社会对农业文化遗产的重视，促进联合国粮农组织全球重要农业文化遗产工作制度化、规范化、科学化。我国率先制定了重要农业文化遗产管理办法，并申报了一批农业文化遗产项目，迄今已有 11 个项目获联合国粮农组织批准，居世界首位，中国历史悠久、丰富多彩的农耕文化，受到国际赞扬。

以上这些活动展示了中国农业软实力的增长，有利于提高中国农业的国际地位与声誉。

## 三、迎接新的挑战

我国和平崛起，处于新兴市场国家地位，是世界第二大经济体。当今受到某些发达国家的挑衅、发难、打压、遏制，加上国际形势复杂多变，逆经济全球化和贸易保护主义抬头，不稳定、不确定因素增加，但是总的趋势向好，越来越多的国家对我国执行的和平发展合作共赢的外交政策，打造人类命运共同体的理念，表示赞同共识，国际社会期望中国多作贡献，共建和平、美好、繁荣、和谐的新世界。

农业是改善民众生活的大事，众所关注。解决农村贫困和营养不良人口、确保粮食安全、发展科技经济、营造良好生态环境，仍是国际社会进步的重要议题。我国是负责任大国，农业外事面临的任务，既要认真落实好党中央、国务院对外工作的部署与决策，在全球农业治理体系中发挥建设性作用，力所能及地推动发展中国家农业现代化建设服务，作出应有贡献。与先进国家相比，我国农业基础还很薄弱，基础设施建设与科学技术水平还有很大差距：农业现代化还是社会主义现代化建设中的短板和低谷，急需赶上。建议国家继续制定类似"948 引进国际先进农业技术计划"的新的计划，以利加快实现农业现代化，增加新的能量和动力，不断奋力前进。

原载《农业经济技术研究所通讯》2017 年第 3 期

# 对改革开放以来我国农业
# 对外合作的回顾

1978 年 12 月党的十一届三中全会提出实行对内改革，对外开放的伟大战略。1979 年开始实施 30 多年来，我国农业、农村、农民的状况取得了很大进展，受到了国际上良好的评价和称赞。

改革开放以前，我国农产品市场，供应紧缺，粮、油、肉、蛋、奶、糖等均需凭票或限量供应。鲜果、蔬菜等产品供应不平衡，品种少，质量差。现在城乡食品市场，蔬菜、果品、肉、鱼、奶、禽蛋、饮料、加工食品等供应充足，种类繁多，品种齐全，丰富多彩，琳琅满目，敞开销售，自由选购，一些新鲜果蔬可以周年供应，分等分级，优质优价。这些变化，追根求源，不难找出都有引进、吸收、消化国外的品种和生产、加工等技术因素，包含着农业对外合作的成果。从农村看，不少农民劳力外出打工，耕作、灌溉、运输、收获的机械化水平不断提高，塑料大棚、地膜覆盖、设施农业、生产专业化、规模化布局，特别是国营农场的机械化、现代化水平较高，其中都有对外开放的作用和影响。

在对外开放中，农业某些领域是开拓创新，先走一步的。

## 一、率先接受利用国际粮食援助

1976 年唐山地震时，我国谢绝国外援助。1979 年我国农业方面首先接受世界粮食计划署的无偿粮食援助，用于安置越南归国华侨难民（25 万人），在两广、福建、云南的农场从事农业生产。同时救济当年湖北、河北发生洪灾区的灾民。以后逐步用于贫困缺粮地区的开发性建设，采取以工代赈（每个劳动日发 3.25 千克粮食），发动农村劳力从事农业开发与农田基本建设。到 2005 年底，我国共利用世界粮食计划署（70 个项目）实物援助折合总金额达 10 亿多美元（每吨粮食 200 多美元）。其中突出的有两个领域：一是奶类项目（1984—1989 年），给上海、北京、天津、南京、西安、武汉六大城市援助 4.5 万吨奶粉、1.3 万吨黄油，复制再生奶后出售，收回的资金，用于帮助郊区农民发展牛奶生产、储运等设备，对于促进牛奶生产和供应市场，缓和紧缺状况，起到良好作用。鉴于我国牛奶生产落后状况，又通过世界粮食计划署的支持帮助，继续申请到欧盟奶类援助项目（20 个大中城市），1986—1996 年执行，实物与资金援助折合人民币 8 亿多元。二是渔业项目，是中国特有的，因为中国有水产养殖的技术优势。在城市郊区挖鱼塘，在沿海、湖区减少捕捞，发展养殖。建立江苏洪泽湖渔业资源开发（1 007 万美元）、杭州湾低洼地发展水产（1 179 万多美元）、天津郊区低洼地发展渔牧业（1 218.7 万美元）、渤海湾滩涂发展水产养殖与安置渔民就业（2 109 万美元）、九大城市（郑州、呼市、西安、银川、长春、济南、南京、合肥、昆明）低洼地养鱼（4 226.3 万美元）等项目，对于缓和城市水产品供应紧缺，保护天然渔业资源，起到良好作用。

此外，还积极争取到双边粮食援助。1983 年通过日本友好人士奥山道夫提供的信息，申请了日本粮食增产援助（无偿提供水稻生产的生产资料和机械化设备），1983—2000 年援助金额达 7 500 万美元，对示范推广水稻生产机械化起到良好作用。1986 年通过组织参观世界粮食计划署项目，接待德国代表曼巴先生（德国经济合作部专管粮援的司长），帮助申请到山东沂蒙山区粮援项目（由三个县扩大到 11 个县），1987—1997 年德方援助 18.2 万吨小麦和资金 3 755 万马克，折合总金额 1.36 亿马克，对于项目地区脱贫致富起了很好作用。

这些双边援助，均属经贸部主管，统一对外，先由农业部与对方洽谈成功后，转到经贸部归口立案。

## 二、首先利用世界银行贷款，建立农业教育科研项目

1980 年 4 月我国恢复在世界银行合法席位。当时国家农委考虑到，"文革"中，许多农业院校遭到严重损失与破坏，为了加强农业智力投入，与世界银行商谈建立农业教育项目、后续二期教育与科研项目，三个项目共计贷款 1.7 亿多美元，包括农、林、水利、气象部门所属 18 个教育科

研单位，用来购买先进仪器设备、图书，以及派出去培训、请进来讲授指导的专家费用，这对于加快恢复提高我国农业科研教育事业，推进技术进步，起到极为重要的作用。

### 三、中国农村改革与世界农村改革同步前进

我国1978年12月党的十一届三中全会，总结历史经验与教训，做出了"改革开放"伟大决策，1979年1月党的十一届四中全会又作出了"加快农业发展若干问题的决议"，重视农业和农村改革，加快农业现代化的步伐。在农村逐步试行家庭联产承包责任制，调动农民生产积极性，同时，大力推进农村经济综合发展，让农民与农村尽快脱贫致富起来。联合国粮农组织则在1979年7月12—20日召开"世界农村改革与乡村发展会议"。国际社会高度重视世界农业与农村问题。当时世界有5亿农村人口处于贫困、饥饿、疾病和愚昧的状态，共同认识到"只有农村贫困问题得到解决，世界才有希望。"强调要改革农村机构，调整政策，建立新的国际经济秩序。

这两个会议的召开偶尔巧合，是历史的重要转折时期，指明：要重视农业发展、农村脱贫致富，才能振兴全球经济及社会发展。这是世界各国、国际社会的一项重要艰巨任务。

### 四、利用国内外两种资源两个市场，水产部门先一步走出去，发展远洋渔业

20世纪70年代末，有位西班牙华侨，写信给中央领导，建议组织船队去西非海域捕鱼。1982年农业部组织水产总公司派人去实地考察谈判，很快组建了远洋渔业船队（12艘渔船，1艘冷藏运输船）200多人，于1985年3月10日从福建马尾港出发，去西非塞内加尔、几内亚比绍、塞拉利昂等国合作捕捞。采取独资、合资或合作生产；我国制造中小型渔船，也收购二手大渔轮；可在捕捞上投资，也可在岸上配套设施上投资；支付资金取得捕捞权或合作造船与建养殖设施作为捕捞配额补偿、或提供渔船作为合资条件而获得捕鱼权等多种方式。捕捞的鱼品可在当地销售或加工，有些运回国内供应市场需求。到2014年，远洋捕捞已发展到太平

洋、大西洋、印度洋 30 多个国家，作业渔船达 2 300 多艘，进行渔业资源的开发。2011 年捕捞量达 118 万吨，总产值 128 亿元人民币，运回水产品 13 万吨，效益很好。

## 五、引进外资，重点武装国营农场企业

从 1981 年开始，农垦部门在黑龙江洪河农场与日本日绵株式会社合作，采取补偿贸易，利用日方贷款 1 350 万美元，年息 7%，引进机械设备，开垦 30 万亩，用生产的大豆分 5 年偿还日方贷款本息。1982 年开始，利用世界银行贷款（8 000 万美元）购置农业机械设备，在黑龙江东部开垦 300 万亩土地，建立粮豆生产基地；1983 年起，建立世界银行中国农垦商业化项目（贷款 6 762 万美元），购置大型农业机械、工程机械、粮食烘干与种子加工设备；还建立世界银行橡胶发展项目（贷款 1 亿美元），在广东、海南更新胶树、技术设备，新建木材综合利用加工厂等。此外，积极创办合资企业。20 世纪 80 年代初，广东华侨农场与新加坡商人合作在海南澄迈县开垦油棕 13 万亩，在花县、清远县种植甜叶菊 4 600 亩。深圳光明农场与港商合作，引进牛奶加工设备，生产鲜奶，销售占领香港市场。天津农垦局与法商合作，引进法国发酵技术设备，生产"王朝牌"葡萄酒，出口创汇，都获显著成效。

## 六、向对中国有贡献的外国专家颁发奖章

20 世纪 80 年代初，农业部科技司邀请不少外籍华裔农业科学家来华讲学指导，可以克服语言上的障碍，无保留地传授新技术、新知识，扩大受益的深度与广度。1986 年 3 月科技司制定了《关于国际合作授予中国农业奖章和荣誉证书的暂行规定》，对一些做出突出贡献的外国专家、学者颁发奖章或授予荣誉称号。1986 年就对来华传授地膜覆盖技术的日本石本正一先生和帮助中国发展火鸡的美籍华人张先光教授颁发了科技合作奖章。这个办法，以后也为国家科委和外国专家局所采纳推广。

在我印象中，对农业对外合作交往较多、有贡献的友好人士有：日本米可多株式会社社长石本正一，为推广地膜覆盖技术，多次不断来华进行技术传授试验示范，并资助地膜和温室设备。日中农民农业交流协会会长

八百板正，持续热心与中国农学会进行农业技术交流和友好互访。美籍华人专家左天觉教授，曾来华百次以上，热心对中国农业科技教育和烟草发展提供咨询服务，并联络组织美籍农业专家来华开会、讲学、指导。泰国正大集团总裁谢国民先生，不断与农业部门和地方开展合作，兴办养鸡、畜牧、饲料企业，推进产业化，资助农业院校开展科研工作，取得显著成效。还有德国经济合作部营养司司长曼巴先生，主动帮助建立中德山东粮援项目，推进沂蒙山区开发与脱贫致富。2011年美国比尔·盖茨基金会向中国农业科学院提供援助非洲农业发展基金，并开展绿色超级稻项目，在8个国家培育水稻良种，示范推广，这是卓有远见的合作。

## 七、我国农业获国际奖励

1993年原农业部部长何康获得"世界粮食奖"。1999年联合国粮农组织授予江泽民主席"农民"奖章，表彰中国对世界农业发展与粮食安全作出卓越贡献。杂交稻育种专家袁隆平，1983年获联合国第三世界科学发明奖，1985年获联合国知识产权组织发明创造金质奖章，1987年获联合国教科文组织颁发的科学奖，1988年被授予英国朗克基金会奖金2万英镑，2004年获"世界粮食奖"。

联合国和世界银行2013年报告称赞，中国极度贫困人口占世界贫困人口的比例，从1981年的43％下降到2010年的13％，是发展中国家农业发展的典范，全球"减贫"的最成功国家。2011年12月联合国粮农组织与开发计划署联合授予中国农业部"南南合作特别贡献奖"。

*原载《统筹城乡经济社会发展论坛》通讯2014年第8期*

# 新中国农业发展获得国际社会赞赏

—— 连任两届（1988—1989 年和 1990—1991 年）
联合国粮农组织计划委员的回顾

## 一、中国与联合国粮农组织的关系

联合国粮农组织于 1945 年 10 月 16 日成立。比联合国成立早 8 天。当时有 34 个国家代表参加，中国派农业专家邹秉文先生出席并在章程上签字，是发起国之一。

联合国粮农组织的宗旨是：促进世界经济的发展，并保证人类免于饥饿，提高人民的营养水平和生活标准；改进粮食和农业产品的生产和分配效率；改善农村人口的状况。

中华人民共和国成立后，1950 年 5 月 12 日周恩来总理兼外交部长曾致电联合国粮农组织总干事，要求从该组织中驱逐国民党政府。当时联合国粮农组织未作决议。1951 年 7 月 20 日台湾当局盗用中国名义声明退出，积欠会费 107 万余美元。1971 年 11 月 2 日联合国粮农组织理事会第 57 届会议上通过一项决议，邀请新中国参加该组织和第 16 届大会。总干事布尔马先生致电中国政府，希望中国申请成联合国粮农组织正式成员，并出席第 16 届大会。当时我外交部姬鹏飞代部长与 11 月 23 日复电，因时间紧迫而不准备参加大会了。总干事布尔马则要求大会同意，如中国有愿望时，可以不经任何专门手续，参加联合国粮农组织。1971 年 11 月 25 日大会上，以 68 票赞同，3 票弃权，无反对票的情况下，通过决议，授权总干事，在中国表示有参加愿望时，可以"采取一切适当措施，以实现中国重新占有她在本组织的位置"，并在财政问题上采取必要的措施。1973 年 2 月，总干事布尔马先生应邀访华，向中方表示，该组织已与国民党政府台湾当局断绝一切联系，承认中华人民共和国是唯一合法政府。

这样，中国政府就正式通知总干事，从 1973 年 4 月 1 日起，中国参加联合国粮农组织的活动。1973 年 9 月起，中国在意大利罗马设立常驻联合国粮农组织代表处，并应聘派出一些人员到联合国粮农组织总部担任官员和中文翻译组工作。

中国是发展中国家的农业大国，人口和粮食产量均占世界的五分之一。如果没有中国的参加，联合国粮农组织就难以成为全球性的多边机构。联合国粮农组织与中国关系密切，1973—1978 年期间，双方合作良好，通过该组织加强了与各国的农业交往。1979 年起中国执行对外开放政策，开始利用联合国粮农组织和多边机构的农业技术合作，粮食援助与国际贷款，逐步开创农业对外经济技术合作的新局面。

联合国粮农组织的最高权力机构是每两年召开一次的成员国大会（1990 年有 158 个成员，现在约有 190 多个成员）。其职能是确定政策，通过预算与工作计划，向成员国或其他国际组织提出有关粮农领域问题的建议；审查本组织所属各种委员会的决议和接纳新成员，以及选举总干事（任期为 6 年）和理事会独立主席（任期 2 年）。大会下设理事会，在大会休会期间，执行大会所赋予的权力。一般每两年至少开会 3 次，理事会由独立主席和 49 个理事国组成，理事国任期 3 年，每届更换 1/3。理事国席位按区域分配，亚洲 9 个，近东 6 个，拉美加勒比 9 个，非洲 12 个，欧洲 10 个，北美 2 个，西南太平洋 1 个。但是一般高会费的发达国家中的美国、日本、德国、法国、英国、意大利、加拿大和发展中国家的中国、印度、印度尼西亚、巴基斯坦、阿根廷、巴西等，历届都当选为理事国。

理事会下设计划、财务、章法、农业、林业、渔业、商品、粮食安全等 8 个委员会，协助研究审议各种专门问题，提出相应建议。

计划和财务委员会是具体审议该组织方针、政策的两个主要机构。计委设主席 1 人、委员 10 人；财委设主席 1 人、委员 8 人。由理事会选举成员国中具有专长的代表担任（要求对粮农组织的宗旨和活动持续关心，参加过大会和理事会活动，并对粮农组织的有关活动和经济、社会、技术具有专长和经验的人士），任期 2 年，连选可连任。计委中，欧洲、北美和西南太平洋区域 3 名，亚洲、非洲、近东、拉美与加勒比 8 名，共 11 名。财委中，欧洲、北美和西南太平洋区域 3 名，亚洲、非洲、近东、拉美与加勒比 6 名，共 9 名。

## 二、1987 年总干事改选，是发达国家与发展中国家势力的大较量

爱德华、萨乌马先生（黎巴嫩籍、留法国博士）于 1975 年当选为联合国粮农组织总干事，1981 年又继续当选。1987 年 11 月换届时他仍要竞选新一届总干事。1987 年 6 月在理事会上，澳大利亚，加拿大、英国等提出：总干事只能连任两届，不能连任三届，表示反对他再连任。当时，墨西哥、古巴、法国、刚果等国代表提出反驳，说是粮农组织的章法中，无这样的规定。大会选举前，加、英、澳和北欧一些国家联合发表书面意见，要求联合国粮农组织进行改革，并指责萨乌马墨守成规，不适应世界农业新挑战，不支持他继续当选，推举门萨先生（贝宁籍，原国际农业发展基金会副总裁）出来担任联合国粮农组织的总干事。双方进行大串联，游说竞选活动。

从萨乌马先生在过去 12 年工作看，他还是有业绩的。①他有积极为发展中国家振兴农业的服务精神，关心农业、农民、农村问题。②从 1976 年起，他建立了技术合作计划，从经常预算（当时两年 6 亿美元）中抽出 12%～17%，用于发展中国家技术援助，办实事。③在粮农组织职员中，增聘发展中国家的专业人才，力求职员国际化。他的缺点是有些高傲，不太尊重一些发达国家的意见。在激烈竞选中，1987 年 11 月第 24 届大会投票的结果，萨乌马竟然再次当选，连任三届联合国粮农组织总干事，显示了发展中国家的团结力量，以优势取胜。

萨乌马先生为了竞选总干事，特别希望得到中国的支持。事前 1987 年 4 月 9—17 日前来中国访问。何康部长赞扬他为穷国做了许多事，与中国合作关系良好，表示支持他，希望他继续成功当选。萨乌马先生也提出：希望中国在粮农组织中发挥更好的作用。建议竞选计委或财委委员，说是中国太谦让，一直未竞选过。事后，经外交部和农业部研究，推荐我报名，介绍履历，去竞选计委委员。1987 年 11 月 27 日第 93 届理事会上，投票结果，我荣幸地以最高票数当选为计委委员。说明各成员国对中国的信任与支持。1989 年换届时，我第二次又当选，连任计委委员。

### 三、对联合国粮农组织的职能活动进行大审查

1987 年 11 月第 24 届大会上，萨乌马先生第三次连任总干事，一些发达国家仍心怀不满，故意出难题，发起了要"对粮农组织目标和活动的某些方面审查"的提案，会上作为决议通过，授权计委、财委协同进行这方面工作。粮农组织聘请两个高级专家组调查研究（花了 240 万美元）并动员内部工作人员全面总结检查，提出报告，在 1988—1989 年的计委、财委、特别联席会议上审议。大家认为粮农组织过去 40 年的宗旨目标仍然有效，进一步明确联合国粮农组织的七个发展目标：①改进资源利用、生产和生产率。②保护自然资源和环境。③开发人力资源。④提高营养水平。⑤改善穷人和不利阶层的生活水平。⑥调整粮食的生产、分配和销售政策。⑦改进有关农牧业、营养、林业、渔业和信息工作。要求今后继续加强粮农组织的作用和活动，迎接新世纪农业新挑战。

联合国粮农组织的三大主要职能：①作为全球农业信息的收集者、传授者，希望建立世界农业信息中心。②促进包括农业政策问题的国家行动和国际行动，旨在加强农业和农村发展，从而实现生产的持续增长，减轻贫困，确保粮食安全提供一个基础，并使之可以审慎地选择相应的发展项目与计划。③向发展中国家提供技术援助和其他支持。对此，在多次讨论中，一些发达国家代表主张，要加强前两个职能，对第三个职能，则有异议。理由是：粮农组织机构庞大，人员众多，经费不足，应当压缩实地活动；同时联合国开发计划署可以专负责提供技术援助，粮农组织不必再向发展中国家提供技术援助，甚至认为，这是萨乌马先生为了讨好和拉拢发展中国家。发展中国家代表和专家组都认为：粮农组织的技术援助实地活动是向各国政府提供它在世界范围积累的发展经验的一种主要手段，它的实地活动业绩同其他联合国机构相比，是相当优异的，有成效的。粮农组织的技术合作计划是为发展中国家农业发展办好事，帮助解决一些具体技术问题，起星火燎原的示范作用，深受欢迎的，不能削弱，还应加强，希望通过信托基金或其他渠道，争取更多资金或额外资助，支持更多技术合作项目并提供更好的服务，帮助发展中国家改善资源和环境，满足其人口和子孙后代持续发展的需要。

讨论粮农组织预算时，粮农组织和发展中国家都希望有计划地增长，但一些发达国家（承担会费较多）的代表常表示反对，只同意零增长，争论极为尖锐和激烈。

## 四、审议农业农村可持续发展国际合作大纲

为向 1992 年在巴西召开的"环境与发展首脑会议"提供农业农村可持续发展的国际合作大纲文件，粮农组织计委于 1991 年 5 月讨论了这个大纲。其中提到对持续农业的含义："管理和保护自然资源基础以及调整技术和机构的变化方向，以确保获得和持续满足目前和今后世世代代人的需要。这种（农牧林渔方面的）持续发展能保持土地、水、植物和动物遗传资源，不造成环境退化，技术上适当，经济上可行，而且社会能够接受。"

对此，我就中国的情况提出看法与意见：①气候也是一种自然资源，立体空间（光、风、雨、温度等），可以加以利用，趋利避害。②资源与环境不仅需要保护，还需努力改善和合理利用。

中国缺材少林，原来全国森林覆盖率只 7％多，现在已提高到 13％多（2018 年已达 22.96％）。主要靠人工造林。每年有一个植树节，发动全民植树、造林、绿化祖国。水产方面，不只捕捞，主要靠发展养殖，增殖资源。养殖产量占水产总产量的一半以上（当时全球养殖业只占 12％）。中国人多地少，一方面保护节约用地，同时改造低产田，对红埌、盐碱地、山坡地等采取工程措施与生物措施相结合进行综合治理，改善生态条件。许多地方为了提高土地利用率、产出率，因地制宜节约合理利用水土资源，实行间作、套种，复种，发展设施农业，塑料薄膜地面覆盖，推广良种、轮作倒茬、综合防治病虫害等，积极提高农作物单位面积产量。提倡农林牧渔综合经营，农村一、二、三产业综合发展，增加农民收入。发展草食动物、食用菌、经济林木，增加食物来源。在农村推广沼气、太阳能、风能、小水电等，增加农村能源，改善生态环境。这些情况引起与会者很大兴趣，列入了会议纪要。事后，粮农组织约我们专门写稿，介绍沼气技术材料向各国宣传推广。同时派专家来华采访，共同撰写中国农业可持续发展的经验，向国际社会传播。

我担任联合国粮农组织计划委员会委员是一个新的尝试和陌生任务。通过四年实践，通过介绍中国农业特色与发展成就，获得了意想不到的良好效果。在我结束任期时，总干事萨乌马先生 1991 年 12 月 19 日给我的来信中说："在您的任期内，计划委员会根据要求处理了一些主要的问题，包括粮农组织的目标和活动的某些方面进行了审查并评价了该审查的后续行动。我非常了解您所作出的卓越贡献。这些卓越的贡献，不仅使您赢得了您在计划委员会中各位同事的尊敬，而且也是我们对您表示钦佩和感谢的原因。"这是对我的很大的鼓励，也是对中国农业发展的赞赏和表扬。

原载《农业经济技术研究所通讯》2019 年第 10 期

# 农业对外开放与国际粮食援助

## ——在农业农村部离退休干部局召开纪念
## 改革开放40周年座谈会上的发言

40年来，农业对外开放合作取得历史性进展，对推进我国"三农"事业发展和农业现代化建设，以及为世界农业进步做出很好贡献。

因时间限制，我只讲两点：一是对外开放发展形势，二是利用国际粮食援助，推进缺粮贫困地区开发建设。

### 一、我国农业对外交流范围扩大，互动互信合作日益频繁

1978年，与50多个国家建立友好合作关系，现在已扩展到150多个国家有双边交往，与国际组织，除联合国粮农组织、世界粮食计划署、国际农发基金会、联合国开发计划署、世界银行、国际农业研究磋商组织、亚洲开发银行外，与许多国际农业机构、地区性多边组织，建立了广泛联系（如亚太、中非、中国与东盟、中国与欧盟、上海合作组织、金砖国家、中国与拉美、二十国集团等）。多边外交（多极化）活动不断增多。

农业国际合作内容不断深化、规模扩大，成效显著。既有引进来，也有走出去，我中有你，你中有我。特别是党的十八大以来，走出去的步伐加快，农业技术援外、境外办农业、"一带一路"倡议，发展很快。技术、资金、贸易、人才、文化、政策等交流合作，农林牧副渔、一二三产业、社会、生态、气候、环境、法制等领域全方位展开，互利共赢，共同交流，不断前进。

中国农业国际地位明显提高，对外影响力增强。农业生产连续高速度增长，农村经济发展、农民生活改善，7亿多人口脱贫，成为国际扶贫典范。成为农产品国际贸易大国（世界第二位，农产品进口占世界第二、出口占第五位）。中国一贯倡导"南南合作"，"和平发展、合作共赢"，谋求

"构建人类命运共同体"，走向美好、和谐、进步、繁荣的新世界。中国对全球农业治理有了更多话语权。

## 二、利用国际粮食援助，增加自力更生能力，加快农业农村建设

联合国主张平等友好和平发展。1959 年有个决议，要求发达国家每年拿出国民经济总产值的 0.7%，来援助发展中国家（可以通过多边或双边渠道提供）。1976 年唐山大地震，我国对国际援助是谢绝的态度。1979 年改革开放决策，为安置越南华侨 25 万人回来和河北、湖北发生大水灾，开始申请世界粮食计划署的粮食援助。1980 年正式加入该署，既是受援国，也是捐赠国（援助多，捐得少），逐步由紧急援助转为开发性援助（以工代赈、搞农田基本建设，按工程所需投入劳力，每劳力每天补助 3.25 千克粮食），但施工工具、材料、种苗、运输等费用，由受援国配套资金解决。这方面我们过去搞水利建设有经验，能很好组织落实，因此成效显著，深得该署赞赏，并不断得到支持。从 1979 年至 2005 年（以后不缺粮，经济发展，就停止援助）止，该署共向我国援助 76 个援助项目，实物共折算援助额达 10 亿多美元（平均每年达 3 800 多万美元），涉及全国 31 个省市区，项目区直接受益人口 3 000 多万人。内容包括水利，改造低产田，山区开发，植树造林、农村交通、饮水工程、沿海沿湖城郊的水产养殖，其中还有一个六大城市（北京、天津、上海、南京、武汉、西安）奶类项目，提供奶粉 4.5 万吨、黄油 1.3 万吨，制成再生奶或酸奶，销售后收入用于郊区发展奶业生产加工体系。

受国务院委托，世界粮食计划署业务责成农业部统一对外，对内归口协调管理，外交部与财政部配合支持。既要做好与该署和捐赠国的合作关系，又要更好为各地方和部门合作与服务，管好项目，争取国际好评。我们曾与当时扶贫办朱荣同志商拟一个利用世界粮食计划署援助的规划，确定 20 多个项目，考虑地区重点，合理布局，于 1987 年 5 月由农业部、国家计委、财政部、经贸部、外交部联合发文，部署各省市区做好项目准备、设计安排，报农业部考核，视机对外申请。并注意总结交流管理经验和组织捐赠国代表现场参观，扩大影响，树立良好对外印象，保证提出的每个项目，都获通过批准。

　　但是在对外报道中，突然出了问题。1984 年粮食丰收，1985 年我国广播、电视、报刊，包括英文中国日报，均宣传农村粮食卖不掉，仓库放不下，同时成为粮食纯出口国。世界粮食计划署就向我方指出，如果中国不缺粮了，将停止对中国的粮食援助。我们积极向该署说明这是媒体只看偶然丰收现象。实质上，中国人口多，水土资源紧缺，人口城市增加，生活改善，要发展养殖业，食品、饲料需求在增长，目前人均粮食水平是400 千克（相当于世界水平），储粮基础设施差。地区不平衡，自然灾害频发，丰歉年不平衡，还有 1 亿人缺粮贫困，出口一些大米、换取进口小麦（大米价比小麦贵），为了品种调剂，粮食问题没过关，正努力要控制人口增长，保护好土地资源，更重要的是积极提高粮食单位产量，并注意节约用粮，任务艰巨。为了扭转对外报道的夸张所造成的错觉。1986 年 5 月特邀请世界粮食计划署的执行主任英格拉姆先生访华，请当时国务院总理和何康部长，阐明中国粮食问题的实况与前景，得到了对方的理解，同意继续支持中国的粮援项目。1986 年 9 月又组织捐赠国代表来华参观粮援项目成效，并考察贫困（山东临沂）地区的实况，证明地区差别发展的不平衡。

　　欧盟奶类项目援助：世界粮食计划署六大城市奶类项目，从 1983 年8 月开始执行（1989 年底结束），效果很好。1986 年畜牧局接着提出，希望继续扩大建立二期项目。世界粮食计划署表示支持，可允许提供奶品资源的欧盟（捐赠国）直接与中方商谈。1986 年 9 月欧盟主管援助的代表，应邀来华与农业部会谈，我代表部向他阐述，中国人均牛奶产量只 3 千克，大中城市供应紧张，婴儿、病人均需开证明，实行计划定量供应，同时外国人到中国旅游喝不上牛奶，很有意见。中国奶业是个薄弱产业，需要加快发展。这是改善营养、增强体质的迫切艰巨任务，希望欧盟继续给予直接援助。他表示完全理解并给予积极考虑，希望农业部门通过经贸部提出申请立项。就此，畜牧局提出了：除原六大城市外，增加了广州、沈阳、重庆、成都、青岛、福州、杭州、合肥、长沙、南昌、大连、桂林、苏州等 20 个城市，要求援助奶粉 4.5 万吨，黄油 1.5 万吨，加工成再生奶。售后回收资金用于发展这些城市的牛奶生产体系。这个项目于 1986年 10 月通过经贸部向欧盟提交，1988 年 3 月得到批准，总援助金额为

1.01 亿欧元。

1992 年初，畜牧局又提出新项目，要求增加新疆、贵州、甘肃、黑龙江等一些地方发展奶业（欧方援助 698 万欧元，约 3 000 万元人民币），1993 年 1 月批准。1992 年 3 月，再次向欧盟提出奶业食品加工技术和商务合作项目（由欧盟援助 3 000 万欧元，即 3 亿人民币）的财政技术援助，于 1996 年获得批准，1998 年开始执行。1993 年 3 月畜牧局借鉴印度发展水牛奶经验，在广西、云南、广东等地实施，欧盟援助 278.7 万欧元（约 3 000 万元人民币），于 1996 年获得批准。

以上四项，欧盟共援助 1.4 亿多欧元（约 8 亿元人民币）这是奶业建设的很大投入，推进我国奶业发展起了很好的示范作用。

德国粮食援助。1986 年 9 月我们组织世界粮食计划署主要捐赠国代表参观江苏洪泽湖水产、安徽淮北土壤改良、山东聊城造林项目效果时，专门安排去贫困缺粮的山东临沂山区沂水县考察。代表中有位德国经济合作部主管粮食援助的司长曼巴先生，他看到一个贫困山村农民生活困苦，饮水要到 4～5 千米外挑水，年轻姑娘不愿嫁到这里来。对此很受感动，当即向我表示，愿意给予援助，要我们即作项目准备，待他回国后，再告办理申请手续。事后，我们即请山东省和地区来京商量，重点在沂水、沂南、沂源三个县的山区解决缺水和山区综合开发治理问题，提出项目申请，通过经贸部向德方递交。1987 年 4—9 月德方先后来考察评估，于 10 月即获批准，由德方提供 800 万马克和 3.5 万吨小麦的援助，1988 年 1 月开始实施，1991 年 4 月完成，解决了 16 万人口和 14 万多头大牲畜饮水，治理小流域 45 条，扩大灌溉 6 000 多公顷，修路 591 千米。由于执行得好，1991—1994 年把项目继续扩大到 11 个县，称为中德合作山东粮援项目，截至到 1997 年，德方共提供小麦 18.2 万吨，3 700 万多马克（合 4.5 亿元人民币），直接受益人口 150 多万人。德方还不断给予文化教育与医疗卫生、社会福利等事业的额外援助，称赞这是个模范项目。

日本粮食增产援助：1982 年，日本民间人士奥山道夫先生，通过我驻日使馆介绍，来农业部访问，我接待了他，他诚恳地通报，日本国际协力事业团可向发展中国家提供粮食（大米）增产援助，用于水稻育秧、机械化栽培机具和农药、化肥、收割机等生产资料，促进大米增产。每期援额为 5 亿～7 亿日元，并带来了有关项目信息资料，建议我们主动提出申请。当时我是中日农业科技交流工作组的中方代表，与农林水产省和国际协力事业团有些好朋友，谈及此事后，他们很支持，然后我们通过科技部和经贸部向日方正式递交项目书，获得批准。从 1983 年起，先从吉林省开始，以后安排辽宁、宁夏、新疆、青海、内蒙古、河北、甘肃等北方水稻区，逐步向南方地区选点，持续到 2000 年终止，共进行了 13 期，涉及 23 个省市自治区的 20 多个重点县，总计援助金额达 94.7 亿日元（约 7 500 万美元）对于我国水稻技术改进和机械化生产，起了良好的示范作用。

利用国际粮食援助，在项目区努力下，取得良好的经济社会与生态效益，并获得世界粮食计划署和国际好评，起到了为民造福，为国争光的作用。

原载《农业经济技术研究所通讯》2019 年第 1 期

# 世界粮食计划署对中国援助的
# 成效与作用

**提要：** 改革开放以来，1979—2005 年期间，我国利用世界粮食计划署援助项目共 70 个，累计折合超过 10 亿美元（平均每年 3 800 多万美元）。其中，紧急援助救灾援助项目 13 个，合计 1.3 亿美元；用以工代赈、加强农业基础设施建设、开发性援助项目 57 个，合计 8.8 亿美元，这些项目遍布全国 31 个省、市、自治区，直接受益人口达 3 000 万人以上。由于项目区各级领导得力，群众艰苦奋斗，粮援项目成功，取得了良好的经济、生态、社会效益，对于脱贫致富，推进可持续发展起了积极示范作用。同时也博得了国际上的好评，达到了"为民造福，为国争光"的成效。

## 一、世界粮食计划署的职能与体制

世界粮食计划署是由联合国和联合国粮农组织合办的，向发展中国家提供粮食援助的国际机构。该署成立于 1963 年，1965 年成为常设机构，总部设在意大利罗马。

其宗旨是，帮助缺粮低收入的发展中国家及其国内的贫困人民，以粮食作为经济和社会发展的援助，特别是供给与改善最易受害和最迫切需要的阶层的营养条件，提高农业产量和生产率，鼓励使用大量劳力的项目和促进农村就业与福利以及人力资源开发方面。既从长远角度支持开发建设，发展农业生产，解决产生贫困和饥饿的原因，又及时地救济难民或饥饿人员克服短期内的粮食困难。凡是低收入缺粮的发展中国家，均可申请国际粮食援助。

世界粮食计划署由执行主任负责，一般由发达国家人选担任，有两名副执行干事领导秘书处的日常工作。秘书处设有资源司、政策和公共事务司、运输和后勤司、执行政策和支持司、执行管理和计划司、人力资源和调查办公室以及内部审计等单位组成。该署有长期工作人员 2 100 多名，其中 700 多名为专业人员，1 300 多名为行政服务人员。有 80％的人员派赴 80 多个国家的常驻办事处工作，援助 90 多个发展中国家。

该署从成立到 1995 年，其领导机构为粮食援助政策与计划委员会，由 42 个成员国组成，其中发展中国家则超过半数。1996 年以后，改组为执行局，由 36 个成员国组成，我国为成员之一。凡紧急快速项目，授权由执行主任直接审批；凡属开发性项目，由粮食援助政策与计划委员会、后为执行局讨论审批。粮食援助大体分为三类：一是紧急救济，如发生灾荒或发生突发性灾难时提供粮食援助，属临时救济性，援助额度不大。二是长期难民和流离失所者项目。三是开发性建设援助，按一定地区的项目工程规划要求，用以工代赈的办法为主，向从事农业开发工程建设的劳力提供粮食援助。这种办法与我国做法一样，以劳动积累投入搞农田基本建设。

世界粮食计划署在我国这类开发性建设项目，每个劳力每日提供 3.25 千克粮食（小麦、面粉），可供一户五口之家食用，有时还补助一些其他食品。开发性项目援助，一般工程量较大，执行期较长，持续多年完成，每个项目援助额度较大，需经设计、评估、审批、检查、验收，程序较为繁琐。项目的执行，除世界粮食计划署提供粮食援助以外，还需由受援国政府提供配套资金与技术投入，包括工具、生产资料、工程材料、运输费用等。我国的实施经验得出，配套资金约占总投入的 30％～66％，才能形成生产能力。

世界粮食计划署提供粮食援助刚开始时，与粮食出口国处理剩余农产品联系在一起，全球粮援数量要求目标每年在 1 000 万吨以上。粮食与资金的来源，主要来自联合国成员国的自愿认捐，以发达国家为主（1959 年联合国的决议，要求发达国家每年拿出国民经济总产值的 0.7％，援助发展中国家）。认捐每两年为一期，主要认捐的有美国、欧共体、加拿大、荷兰、法国、德国、日本、丹麦、澳大利亚等国。一般捐赠现金占三分之一，实物占三分之二。从 20 世纪 70 年代到 90 年代，每两年认捐额由 1 亿多美元增加到最多时达 14 亿美元，其中一段时间为 10 亿美元左右。

1963—1996 年，世界粮食计划署共向发展中国家提供开发性援助项目 1 600 多个，累计金额 122 亿多美元；紧急活动的援助和向长期难民与流离失所者援助项目共计 1 200 多个，累计金额达 90 亿美元。

以上援助的受益人口超过 2.5 亿人。扶贫济困，为支援发展中国家农业、农民、农村事业作出了贡献。

## 二、中国利用世界粮食计划署的粮食援助状况

改革开放前的 1976 年，唐山地震，国际上对中国提供捐赠与援助。当时，我国政府受"四人帮"的影响，采取谢绝的态度。1979 年改革开放以后，我国为安置从越南避难回国侨民 25 万人，在广东、福建、云南、广西的一些国营农场从事生产和生活，从那时开始申请利用世界粮食计划署提供的粮食援助。1980 年，我国正式加入世界粮食计划署，既是受援国，也是捐赠国，捐少援多，并逐步由紧急援助灾区转为用于缺粮贫困地区，以工代赈，进行农业开发性建设项目。据农业部国际合作司统计，1979—2009 年，该署共向我国提供粮食援助项目达 70 个，累计向中国提供 400 余万吨粮食和食物，折合总金额达 10 亿余美元，加上配套资金，是国内农业建设上很大一笔投入。除台湾、香港、澳门外，遍及 31 个省、市、自治区，约有 3 000 万人直接受益。粮援项目有明确的目的性，能发挥经济、生态、社会效益，促进可持续发展。项目中培养了一批管理人才和妇女干部。

现将该署提供的粮援项目分类介绍如下：

### （一）紧急援助与救灾快速项目

如 1979 年为安置越南归侨难民，在云南、广东、广西、福建的国营农场生活和生产。河北、湖北水灾，海南省农场安置难民等。1984 年，四川卧龙熊猫自然保护区，黑龙江森林火灾灾后恢复，1988 年浙江灾区重建与恢复，1989 年四川灾后恢复，1990 年浙江台风灾后恢复，1998 年湖北、湖南、安徽、江西洪灾紧急救援等 13 个项目，合计约 1.3 亿美元。这是"雪中送炭"，对帮助克服灾后困难，恢复生产起了重要作用。

### （二）开发性建设项目

包括粮食援助，发动农民群众劳动积累，投入农业农村综合开发，变

"输血"为"造血"功能，增强农业生产力和自力更生能力。

**1. 农业开发建设**

如广西星兴农场，福建福清农场，广东斗门湿地恢复，云南水库建设与荒地开发，西藏拉萨河流域农业开发，青海乌兰县灌溉农业，甘肃景太川灌溉农业，广西百色地区丘陵地开发，河北涉县山区农业综合开发，湘西、鄂西武陵山区综合开发，山西昌梁地区水土保持，云南曲靖地区农业综合开发，内蒙古托克托、和林格尔、凉城等三县农业综合开发，宁夏固原、彭阳、隆化三县综合开发，河南大别山信阳四县低产田改造，四川东北部地区农业综合开发，贵州铜仁地区农业开发，青海海东地区农业综合开发，安徽岳西地区农业综合开发，陕西、湖北秦岭山区农业开发，贵州黔西南州三县农业综合开发等21个项目，合计援额2.5亿多美元。

**2. 林业发展项目**

如宁夏西吉植树种草，山东鲁西、四川珙县造林，湖南油茶林改良，山东林业发展，辽西植树造林、防止水土流失，河北平山县植树造林，贵州纳雍、织金县植树造林等7个项目，援助金额达1.2亿美元。

**3. 水利与低产田改造项目**

如甘肃西岔灌溉工程地区开发，河北南皮、曲周排水灌溉与盐碱地改良，甘肃靖远兴堡子川灌溉，宁夏与河北灌溉农业，河南开封灌溉农业，安徽淮北低产田改造，甘肃皋兰县灌溉地区开发，甘肃三县灌溉，陕西东雷灌溉工程地区开发，海南松涛水库地区开发，青海海东地区低产地灌溉改良，陕西米脂黄土高原土壤改良，贵州安顺地区低产田改造，陕西杏子河流域地区开发等15个项目，援助金额达1.4亿美元。

**4. 渔业开发项目**

如变捕捞为主改为养殖为主的江苏洪泽湖渔业开发，浙江杭州湾水产养殖，河北、山东渤海湾水产养殖，江西鄱阳湖低洼地水产养殖，以及天津郊区低洼盐碱地养鱼，九大城市（长春、呼和浩特、济南、西安、银川、郑州、合肥、南京、昆明）郊区养鱼6个项目，援助金额达1.1亿多美元。

**5. 畜牧业开发项目**

如六大城市（北京、天津、上海、西安、武汉、南京）郊区发展奶类，不是用以工代赈方式，而是以提供脱脂奶粉（4.5万吨）、黄油（1.3万吨）生产再生奶，出售后将收入用于扶持郊区农民发展奶牛，增加储运、冷藏设施等奶业生产，增加城市奶品供应。此外，还有新疆阿尔泰地区种草养畜项目，合计金额达1亿多美元。

**6. 农村社会发展项目**

如山西山区农村道路建设，陕西、辽宁农村缺水地区饮水工程，宁夏、广西、山西、甘肃、新疆等边远地区农村综合开发和学校供膳，贵州武陵山区农村发展，贵阳幼妇保健及微量元素缺乏改善等5个项目，援助金额达1.3亿多美元。

这些项目实施，对我国受援的贫困缺粮地区，加强农田基本建设，改善农业生产条件与生态环境，提高农林牧渔生产，保障粮食安全，包括大城市奶、鱼食品供应，提高农民生活水平，脱贫致富，促进农村社会发展，都起到了良好作用。

据农业部国际合作司1995年对41个粮援综合开发项目进行调查，其中16个已结束完成的项目；项目区粮食总产量平均比项目前增长1.5倍，亩产平均增长67%以上。项目区80%的贫困人口得以脱贫，人均占有粮食由203.8千克增加到394千克。2005年对33个项目调查，项目区粮食单产增长2倍，人均收入增长3.3倍。

1995年调查的17个项目统计，项目实施后，控制水土流失22.7万公顷，森林覆盖率平均由项目前的11.3%上升到项目后的18.5%。据项目区26个点的调查，项目区共修建乡村公路1万余千米，田间道路2 400多千米。2005年6月，对31个项目统计，改良土壤22.03万公顷（其中坡改梯3.5万公顷），新建和整修水库2 260座，兴修排灌站819座，新修和修复灌溉渠道28 043千米，新增加和改善灌溉农田19.13万公顷，植树造林18.73万公顷，新建果园、茶园11 252公顷，种植经济作物1.8万的公顷，修建沼气池3.53万多个，新建人畜饮水设施1万处，新建和修缮学校1 161所，新建和修缮农村卫生院所589所。在项目区，还开展了大量的教育和技术培训，扫盲培训150万多人次，技术培训768万多人次。农民生活条件有所改善。

在紧急救灾援助项目方面，为灾民修缮房屋14.72万间，修复水毁农田 6.6 万公顷，恢复人畜饮水设施 30.9 万处，清淤渠道 7 400 多千米，修建桥梁 10 座。

### 三、重在"为民造福，为国争光"作贡献

受国务院委托，世界粮食计划署的业务由农业部负责、归口管理与对外联络。在外交部和财政部的支持配合下，农业部积极做好对外工作，搞好与该署和主要捐赠国的合作关系，并同发展中国家友好合作；对于国内则认真组织协调各部门和各省市自治区，搞好项目规划设计，建立督促管理机制，使粮援项目发挥最好效益与示范作用。

#### （一）做好项目规划设计

粮援开发项目立项条件、评估、审批、管理比较严格，工程设计、技术措施要有科学性、可行性。为此，我们参照国际规范，在总结经验的基础上，研究制定了《关于我国接受世界粮食计划署粮援项目的立项原则和报批程序的规定》，指明了项目适用于改善农业生产基本条件为主的劳动密集型农村基本建设，要具备缺粮贫困、农村劳动力多、生产潜力大、对外开放、无军事设施的地区，适当集中连片，便于发挥经济、生态、社会效益；领导力量强，要有配套资金和技术力量，农民投入以劳动积累为主，要求见效快，收益大，有利增强自我发展活力，变"输血"为"造血"功能，对周边地区能起示范、辐射作用。

鉴于有的地方和部门尝到了项目的甜头，不断要求上新项目，而一些边缘省区，尽管贫困缺粮，并不了解粮援的信息。为了面向全国扶贫济困，全面规划与合理布局，我们征求当时国务院扶贫办公室主任朱荣（农业部副部长兼）的意见，共同商拟了西部和中部山区、老根据地、少数民族地区、贫困缺粮地区安排国际粮食援助项目的一批计划项目（达 20 多个），并于 1987 年 5 月，由农业部、国家计委、财政部、对外经济贸易部、外交部联合发文，建议有关省、市、自治区政府，做好准备，提出项目内容设计，报送农业部后适机逐步对外申报。

根据各地方提出的项目设想，我们进行必要的实地考察、调查研究与咨询工作，确保项目符合国际要求，能获得顺利通过批准，并使项目发挥好的经济、生态、社会效益。如贵州省原提出全省有 4 000 万亩低产田，

要求每亩资助 25 元人民币进行改良，没有项目区和措施，不符合立项条件。经协商后认为，安顺地区 5 个县低产田改造符合项目要求，进行了立项并获得批准实施。河南省信阳地区原提出为推广杂交水稻制种，要求劳力补助，经调查后改为低产田改造，加强农田基本建设。内蒙古西部，原拟安排牧区草原基本建设，因牧区劳力不足，改在托克托、和林格尔、凉城三县改造低产田，增产粮食为主。宁夏原提出河套地区灌溉配套工程，但河套不是贫困缺粮地区，经调查后，改在固原、隆德、彭阳三县进行综合治理开发。河北省涉县山区原提出建设水库，经调查后改为综合治理开发。湘西、鄂西武陵山区有的把项目区安排在偏远、水土条件很差、增产潜力较小的山区，经考察后商定，改在投入后增产潜力大且见效快和收益好的地区。

**（二）建立项目管理体系，加强组织领导、协调运作、管理检查机制**

为确保项目顺利执行，建立各级领导组织管理机制，省、地、县相应成立项目领导小组，分别由副省长、副专员、副县长担任领导小组组长，各级项目领导小组成员，均由农林、水利、畜牧、财政、交通、粮食、物资、教育、科技、卫生、妇联等有关部门负责人组成，定期开会研究协调解决项目有关问题。省、地、县分别设立项目办公室，负责项目管理与实施。项目区所在乡镇成立项目工程指挥部，组织群众参与项目施工建设，调解涉及土地纠纷等问题。有的项目，还成立专家顾问组，进行技术咨询指导与培训。除主管单位监督外，省、地、县审计部门抽调人员组成财务监督组，专门负责对援粮和国内配套资金的安排使用进行监督。有的业务主管部门抽调人员，进行项目监测评估与工程质量检查，保证项目的工程质量和任务的圆满完成。各级项目办公室都制定管理、检测、财务、审计、工程、援粮等的规章制定，严格执行。世界粮食计划署也常派出评估组到项目区进行实地考察与评估。

农业部外事司曾于 1985 年秋在甘肃兰州召开粮援项目管理经验交流会。1988 年 4 月在总结国内经验和吸取国际规范的基础上，研究提出了《世界粮食计划署粮食援助项目管理机构及其工作职责的规定》，发各级有关单位参考。林业、渔业、奶类项目也分别召开专门会议，进行经验交流，督促检查，推进做好项目管理工作，达到"为民造福，为国争光"的要求。

### （三）认真做好全面正确对外宣传，树立发展中大国的良好形象

为了宣传中国利用世界粮食计划署粮援项目的良好成效，在世界粮食计划署的支持下，我们与外交部联合多次邀请主要捐赠国的代表到项目区实地参观考察。1984 年赴宁夏西吉，甘肃皋兰、靖远；1986 年赴江苏洪泽湖、安徽淮北、山东聊城项目区参观考察；1988 年赴陕西米脂、青海海东等项目区参观考察，这些活动都获得各国代表的一致好评。他们称赞：中国农民艰苦奋斗，在政府组织领导下，善于利用国际粮援进行农业农村开发建设，增强自我发展活力，尽快脱贫致富，因而积极支持中国的申请项目，在审议表态时，得以顺利通过。

但另一方面，我国媒体有时报喜不报忧，也带来了一些副作用。1984 年，我国农业丰收，中央报刊大肆宣传各地粮食放不下，国家限制粮食收购，粮食出口大增，成为粮食净出口国等等，给国外造成一种"中国粮食过多"的错觉。世界粮食计划署驻华代表，就此向我们查询，如果中国粮食有余，不再缺粮，该署的资源紧缺，将要停止对中国的粮援。我们当即向其作了说明：中国粮食一时丰收，不等于中国粮食问题已经解决。卖粮难，仓库放不下，那是粮食工作跟不上发展形势。实质上，中国人多，目前人均粮食占有量（包括大豆、薯类）只 400 千克左右，低水平自给；抗灾能力弱，粮食生产不稳定，年度之间有丰有欠，一般五年中，二丰二平一歉；地区之间很不平衡，全国农村有近 1 亿人粮食不能自给，缺粮贫困；全国每年人口增加 1 200 万人，城市非农业人口增长快，需要供应更多商品粮和工业用粮；畜牧业、渔业发展，需要更多的饲料粮；中国粮食出口一些大米、玉米，可以进口换购价格较低的小麦。中国地域辽阔，为了应对可能发生的自然灾害，需要有一定的储备粮。新闻记者只是看到现象，有片面的理解，不能代表政府的立场、观点。

为了扭转世界粮食计划署和捐赠国对中国粮食问题的误解，1986 年春，农业部特别邀请该署执行主任英格拉姆先生（澳籍）访问中国，并请国务院总理与他会见，代表中国政府向他阐明：中国是发展中大国，粮食尚未过关，人均占有粮低于国际水平，农村尚有 10%～20% 的地区贫困缺粮。中国人口基数很大，必须有计划地控制增长。随着城市化、工业化

发展，非农业人口增加，人民生活需要改善，对动物食品需求增加，需要更多粮食供应。何况，中国耕地、水资源紧缺，自然灾害频发。从总体和长远来看，增产粮食，保证粮食安全仍是一项长期而艰巨的任务，还要下很大功夫。中国不会成为粮食净出口国，出口一点是为了品种余缺的调剂。英格拉姆先生当即表示完全理解，愿意继续支持援助中国增强自力更生能力。1986年9月，农业部与外交部联合邀请主要捐赠国代表赴苏、皖、鲁粮援项目参观成果时，顺便考察了贫困、缺粮、缺水的沂蒙山区沂水县农村，使他们目睹了中国地区发展的不平衡，看到农村中贫困落后的面貌。来自德国代表孟巴先生为此深为感动，表示愿意支持建立德国山东粮援项目，提供双边粮食援助。

**（四）积极支持世界粮食计划署工作，搞好互信合作关系**

1980年，中国正式加入世界粮食计划署，既是受援国，也是捐赠国。我国注意到在财力有限的情况下，适当增加捐赠，并大力支持该署的工作。参加初期，我国每两年捐款40万美元，以后逐步增加到60万美元，100万美元，150万美元，250万美元等。1985年、1986年非洲发生灾荒时，我国额外捐赠运粮装卸工具和农药等物资，表明我国对该署与发展中国家支持的诚意。由于中国的发展，世界粮食计划署到2005年结束了对中国26年来的粮援，从2006年起，中国成为了捐赠国。2006—2011年，中国共向该署捐赠4 112万美元；2011年还向非洲之角地区特别提供1 600万美元的紧急援助；中国通过世界粮食计划署向朝鲜、斯里兰卡、埃塞俄比亚、不丹、布隆迪、老挝、莱索托、孟加拉等国家提供粮食援助。

世界粮食计划署在中国的项目，由于各级领导重视与项目区农民群众的艰苦努力与认真执行，取得了显著的成效，相继得到该署官员及评估组专家的一致好评。1986年春，该署执行主任英格拉姆访华考察奶类、渔业项目后，与何康部长会谈时，赞赏中国项目执行得好，成效突出。1994年3月，我国与世界粮食计划署联合召开《亚太地区粮援国用于发展的研讨会》，介绍了中国的经验，为国际树立了良好的榜样。1997年，该署驻华代表拉尔森女士考察宁夏固原地区项目后说："这是我到世界粮食计划署工作15年来，看到的最好工程。"2004年8月，该署驻华代表谨·格瑞士先生在考察青海海东地区项目后称："这个项目是世界粮食计划署在中国执行最成功的项目，树立了典范。"总之，粮食援助是对我国"三农"事业的一种最直接、最有效、最实惠的援助，执行结果达到了"为民造福，为国争光"的功效。

写于 2016 年 5 月

# 中国农业科学院农业科技引进吸收创新的主要成果综述

中国农业科学院成立于 1957 年，是国家级综合性农业科研机构。50 多年来，特别是改革开放以来，高度重视国际合作与交流，已与 70 多个国家的农业科研机构及国际组织建立了科技合作关系，开展多种形式、卓有成效的合作，取得了显著成果，有力推进我国农业科技进步与农业可持续发展，提升了自主创新能力，缩短了与农业发达国家的差距。

参考《中国农业科学院国际合作 50 年》一书资料，综合简介其引进、吸收、创新的主要成果：

## 一、引进良种，选育创造新品种，促进高产、优质、高效

水稻方面。利用国际水稻研究所提供的水稻种质资源 3.49 万多份，鉴定试种，有 46 份种质资源在我国直接作为品种，大面积推广；利用部分种质资源作为亲本材料，先后育成 160 多个新品种或组合，如 IR24、IR26、IR30、IR50、IR64、I/9761-19-1 等系列品种、品系，成为我国杂交水稻最重要的强恢复系和亲本。

小麦方面。国际玉米小麦改良中心，向我提供 1.5 万多份小麦种质资源，我国利用一些具有特性的材料，育成 160 多个高产、抗叶锈病和秆锈病的良种，进行推广。

玉米方面。利用该中心提供的玉米自交系，在我国西南地区配制抗矮花叶病、纹枯病和双霉病的玉米杂交种，进行推广。利用引进法国的玉米自交系，选育出"中玉 20 号"玉米杂交种，具有早熟、抗旱、高产性能；利用美国具有坚秆、耐密植、抗逆力强的玉米种质资源，育成优质、多抗的玉米自交系 CN129，进而培育成高产、适应性广、抗逆性强的"中玉 15 号"玉米新品种。

马铃薯方面。从国际马铃薯中心引进马铃薯种质资源 3 000 多份，试验鉴定，生产上推广的 CIP24 号、I-1085、CFK69-1 等；部分作为亲本材料，选育成新品种。如合作 88、中薯 2 号、鄂马铃薯 1 号、克新 11 号等。

甘薯方面。利用国外种质资源，选育推广具有高产、优质、抗逆性强的优良品种，如徐薯 18、苏薯 6 号、徐薯 43-14、苏薯 7 号、徐薯 22、徐薯 23、徐薯 24、徐紫薯 1 号等新品种。

大麦方面。1984 年起，与国际干旱地区农业研究中心合作，引进高产、抗病的大麦品种 CT16，在山西推广；V24 在四川推广。在从引进国外酿造啤酒的大麦品种中，筛选出 B1614、B1202、B4947 等高产优质品种，在京郊、黑龙江、宁夏、甘肃等地示范推广。

棉花方面，从美国引进抗黄萎病的优质棉花种质资源，筛选出一批高产、优质、抗黄萎病的良种。

油菜方面。通过中加、中澳、中德、中美合作，选育出高产、优质、抗病、双低（低芥酸、低硫甙葡萄糖甙——即无毒）杂交油菜新品种"中油杂 2 号"、"华油 2 700"等。

花生方面。通过中澳合作，选育出抗条纹病毒花生转基因品系；通过与国际半干旱地区热带作物研究所合作，在山东、广东研究选育出抗青枯病和病毒与抗黄曲霉的花生新品种。

从 1994 年开始，与国际原子能机构合作，开展芝麻、油菜的核诱变育种研究，获得了芝麻雄性不育材料，成功培育出"中油杂 1 号"芝麻杂交新品种，推广种植。

通过国际半干旱地区热带作物研究所，1997 年引进原产地印度的木豆，在广西、云南试种，用于退耕还林、保持水土的荒山治理。其籽粒含蛋白质高，可口，成为人们喜爱的粮食和蔬菜；其茎叶是良好的家畜饲料；茎秆可以放养紫胶虫和生产蘑菇，已扩大推广，成为重要的豆类作物，经济效益好。

蔬菜方面。从国外引进几十种蔬菜品种，如意大利夏芹、冬芹，以及荷兰、美国的菜豆，在生产上直接应用推广。与欧盟和外国种子公司合作，选育出抗真菌和细菌的茄子品种，以及培育出 3 个平头型、圆球型优质、高产、抗病的甘蓝品系，具有不同特性的番茄杂交组合和新品种，引进示范推广。

甜菜方面。与德国 KWS 种子公司合作，由德方提供不育系，我方提供授粉系，进行联合育种，育成 ZD202、204、205、206、209、210、211 等 7 个新品种，在黑龙江省推广。

西洋参种植。1988 年从加拿大、美国引进西洋参，试种成功，在吉林、黑龙江两省推广栽培。

烟草方面。1994—2001 年，与津巴布韦、法国、德国、美国、巴西等国合作，引进不同抗性的烤烟、晒晾烟、香料烟、白肋烟品种，筛选出一些优质抗病的新品种，如 BGH51、PVH09 和 TN86 等，具有烟叶成熟好、易烘烤、质量好，抗病性强等特性，在生产上推广。

果树方面。1984—1990 年从美国引进苹果 40 多份杂交单株，选育出"华夏（美 8）"，是中早熟、高产、优质、抗病虫的新品种，在陕西、河北、安徽、山东等地大面积推广。1987 年从意大利引进大樱桃矮化砧木，成功筛选出适合陇海铁路沿线栽培的优质、高产的甜樱桃品种，已在山东、河北、大连、北京、陕西、山西、四川、云南等地推广。1993 年从俄罗斯科学院远东分院，引进山葡萄、软枣猕猴桃（双性花品种）、抗寒大果樱桃（毛樱桃）、晚熟梨、抗病李子。2002 年，从俄罗斯引进大果无刺沙棘，无刺树莓，大果酸栗、穗醋栗等优质种质资源，经筛选出适应黑龙江、吉林种植，进行示范推广。

柑橘方面。通过"948"项目，从国外引进种质资源，研究选育出福本脐橙、大田碰柑、不知火杂柑、甘南 1 号、温州蜜柑和强德勒红心柚等品种，进行示范推广。

桃子方面。1999—2002 年，利用美国桃子种质资源，培育成"千年红""双喜红"等早熟油桃品种，在生产上推广。

牧草方面。从加拿大引进牧草"林肯无芒雀麦"、"卡尔顿无芒雀麦"等良种，经试种示范，在内蒙古、辽宁、吉林和山西等地推广。从俄罗斯引进偃麦草、鸭茅、苜蓿、高燕麦草等牧草，在北京、太原等地示范推广。从美国引进雀麦属、鸭茅属、羊茅属的牧草良种，在北京、甘肃、湖北等地推广。与意大利合作研究，引进紫花苜蓿和百脉根等豆科牧草，组织培养，利用转基因技术，使其氨基酸含量有所提高，育成新品种，加以推广。

肉牛方面。为发展高档肉牛生产，1986—2002 年从意大利引进"皮埃蒙特"牛良种，具有生长发育快、骨骼细、屠宰率及瘦肉率高、肉质鲜嫩，脂肪和胆固醇含量低，是当前世界上肉牛的优良杂交父本之一。意方提供冷冻精液和冷冻胚胎，供试验用，我方加以繁殖纯种良种肉牛 170 多头，累计获得杂交后代十几万头，在山东、山西、河南、青海和黑龙江等18 个省区进行推广。2006 年，还从欧洲引进优质高产的"西门塔尔"牛的冷冻精液和胚胎，进行繁殖推广。

肉羊方面。通过"948"项目，引进优良肉用无角"多赛特"、"萨福特"、"特克赛尔"等种羊，试养成功，纯繁后向北京、山东、河北、内蒙古、新疆、河南、辽宁等地推广；并与我国的"小寒羊"、"蒙古羊"、细毛羊等种羊杂交，其后代生长明显改进。组建冷冻精液制作，改良地方肉羊，进行推广。

水牛方面。利用引进的河流型良种乳肉兼用水牛，对本地水牛进行杂交改良，获得生产性能良好的"摩拉"杂交一、二代水牛，"尼里"杂交一、二代水牛和自繁培育的三品种杂交水牛。

养鹿方面。2002—2003 年与韩国合作研究，引进了体型大和产茸、产肉性能好的北美马鹿冷冻精液，利用杂交优势来提高我国马鹿鹿茸产量，并培育茸肉兼用型马鹿良种。养蜂方面。1989 年从德国引进"喀尼阿兰"蜂王，具有良好的经济形状，已大量繁殖推广。

## 二、改进技术，提高农业生产效率和效益

农作物栽培技术方面。1978 年从日本引进塑料薄膜地面覆盖栽培技术，用于蔬菜、瓜类、棉花、花生、薯类、糖料等作物，具有提高地温，保水、松土，提高肥效，防虫灭草，促进根系发育等功能，有利促进早熟增产，在全国大面积推广。1981—1993 年，从美国引进滴灌节水技术，在各地广泛应用。1989—1991 年，通过联合国开发计划署技术援助，引进了无土栽培设备与技术，得到示范推广。1982—2002 年，与加拿大钾磷研究所合作研究，经多点多种作物试验示范证明，增施钾肥可使作物增

产 11％～63％，其中水稻增产 15％，玉米增产 24％，小麦增产 25％，在各地得到推广。1992 年，茶叶研究所与国际钾肥研究所合作研究证明钾镁肥对提高红茶、绿茶、乌龙茶的产量和品质具有良好的作用，可以推广。1998—2002 年与国际硫肥研究所合作研究，证明茶园施硫肥，有明显增产提质效果，可增产 2.5％～23.8％，适用在山区沙质或有机质含量低的茶园推广。

农业机械方面。1996—1998 年，从日本引进常温烟雾作业技术和 6 台常温烟雾机，进行测试、试验，结合中国实际设计、改造、创新试制了 2 台 3YC－50 型常温烟雾机，效果很好，价格不到进口样机的 1/10，得到推广。1996—1998 年，从法国引进超低量雾化器系统和使用技术，经消化吸收创新，在塑料大棚中使用，得到广泛应用。1997—2000 年，从丹麦引进棉田除草剂、杀虫剂、杀菌剂和生长调节剂与液态肥料综合喷洒技术机具，经消化吸收和国产化设计，试验成功，得到示范推广。2000—2002 年，从德国卡尔公司引进 780 型平模秸秆颗粒饲料加工技术和设备，经消化，在国产化设计后，于 2003 年 7 月试制成功。鉴定认为，在秸秆颗粒饲料、牧草颗粒饲料、有机肥及其他农业和工业废渣的制造领域，有良好的推广前景。

柑橘现代化生产技术。原美国施格兰公司（法国威望迪公司）在重庆忠县援建柑橘技术中心，中方专家参与技术合作，引进优良品种与砧木，工厂化无毒容器苗 300 万株，建成 6 万亩优良柑橘加工原料基地，百万吨优质柑橘深加工产业化工程。中方专家赴澳大利亚培训，学习掌握柑橘黄龙病、溃疡病、衰退病、碎叶病、裂皮病等检测技术。

农业区域开发方面。中澳合作在研究黄土高原草地农业生态系统中，引进豆科牧草，如苜蓿、红豆草、草木樨和毛苕子，有利农牧业发展和改良土壤，控制水土流失，值得推广。在新西兰、澳大利亚专家指导下，云贵高原引进新西兰人工草地建设和牧场经营管理技术，草地种白三叶和燕麦草，提高了生产力，1.5 亩饲养 1 单位，绵羊每只产净毛 2.5～3.3 千克，相当于新西兰同类地区的水平。1986—2001 年与澳大利亚合作，在江西、湖南红壤地区种植威恩圆叶决明和达尔斯顿豆两种豆科牧草养畜，有利发展畜牧业和改良土壤，可以推广。甘肃高山草原地区，引进"春箭筈豌豆 2516、2560 品种"的豆科牧草，有利改善绵羊营养，增强绵羊体质，缓解牧区抗御干旱、冬春寒冷灾害能力。河西走廊引进抗逆力强的优良苜蓿品种，成为良好草业生产基地。

农产品加工方面。制茶技术。1998—2000 年，与英国联合利华研究所合作研究，将蒸汽杀青技术用于炒青绿茶的制造，提高炒青绿茶的品质（消除烟焦味，香味更佳）。2001 年对花茶制造，试用热风与蒸汽相结合的杀青方法制成的烘青绿茶，可比传统烘青法提高 40％的吸香能力，提高茉莉花茶的香气，又可降低成本。2002 年试制异形红茶，如红空剑、东方龙、金丝猴、红珍珠等，使红茶的外观形态多样化，更具市场潜力。2005 年，试制花香红茶（红茶有花香味）新产品，均获得成功，进而推广。1985 年，从意大利引进瓶内发酵大香槟酒技术和二次发酵所需的优良酿酒酵母菌种，进行了试验和利用，经 1992 年鉴定，得到成功推广。人参生产方面。1998 年从俄罗斯引进根瘤农杆菌菌株，培养后可用于诱发人参毛状根，形成更多的人参皂甙，可直接药用和食用。

畜牧方面。2000—2001 年，与俄罗斯家禽研究所合作，参考吸收俄方家禽饲养标准，制订我国鸡的饲养标准。南方水牛发展方面。1996—2002 年，通过欧盟援助项目，接受外国专家技术指导，对水牛育种、数据库开发、人工授精、乳品质量、牧草改良、兽医监控以及体外受精技术等都有所提高，有效地改善了广西水牛科研条件和杂交改良的配套服务体系，促进奶水牛产业发展。2002 年 11 月，在保加利亚专家指导下，开展水牛奶制品（酸奶、奶酪）的研究，成功地掌握了加工技术。

2000 年 9 月，在巴基斯坦专家指导下，进行水牛胚胎移植技术研究，生产了 22 头试管杂交水牛，其中 1 头是中国首例龙凤胎双犊。2004 年，在日本山口大学铃木达行教授指导下，进行水牛克隆技术研究，最终生产出 9 枚孤雌生育的本地水牛囊胚，初步掌握水牛克隆的关键技术，为水牛产业化事业快速扩繁，开辟了新途径。水牛研究所在良种繁育技术引进吸收的基础上创新，取得了五项世界第一，即胚胎水牛数量第一；第一头完全体外化水牛犊；第一头双胎水牛；第一次利用两种不同技术，使母水牛受孕并生产牛犊；第一例利用活体采卵、体外受精技术，通过沼泽型母水牛生出河流型水牛。

2003 年与韩国晋州产业大学合作研究，将我国濒临灭绝的五指山猪，异地保种成功，培育成世界上首批返交系数最高的猪种之一。可开发作为异种器官移植人源化基因的最佳供体，为医学事业作贡献。

## 三、防治病虫害与环境污染，保障生产、食品安全和健康生活

动植物病虫害和环境污染，不仅对农业生产造成很大损失，对人们的食品安全和健康生活也有很大危害，必须做好监测、防控，这是一项长期艰巨的任务。

蝗虫爆发时，会造成很大危害。与国际应用生物科学中心合作，从英国引进绿僵菌 10 株，从中筛选、培育出对我国多种蝗虫感染率高、致死时间短、抗干旱能力强的菌株。通过改进发酵工艺，研究开发出绿僵菌粉粒剂和油剂两种饵料，可在常温条件下，运输贮存，用于控制不同密度的蝗虫。研究掌握防治适期和施用技术，在实践中可大面积推广，既能迅速控制高密度蝗虫种群，又可长期有效，是低成本、可持续治蝗新技术，对人畜天然无害安全，已在内蒙古、新疆、青海、甘肃等地推广，有效治蝗，减少了损失。1960 年开始，与国际原子能机构合作研究，成功利用辐射不育防治亚洲玉米螟、桃小食心虫、柑橘大实蝇、棉铃虫和光肩星天牛等害虫。

农药方面。植保研究所引进筛选了氯化苦、威百亩、棉隆、阿维菌素等化学替代品，引进应用 VIF 膜、化学灌溉、热法施用甲基溴或注射使用氯化苦等，减少甲基溴化学替代品的使用量或增强使用效果的技术。在国际上首次开发了氯化苦胶囊和利用硫酰氟替代甲基溴进行土壤熏蒸。引进和改进了土壤蒸汽消毒、太阳能消毒、浮盘基质育苗、生物熏蒸、土壤有机质补充等非化学替代技术，以及蒸汽消毒机。

花卉蔬菜研究所通过引进菌种设备技术，研制出 3% 激活蛋白普绿通可湿性粉剂、枯草芽孢杆菌水剂、蓟马诱捕器、巴氏新绥伦螨的人工大规模饲养技术与田间应用技术，抑制重金属吸收的菌根制剂，秸秆腐熟剂，AMF 菌根，铅、铬、汞高特异性的单克抗体和 ELISA 检测技术，定虫隆等 9 种农药残留的 GPC - GC/MS 测定方法和标准，蔬菜施肥推荐系统，强酸性电解水装置样机，以及田间应用技术等 12 项 IPP 技术。通过引进、

消化、吸收，建立了针对北方节能型日光温室、南方露地和保护地蔬菜生产 IPP 技术体系，建立核心示范试验基地 120 亩，在全国辐射推广 18.4 万亩，显著减少了病虫害的发生以及农药和化肥的用量，降低了生产成本，提高了产品质量，减轻了对农业生态环境的污染。环保科研监测所与美国加州大学合作对农产品中农药多残留检测技术，采用固相萃取的前处理技术，运用气谱、液谱先进的测定方法，一次处理一次检出，快速扫描，在最短时间内确定农产品中有无违禁和超标农药残留，使我国农产品中农药多残留检测技术，在短时间内有所突破。在 2003 年全国各省会城市普遍采用，为农产品安全监测提供了有力支持。通过联合国粮农组织技术援助项目，也开发出农药快速测定技术（杀虫剂对硫磷、杀菌剂三唑酮及黄曲霉等霉联免疫吸附分析方法），简便、快速、灵敏、准确、重现性好，费用则是原来的 1/20，广泛应用于蔬菜、水果、谷物及各种环境样品痕量分析。该技术，除向全国推广外，还向亚洲地区推广。

禽流感防治方面。1994—2002 年，哈尔滨兽医研究所通过引进参考毒株和相关技术，研制成功禽流感分型诊断技术和 H5N2 亚型禽流感灭活疫苗，并形成最高日产疫苗 1 500 万羽份的规模化应急生产能力。2004 年，在国际上首次研制成功流感病毒反向基因操作疫苗——新型 H5N1 禽流感灭活疫苗。2005 年，在世界上首次研制成功 H5 亚型禽痘病毒活载体疫苗与新型 H5 亚型禽流感重组新城疫病毒载体二联活疫苗，特别是新的二联疫苗，可同时防治 H5 高致病力禽流感和鸡新城疫两种重大 A 类疫病，安全有效，成本低廉，易于操作和实施免疫，技术在国际上居于领先地位。

马传染性贫血病防治方面。我国与美国、荷兰合作，进行马传贫弱毒疫苗致弱与保护性免疫机理的研究，对马传贫弱毒疫苗的安全性、保护免疫性和致弱过程，以现代免疫学和分子生物学技术进行体内外的分析，除促进马传贫弱毒疫苗推向世界外，也为研制艾滋病减毒疫苗提供了模型。

上海兽医研究所，2001—2004 年与荷兰合作，研制出新型环保型抗生素饲料添加剂替代品——香菇、银耳、黄芪多糖及甘露寡糖，该成果达国际同类研究的先进水平。与美国、英国一些院校合作进行的家畜血吸虫病疫苗研究，开展血吸虫基因工程疫苗研究，处于国内外领先水平。与法国农科院合作，开展球虫、锥虫等重要畜禽寄生虫病综合防治技术，寄生虫功能基因组学与蛋白质组学动物寄生虫病诊断技术，球虫致弱疫苗，寄生虫杂交瘤技术，球虫、线虫的抗药性机理，锥虫抗原变异机理，寄生虫病免疫机理等研究领域，均处于国内领先水平。

生态环境方面。与英、美、日、加等国和全球环境基金会等一些单位合作，研究气候变化，反刍动物和农业废弃物与温室气体排放的关系，对农业生态系统的影响，取得了不少成果，提供政府决策部门参考。与美国和德国一些单位合作研究，动物废弃物处理（牲畜粪便），采取密闭仓式堆肥技术，静态通气堆肥技术和条垛堆肥技术，已在集约化养殖场示范推广。

多年生恶性杂草水葫芦在南方发展严重，危害很大，1994 年开始进行防治研究。从阿根廷、美国引进水葫芦象甲和盲蝽，在浙江温州繁殖释放，可以有效防治，获得推广。防治水稻病虫害方面。与国际水稻研究所合作，在云南试验研究，利用套种不同的水稻品种（生物多样性），可以防治真菌性病害和虫害，得到成功推广。1995 年，国际原子能机构资助钴源，运抵中国农科院辐照中心，江苏、山东、四川农科院共同参加合作，进行食品卫生安全的研究，取得成功，使辐照技术在我国食品安全保障方面得到应用和发挥作用。

原载《农业经济技术研究所通讯》2016 年第 7 期

# 对引进国外农作物种质资源的简要回顾

引进国外农作物种质资源，经过检疫、试种、鉴定后，能适应国内气候、生产条件、种植成功，就可推广利用。有的可以增加新的物种与产品，丰富发展经济需求；有的可以获得优质、高产、抗逆性强的品种，很快达到增产、增效的成果；有的可以利用不同的基因特性，作为遗传育种材料，选育创造新的优良品种，造福人民。但也可能带来病虫害的传播和有害生物的入侵，会造成灾难或巨大威胁与损失。要趋利避害，认真对待。

国际上，按平等互惠、互通有无、有来有往、等价交换、以宝换宝的原则，开展动植物种质资源交换，是友好合作的惯用方式与内容。新中国成立以来，随着对外交往的不断扩大，我国与国际间进行种质资源的交换与合作显著增加。据中国农业科学院统计，20世纪50—70年代，我国通过交换，引进农作物种质资源2万多份。改革开放以后，引进农作物种质资源约7万多份。在生产上直接利用的达200多个品种。全国长期保存的种质资源达39万份，居世界第一。

## 一、引进新的作物，丰富产品资源

我国主要栽培植物约600多种，其中粮食、经济作物约100种，果树蔬菜约250种，牧草绿肥作物约70多种，花卉药用作物约180种。在这些栽培植物中，约有300多种原产于中国，其余都是从国外引进的。

玉米原产美洲，现在已成为我国仅次于水稻、小麦的主要粮食作物，棉花是我国重要经济作物之一，其中陆地棉是国外引进的。甜菜、甘蔗、花生和芝麻等许多经济作物是国外引进的。现有栽培蔬菜200多种，其中国外引进的占80%。栽培的主要水果品种，如苹果、葡萄、甜橙、芒果、石榴、核桃、香蕉、菠萝、番木瓜等都是国外引进的。甘薯、马铃薯、蚕豆、黄瓜、番茄、向日葵、可可、咖啡、烟草等也是从国外引进的。

再如甜叶菊，可代替糖料，用于治疗糖尿病、肥胖病和防治小儿虫牙。粮饲兼用、抗旱高产的籽粒苋、德国的啤酒花、美国的西洋参，保持水土用的香根草，从东南亚引进红毛丹（类似荔枝）、橡胶、椰子，以及从非洲引进香料作物香草兰，从东非引进的龙舌兰剑麻，还有从中美洲引进的银合欢（可作饲料、肥料、燃料），都是新中国成立后引进的，成为新的产业。

1997 年，中国农科院从国际半干旱地热带作物研究所，将木豆引进广西和云南地带，成为退耕还牧、保持水土、荒山治理的重要作物。同时，其籽粒蛋白质含量高、可口，能作为粮食与蔬菜食用，茎叶可作家畜饲料。木豆的茎秆可放养紫胶虫和生产蘑菇的材料，经济效益好，已在扩大种植。近几年，我国南方云南、广东、海南、福建、四川等地，引进扩大栽培辣木，该树为多年生热带落叶经济树木，原产印度，生长快，易栽培，枝、叶、花、果、种子都有开发价值。叶片、果荚富有蛋白质、多种矿物质、维生素，既可鲜食，也可用于保健品和医药用，能抗癌、消炎、抗氧化、降血脂、降血压、保肝等功效，也可作为饲料、食用油等。据2014 年不完全统计，在南方已栽培辣木 4 万多亩，其中云南有 2.5 万多亩，农垦部门正在积极推广利用。此外，山西省静乐县，从南美引进藜麦，这种作物营养丰富，被称为"粮食之母"，值得示范推广。

## 二、直接利用推广高产、优质、高效的优良品种

引进综合性状好、适应强的优良品种，经试验、鉴定、示范后，直接在生产上推广利用，可以迅速提高产量、品质和经济效益。

水稻方面，从日本引进粳稻品种：世界—农垦 58、金南风—57、丰锦—农林 199、秋光—农林 238、青森—5 号等大面积推广；籼稻品种：引进国际水稻研究所的 IR24、IR8（适合南方）、日本农林 118（适合北方）广泛种植。引进的小麦品种可以直接推广的良种达 80 多个，最著名的如南大 2419、阿夫、阿勃、郑引 1 号，澳大利亚的碧玉麦等。棉花方面，引进美国岱字棉、无毒素（棉籽）的棉、彩色棉，转基因的抗虫棉等。油菜方面，从欧美引进的低芥酸和低硫化葡萄糖甙（无毒）油菜品种

奥罗、米达斯、托尔等。蔬菜方面，引进的国外品种约占 70%～80%。果树方面，引进较好的苹果品种，如金冠、红星、青香蕉、红玉、倭锦、印度、红富士、华夏（美八）等。葡萄品种：如玫瑰香，无核的保尔加尔、玫瑰露、康拜尔、黑菩提、巨峰、山葡萄等良种。柑橘方面，引进美国脐橙、夏橙、葡萄柚、柠檬等。还有美国的油桃"千年红"和"双喜红"，扁桃、大樱桃等。日本水梨、俄罗斯的软枣、猕猴桃、抗寒大果樱桃、沙棘、树莓、醋栗等。牧草方面，引进加拿大林肯无芒雀麦，卡尔顿无芒雀麦；美国雀麦属、鸭茅属、羊茅牧草等；俄罗斯的偃麦草、鸭茅、苜蓿、高燕麦草等，以及春箭筈豌豆；乌克兰的鲁梅克斯牧草；新西兰的普那菊苣（高产，营养丰富，再生力强）等，推广种植，对改善牲畜营养，增强体质起了良好的作用。

### 三、利用不同特性的遗产基因种质资源，选育创造新品种

对引进的种质资源进行试种鉴定，利用其高产、优质，生长期短、抗病虫害，旱、涝、热等能力等基因来杂交，选育改良当地品种或创新品种，进行示范推广。如 20 世纪 60—70 年代，水稻方面选用引进的亲本材料，选育出近 300 多个水稻良种，如吉粳 53、京越 1 号、沪选 19、双丰、松辽 2 号、京丰 2 号等良种。籼型杂交稻强优势恢复系，如 IR24、IR26、ZQ667、IR30、密阳 46、明恢 63、泰引 1 号等 60 多个，用来培育籼型杂交稻，起到很大作用。配置杂交稻组合，如威优 64、8 号、汕优 63、6 号、10 号、南优 2 号、汕优桂 33、南优 3、博优 64 等，生产上大面积推广。

小麦方面，利用澳大利亚碧玉麦与我国蚂蚱麦品种杂交，育成碧蚂 1 号小麦，在黄淮地区广泛种植，显著增产。还利用引进的智利欧柔小麦的优异种质育成新品种百多个。著名的农大 183、华北 187、北京 8 号、石家庄 407、泰山 1 号、丰产小麦、徐州 14 号等，以及育成北京系列、扬麦系列、豫麦系列、鲁麦系列、川麦系列等优良品系。玉米方面，选育出白单 4 号、中单 2 号、陕单 9 号等杂交种。利用引进的玉米优良自交系 M017，培育出单玉 13、烟单 4 号等高产、抗病，适应性好的优良单交种；还有中单系列、掖单系列、农大系列、郑单系列、鲁单系列等玉米杂交

种。另外，还有晋杂 4 号、辽杂 1 号等高粱品种。

引进的陆地棉种质资源育成新品种，超过 350 个。如中棉 12 号、鲁棉 1 号等大面积推广。利用岱字棉 15 号，选育出优良品系达 400 多个，在生产上广泛种植。其他作物方面，都有这样的事例。

热带作物方面，利用外来亲本材料，选育出橡胶新品种和 18 个热带牧草新品种。北有苜蓿，南有柱花草，还有 10 多个木薯新品种。

## 四、防治外来入侵生物

据统计，我国外来入侵生物物种已查明约 540 多种。其中大面积发生、危害严重的达 100 多种。在国际自然保护联盟公布的全球 100 种最具威胁的外来生物中，已入侵我国的有 51 种。绝大多数是通过风、水流动与动物迁徙或通过贸易与旅游带入传播的。

近十年来，我国相继出现动物性的福寿螺、西花蓟马、Q 型烟粉虱、三叶草斑潜蝇等 20 多种世界危险性与爆发性物种入侵。如松材线虫等 13 种主要农林入侵物种，对我国造成很大的直接经济损失。植物性的有害物种，如加拿大一枝黄花、飞机草、少花蒺藜草、紫茎泽兰、豚草，以及水花生（过去做过养猪饲料，繁殖快，污染水环境）等扩展蔓延，影响农业和人畜安全。已筛选出一些化学药剂和天敌，在重点地区集中开展灭除工作。

原载《农业经济技术研究所通讯》2016 年第 6 期

# 一些省市引进国外良种与先进技术的成果

为了加快农业科技进步，发展生产力，近年来我国多地积极引进国外优良品种和先进技术，取得了不少成果，有利推进农业实现优质、高产、高效、生态、安全目标。

现就收集到的一些片断资料，简介如下：

热带作物方面：引进咖啡、橡胶、椰子、芒果、油梨、夏威夷坚果、香草兰、剑麻，以及热带绿肥牧草：桂花草、银合欢、象草等优良品种，推广种植。热带作物研究院与荷兰皇家热带研究院合作研究"海南腰果开发"，为海南岛滨海地区和云南干热河谷地区发展腰果，提供了技术保障。

油菜方面：安徽省农科院与波兰合作研究，油菜菌核病病原菌的分子标志和毒性分组，鉴定选育出新品种"中油 821"品种，并育成新品种 7 个。青海、湖北等省从加拿大引进低芥酸和低硫代葡萄糖苷（无毒）油菜品种（奥罗、米达斯、拉尔登），推广种植。

河北省农科院与罗马尼亚农林科学院合作，引进油用向日葵精选杂交种及三系亲本种子制种技术。吉林省向日葵研究所与塞尔维亚作物研究所合作，育成杂交种"NS－JP－01"向日葵，示范推广。黑龙江省农科院引进波兰亚麻种质资源 7 个，大麻 3 个，配制成抗倒伏、抗病的亚麻杂交组合 10 个，杂交选育晚熟、高产大麻杂交组合 15 个，在生产上推广。

从美国引进玉米自交系（M017）在不同地区配制成"中单 2 号""丹玉 13 号"高产优质杂交种：引进"高油 115 号"玉米，高产、适应性强、抗病、耐旱力强，广泛推广。

陕西省果品研究中心，与匈牙利园艺与食品工业大学合作，引进樱桃良种，进行推广。福建省农科院与日本合作，引进枇杷优质种质 10 份，选出"城津 8 号"新品系，在宁德、莆田等地推广。

　　福建农林大学与韩国合作，引进韩国水稻新品种材料 400 多份，从中育成 4 个杂交组合，进行推广。吉林省农科院引进波兰玉米生产技术，在九台、乾安等鲜玉米生产区大面积示范推广。

　　山东省农科院引进波兰黄瓜品种，与当地黄瓜杂交，选育出 6 个好的杂交组合，推广种植。山东省寿光与荷兰合作，共建中荷蔬菜科技示范园，引进 7 000 平方米的智能温室和新品种，新技术，得到推广。

　　广西甘蔗研究所，引进古巴蝇，防治甘蔗螟虫的生物防治技术和甘蔗杂交育种技术，得到应用推广。甘肃省引进保加利亚玫瑰油精炼技术，提高了玫瑰花的经济效益。

　　南方地区从美国引进脐橙、夏橙、葡萄柚、柠檬等良种，有效提高质量与品质。不少地方学习引进美国的人畜安全、无毒、对环境污染程度低的农药技术和种子包衣剂技术，以及生物能源开发利用技术，有效改善农业生态环境，做到可持续发展。

　　我国地膜覆盖技术与美国应用的滴灌技术进行集成、创新，开发出低成本的"膜下滴灌系统"，节水 60％以上，节地 5％，节肥、节种子 40％，降低人工费用 70％，使作物增产 30％以上。值得推广。

　　浙江大学对饲用抗生素的使用与替代技术研究，经学习荷兰的经验，取得成功。福建省农科院与英国生物科学研究所合作，引进优良天敌捕虫螨，在柑橘、蔬菜、茶、果等作物上推广应用。江苏省北部上海农场（大型养猪场），建立从猪场到大田的地下粪水管网系统，从欧洲引进大型液态施肥机，成功解决了传统粪水还田的技术路径、利用效率等难题。

　　畜牧方面：广西引进澳大利亚良种牛"楼来牛"，在 30 多个县开展黄牛改良工作，生产杂交肉用牛；采用意大利水牛活体采卵技术以及体外授精技术，成功生产世界首例中国沼泽型本地水牛、奶用纯"摩拉"水牛，试制水牛奶酸奶和奶酪新产品，获得成功。

　　安徽阜阳与德国合作，引进乳肉兼用花斑牛 MOET 育种体系和胚胎工厂化先进技术，改进当地单纯肉用牛的品种，提高了综合效益。

　　中丹（麦）乳品技术合作中心，中荷（兰）—河南奶业培训示范中心，传授其先进饲养技术，推进奶业健康可持续发展。浙江省海洋水产研究所与挪威水产养殖蛋白质研究中心，共建海水鱼类营养饲料联合实验室，开展植物蛋白取代鱼粉、南极磷虾在水产饵料中的应用等研究，以提高饲养效益。

养蚕方面：辽宁省引进波兰桑蚕品种 2 个，野蚕茧 25 颗，黄色茧品种 2 个，白色茧 4 个，以培育彩色茧。安徽省农科院蚕桑所与日本东京农工大学合作"天然彩色茧丝的研制与开发"，研制出黄、橙、兰等 20 多种彩色茧及其配方，生产的"莱奇卡罗"彩色茧真丝服饰产品，多次获奖，深受消费者欢迎。

原载《农业经济技术研究所通讯》2017 年第 6 期

# 我国境外农业技术合作概况

我国境外农业技术合作，除援助发展中国家建立农业技术示范中心外，还组织与支持一些农业技术企事业单位开展境外农业试验示范推广和咨询、指导、培训、监测等技术服务，深受国际社会欢迎与好评。现将近年来的简况介绍如下。

2009 年，我国在塞拉利昂、柬埔寨、缅甸、菲律宾、刚果（布）、乌克兰、俄罗斯、智利、委内瑞拉等国进行杂交稻种植、种猪生产、花卉、果蔬种植技术试验示范，展示中国适用农业技术、中小型农机具和加工设施，对推动我国农业走出去，发挥了积极作用。在东南亚一些国家，实施高产优质农作物示范田建设，支持我国 12 家种子企业在柬埔寨、印度尼西亚、越南等国示范种植农作物优良品种 50 多个，带动良种出口 830 吨。我国杂交水稻良种已在 40 多个国家推广，每年种植面积达 1 500 万亩以上。

2010 年，我国在越南、柬埔寨、孟加拉、印度尼西亚、菲律宾、马来西亚、老挝、缅甸等国建立高产农作物示范田，总面积达 5 500 多公顷，每公顷水稻增产 4 吨；筛选出的一些良种注册登记，带动良种出口超过 1.3 万吨。在越南建设 4 个稻飞虱观测站，广西、云南在周边国家建设6 个动物疫病监测站或实验室。还与哈萨克斯坦开展联合治蝗，推动跨境动植物疫病防控合作。在中哈双方努力下，蝗虫迁入我国的主要虫源地（哈萨克斯坦东哈什）的蝗虫，成群迁飞宽度由 2006 年的 5～7 千米，减少到0.005～0.1 千米，近几年我国新疆未发生蝗虫从哈萨克斯坦迁入的事件，每年减少蝗灾损失 10 多亿元。

我国向尼日利亚、埃塞俄比亚、蒙古等 36 个国家派出 189 名技术专家与教授，提出政策规划 400 多份（包括措施建议），开展 184 项生产技术试验示范，编写讲义 124 份，举办培训班 157 期，受训人员 3 788 人次。

2011 年在埃塞俄比亚、巴基斯坦、孟加拉、缅甸、古巴等国开展农业技术示范试验。如湖北省种子公司在巴基斯坦、孟加拉、缅甸三国，建立水稻高产示范田 10 公顷。河北省在埃塞俄比亚试种杂交谷子，显示抗旱、高产。黑龙江省农垦派专家赴古巴指导试种玉米（黍粟米 2 号、丹玉 96 号品种），获得良好成果。四川省在孟加拉、缅甸、印度承担优质高产农作物示范田项目，种植 218 公顷杂交稻，成效显著。重庆中一种业公司杂交稻种子向亚洲一些国家出口。吉林省农垦帮助朝鲜种植水稻、玉米，亩产增加 50% 以上。安徽省在罗马尼亚合作，开展养蜂和蜂产品加工试点。

2012 年，在菲律宾、越南、泰国、柬埔寨、马来西亚试验示范我国蔬菜、玉米、香蕉等优良品种与配套技术示范，取得良好经济效益。在埃塞俄比亚和乌干达种植河北张家口杂交谷子，获得高产。在老挝试种"云粳 37"水稻良种，显著增产。山东冠丰种业公司，在巴西试验示范大豆、玉米、油棕等良种与栽培技术，很有成效。我国水产部门在东盟国家进行水产机械化养殖技术示范，然后向这些国家出口机械，转让技术。在斐济等岛国，合作建立远洋渔业基地，捕捞金枪鱼，互利双赢。

在塔吉克斯坦、孟加拉、斯里兰卡等国合作建立农业科技示范园，展示中国农业优良品种和先进技术，并协助培训人才。安徽袁氏农业、湖北种子集团、湖南隆平高科技公司、广东农科院、重庆中一、西南科联、国豪种业、四川农大高科技公司、江苏海逢子公司、广西旺旺大农牧公司等 10 多家企事业单位，在印度尼西亚、柬埔寨、老挝、孟加拉、巴基斯坦、越南、缅甸开展优质高产农作物示范项目。河南经研银海种子公司在塔吉克斯坦实施优质、高产农作物示范项目。吉林省农垦在朝鲜开展粮食种植示范项目，通过试验示范，一般均能增产 30% 以上，一批优良品种能在境外得到注册并扩大推广。

我国农业部在埃塞俄比亚建立农业职业教育学校，援助投资 2 700 万人民币，帮助培训农业技术人才。在越南建立 4 个稻飞虱观察站，在柬埔寨、缅甸建立 4 个动物疫病监测实验室。在哈萨克斯坦建立联合治蝗指挥部，有效防治蝗灾，减少损失。

山东寿光蔬菜产业集团 2013 年投资 800 万欧元，成功收购荷兰贝尔亨现代农场（6 万平方米高端智能蔬菜温室）和 4 万平方米育种研发基地，从事培养人才，学习育种技术，引进先进机械设备，并开拓国外市场。

中国、英国合作建立中英、非（乌干达、马拉维）三方合作项目，由英国出资 1 000 万英镑，中方转让农业技术，援助乌干达和马拉维两个非洲国家。

2013 年，广西在柬埔寨建立标准化蔬菜示范基地，并进行大棚、工厂化、无公害化、标准化种植示范推广，带动农民种植蔬菜，促进增产增收，供应市场需求。西南科联公司在缅甸建立试验站，示范杂交玉米（雅玉 899）3 100 公顷，平均每公顷增产 1 500 千克。重庆中一种业公司在孟加拉、柬埔寨、缅甸、越南，安徽袁氏农业科技公司在印度尼西亚、孟加拉、越南分别进行水稻、蔬菜良种试验示范，都获得良好增产增收成效。中国水产科学院淡水鱼研究中心承担纳米比亚水产养殖技术合作指导，取得互利共赢。

2013 年，我国还向非洲各国派出 297 名农业技术专家，帮助当地培训技术人员 4 633 人。

以上这些活动，有力推进所在国农业技术进步，提高农业生产水平，同时促进我国农业技术出口，加强境外农业合作，实现共同发展。

原载《农业经济技术研究所通讯》2017 年第 7 期

# 我国农产品国际贸易逆差扩大

中国是传统的农业大国，也是农产品消费大国，加入世贸组织前，我国农产品贸易长期出口居多，是农产品国际贸易的顺差国。2001年加入世贸组织以来，我国农产品国际贸易规模扩大。据海关统计，2002年农产品进出口贸易总值306亿美元，2010年达1 220亿美元，增加3.2倍，平均年增长19%；2011年我国农产品进出口总值达1 560亿美元。但从2004年起，我国农产品进口值超过了出口值，成为逆差国。2004年逆差46.4亿美元，2010年逆差233亿美元，2011年逆差340亿美元。突出的是土地密集型农产品的进口显著增加。

## 一、贸易政策变化

为加快市场开放步伐，农产品平均关税税率由加入世贸组织前的21%，2004年降低到15.8%，取消了农产品出口补贴，实行关税配额管理制度。小麦、玉米、大米、豆油、棕榈油、菜籽油、食糖、羊毛和棉花等实行配额内低关税、配额外高关税的管理政策。从2006年1月1日起，取消所有植物油的关税配额管理，实行9%的关税政策。2010年国家关税总水平降为9.8%，其中农产品平均关税降为15.2%。

积极发展区域自由贸易，与一些国家和地区建立合作经济体。2001年与东盟签署《加强全面经济合作框架协议》，2004年实施。2005年7月开始实施《中国与东盟全面经济合作框架协议货物贸易协定》，2007年1月签订中国—东盟自由贸易区（服务贸易协议）。2003年6月和10月内地分别同香港、澳门签订和实施《更紧密经贸关系安排》，2003年与巴基斯坦，2006年9月1日开始实施《亚太贸易协定》，2008年4月7日中国与新西兰签订自由贸易协定。这都提高了中国农产品贸易开放的程度。

合理利用世贸组织机制，维护公平贸易。我国先后颁布《中国对外贸易法》《反倾销条例》《反补贴条例》《保障措施条件》等法规，不断增强调查和裁决工作的透明度。2009 年把美国对中国禽肉采取的限制诉诸 WTO 争端解决机制，制定美国违反相关规则，2010 年中国采取征收反倾销税的制裁措施。

根据市场变化，采取临时干预措施，对一些工业原料加工农产品降低进口限制。如承诺棉花进口配额仅 89.4 万吨，后增加了 100 万吨配额。对天然橡胶的承诺关税为 20%，为维护国内橡胶制品发展，中国自主对天然橡胶实行选择税，天然胶乳从价税为 10%，烟片胶、标准胶等从价税为 20%，从低征收。为促进农产品出口，适当调节出口限制措施，如 2008—2009 年取消玉米、杂粮及其制品的出口暂定关税，降低小麦、大米及其制粉等出口暂定关税，提高罐头、果汁、桑蚕丝、玉米淀粉等深加工农产品的出口退税率。2010 年对出口活畜、活禽、水生动物以及免检农产品全额免收出入境检验检疫费，对其他出口农产品减半收取出入境检验检疫费等，以利于降低出口产品成本。

## 二、进口增长快于出口

我国由于工业化、城市化快速发展，人民生活逐步改善，对一些农产品需求不断增长，同时受各种自然灾害和国内外物价差额等因素影响，对粮、油、棉、糖、畜产品等进口显著增加。2002 年我国农产品出口值 182 亿美元，进口值 125 亿美元，2010 年农产品出口值 494 亿美元，进口值为 727 亿美元。2010 年比 2002 年进口值增加 5.81 倍，出口值只增加 2.71 倍。2011 年农产品出口值 610 亿美元，进口值则达 950 亿美元。劳动密集型产品出口稳步增加，土地密集型产品进口快速增加。出口方面，2002 年谷物出口 1 484 万吨，2010 年谷物出口仅 124 万吨。油籽、棉花等出口下降，水果、蔬菜等出口显著增长，2002 年出口蔬菜 467 万吨，水果 200 万吨，花卉 35 万吨。2010 年出口蔬菜 845 万吨，水果 507 万吨，花卉 60 万吨。进口方面，油料、谷物、薯类、棉、糖等增长很快。2002 年与 2010 年相比，油料进口由 1 196 万吨增加到 5 705 万吨；谷物进口由 285 万吨增加到 571 万吨，薯类进口由 176 万吨增加到 577 万吨，饼粕进口由 2 万吨增加到 210 万吨，棉花进口由 46 万吨增加到 300 万吨，糖料进口由 151 万吨增加到 256 万吨。我国棉花自给率由 99％下降到 77.6％，最低降到 64.9％。2011 年我国进口谷物和谷物粉 545 万吨（20 亿美元），大豆 5 264 万吨（298 亿美元），食用植物油 657 万吨（77 亿美元）。总的看，有利于保证市场供应与稳定物价，但也冲击了大豆等生产。

## 三、进出口市场变化

目前亚洲是我国农产品出口最大市场，美洲是农产品进口最大来源地。按贸易值计算，2002 年我国对日本农产品出口占农产品出口总值的 32％，对中国香港和韩国出口均是占出口总值的 11％，2010 年对日本出口仅占 19％，中国香港占 9％，韩国占 7％。2002 年对美国出口占农产品出口总值的 9％，2010 年则占 12％。马来西亚和印度尼西亚也是中国农产品出口市场，但比重不大，均占 3％～4％。2010 年对欧盟的农产品出口值约占 14％。美国是我国农产品进口的最大来源国。2002 年从美国进口农产品值占农产品进口总值的 22％。2010 年则占 26％。2011 年美国向中国出口农产品达 233 亿美元，平均每个农民向中国出口农产品近 4 000 美元。从巴西和阿根廷的农产品进口也在增加，2002 年从巴西进口占农产品进口总值的 9％，2010 年占 15％，2002 年从阿根廷进口占 7％，2010 年则占 8％。现在我国有一半以上的农产品进口来自于美洲国家。

## 四、我国农产品出口难度加大

目前农产品出口省主要是在沿海一带。如山东、广东、福建、浙江、辽宁、江苏、上海、河北、湖北、云南，其中以山东出口最多，约占农产品出口总值的 1/4。2010 年全国农产品出口企业 19 123 家，其中私营出口值 220 亿美元，约占出口总值的 45％。三资企业出口约占 40％，国有企业约占 15％。全国以初级农产品出口居多，2010 年初级农产品出口值 278.9 亿美元，占 57.2％，加工农产品出口值 209.9 亿美元，占 42.8％。出口成本上升 10％～20％，影响效益，利润增加的企业约占 1/3，持平与下降的占 2/3。农产品出口企业以中小企业为主，面临竞争激烈、薄利和升级的困难。急需国家对支持农产品出口的优惠政策。来自国外贸易壁垒因素在不断增加，如美国、日本、欧盟等国都加强了对食品检验的力度，提高进口门槛。

## 五、展望未来

目前国际市场农产品价格有上升趋势，国内市场则是暴涨、暴跌情况频有发生。油料、棉花、糖料等农产品由于国内水土资源紧缺、生产成本上升、自然灾害增多、产量增长缓慢，难以满足日益增长的需求；国内加工企业要求降低加工原料型农产品的进口限制，提供充足和廉价原料，依赖进口的趋势难以改变。

总的来看，加快发展农业生产，保障农产品供给，仍是我国社会主义现代化建设中一项长期而艰巨的重要战略任务，必须更加重视，不容放松。随着经济全球化的发展，面临开放农产品市场，经受价格、质量与农业整体素质竞争的挑战，从国内外两种资源、两个市场考虑，进一步发展农产品国际贸易，适当控制进口，保护国内产业，避免过多依靠国外，造成被动的风险；要下功夫，积极扩大有传统优势的农产品增产出口创汇，力求减少逆差，做到进出口值大体平衡或有顺差。

我们要扬长避短，参与国际分工竞争合作，调整产业结构，按我国人多、土地、水资源紧缺的特点，坚持可持续发展的战略思想，从有利于农产品国际贸易的整体利益，争取多出口劳动密集型农产品（等于进口短缺的水土资源），把出口初级产品逐步转向出口附加值高的加工农产品，增加创汇效益。要根据地区资源优势与特点，因地制宜建立相应的农产品出口基地，大力加强基础设施建设，向区域化、专业化、产业化、标准化、品牌化发展；要依靠科技进步，优化品种质量，实现高产、优质、高效、安全、生态，提高产后贮藏、保鲜、包装、运输、加工等质量，以优取胜，增强市场竞争力与国际信誉；要健全与加强国家与民间农产品国际贸易组织和管理机制，切实扩大农产品出口创汇效益。

原载《统筹城乡经济社会发展论坛》2012 年第 4 期

# 加强农业对外合作，
# 互利双赢，共同发展
## ——接受中央电视台农业频道专访

**问：十八大以来，我国农业对外开放明显提升，尤其是农业走出去步伐明显加快。希望介绍一下这方面的情况。**

答：党的十八大以来，在和平、发展、合作、共赢的对外方针指引下，我国农业对外开放水平明显提升。最突出的表现是，高规格的多边农业活动增加，如亚太经济合作组织、上海合作组织、中国与东盟、中国与中东欧、中国与拉美、中国与非洲、二十国集团等农业部长会议，不少在中国召开，有利提高中国农业的话语权与国际地位，扩大对外的影响力，这是软实力的增长。另一方面，我国加大了农业走出去的步伐，扩大对外投资力度，在境外创办农业企业，更好地利用国内外两种资源、两个市场，实现平等互利、共同发展，推进世界农业进步，为解决贫困和粮食安全多做贡献。

改革开放以来，我国倡导在农业领域开展"南南合作"。1985 年 3 月，中国水产集团公司首先到非洲开创合作捕捞，互利共赢，取得了良好的效益与信誉，逐步扩大了经营规模和范围。2013 年，农业部制定了《2013—2020 年境外农业资源合作开发发展计划》，支持由中机美诺公司牵头，成立中国境外农业开发产业联盟，鼓励推动企业强强联合，发挥各自优势，形成走出去的产业链。2014 年由农业部牵头，与发展改革委员会、商务部、财政部、外交部等参加的农业对外部际联席会议制度，统一协调、制定政策措施，加强扶持引导，积极推进农业对外合作事业。中国进出口银行、国家开发银行给予贷款支持，采取国家支持，市场为导向，企业为主体，项目为载体，政府服务为保障方式，围绕保障农产品有效供给和提升企业国际竞争力，在更大范围领域、更高层次上组织参与重点产业和区域的农业对外开放投资合作。2016 年，农业部又制定了《2016—2020 年农业对外合作规划》。在中国农科院成立了海外农业研究中心，建立了农业对外合作公共信息服务平台，成立了全球农业大数据与信息服务联盟，启动对外合作企业信用评价机制，征集重要的项目信息。同时，还举办了 8 个培训班，培训 800 多人次，有 100 多家知名大中型农业走出去企业参与，创建了农业对外合作人才培训基地。

据商务部统计，农业对外投资（存量）2004 年 8.34 亿美元，2010 年 26.12 亿美元。2013 年底，有境外农业企业 379 家，投资（存量）37.13 亿美元，遍及 71 个国家，解决东道国 10.9 万多人的就业，交纳税费 10 多亿美元，实现互利共赢。2015 年境外农业企业达 1 300 家，对外投资（存量）117.4 亿美元，扩展到 85 个国家，遍及全球五大洲，不仅是发展中国家，也有许多发达国家。仅中国进出口银行已向 90 个农业对外合作项目贷款 230 多亿元人民币。据 2016 年统计，我国在"一带一路"沿线国家农业投资 500 万元人民币以上项目，已达 185 个，合计 156 亿元人民币。

对外合作经范围很广，涉及粮食、大豆、饲料、饲草、油料、棉花、糖料、果蔬园艺产品、养猪、养禽、养兔、养牛及牛奶、水产、橡胶、油棕、剑麻、油橄榄、奶粉、农产品加工、葡萄酒等，还有农业机械、农药、兽药、沼气工程等，并建立了农业开发区、产加销一体化经营。业主有中央国有企业、地方国有企业、集体与民营企业，也有农民的小农场。目前，已拥有一批骨干企业，如中国水产总公司、中国农业发展公司、中国农垦发展公司等，特别是中国粮食集团公司，已收购了全球两大粮商的大部分股权。2020 年该公司总经营量可达 2 亿吨，成为国家粮食进出口战略的国家队。还有地方国有企业，如黑龙江农垦，云南、广东农垦等公司。集体民营企业，如伊利奶业、双汇食品、光明食品集团、蒙牛奶业等，正在发展壮大，增强国际竞争力。

**问：近年来，我国农业对外援助力度加大，为什么要援外？怎样援外？效果如何？**

答：中国是最大的发展中国家，与其他发展中国家同命运，共呼吸，心连心，都经受过强国的殖民欺压、掠夺与不平等待遇，农村贫困，经济落后，需要相互支持帮助，促进共同发展。新中国一成立，就力所能及地向发展中国家提供经济技术援助，作为国际义务和责任。中国援外的原则是平等、尊重，不附加任何条件，真诚无私，谋求共同发展，因而获得了发展中国家的信任和好评。1971 年联合国第 26 届大会，通过了由 23 个发展中国家提案——"有关恢复中华人民共和国在联合国一切合法权利"的决定（投赞成票的 76 个国家中，有 58 个是发展中国家）。我们不能忘记穷朋友们对中国政治上的支持。我国援外原则，一贯执行"量力而行，尽力而为""援人以鱼，不如授人以渔"，着重增强受援国自主发展、自力更生的能力。

随着我国经济实力增强，我们加大了农业援外的力度。近年来，通过双边和联合国粮农组织"粮食安全特别计划"框架，向发展中国家提供农业技术援助，采取建立农业技术示范中心，派出专家，提供咨询指导，传授、培训人才等方式，帮助他们提高生产能力。2008—2013 年，我国向非洲国家援建近 30 个农业技术示范中心，派出千名以上专家，来华培训技术人员 3 000 多人次。1996 年和 2014 年，我国分别向联合国粮农组织捐赠 3 000 万美元和 5 000 万美元的信托基金，支持"南南合作"项目。2014 年，又向非洲提供"现代化合作计划"，援助 600 亿美元，其中将建立中非农业科研机制（10＋10），配置仪器设备、专家，帮助推进非洲农业现代化建设。在肯尼亚援建中非联合研究中心，从事农业技术开发研究示范和培训高级人才。2014 年，李克强总理访问非洲，宣布帮助非洲实施"农业优质高产示范工程"，五年内为非洲培训 1 000 多名农技管理人才。同时向东盟和拉美国家提供农业技术促进项目，支持农作物育种、农业技术推广和人员培训。2014 年向上海合作组织捐赠 5 000 万美元，用于农业机械推广和人员培训。2015 年 9 月，习近平主席在联合国大会上宣布，为最贫困国家提供 20 亿美元的发展援助和增加对最不发达国家投资，力争到 2030 年达到 120 亿美元，其中都有农业方面的技术和教育援外项目。据商务部资料，2015 年底止，中国农业援外完成 270 多个项目，派出 1 万多人次的专家技术人员，帮助 100 多个发展中国家，在当地培训 18 万多名技术人员；同时来华培训的官员和技术人员共有 4 万多人次；还提供了一批农机、良种、化肥等物资，对促进受援国农业增产、增收，取得了良好的效益，深获好评。我国还向世界粮食计划署和一些受灾国家提供紧急粮食援助，仅 2016 年就向非洲 14 个国家提供 7 亿多元人民币的粮食援助，累计帮助发展中国家减少饥饿人口近 1 亿人。

原载《农业经济技术研究所通讯》2017 年第 8 期

# 走出去办农业企业的探索

随着经济全球化的发展，国际上通用国外农业资源与市场，兴办农业产业与农产品加工业，你中有我，我中有你，取长补短，进行生产技术经贸交流合作，推进互利共赢，共同发展。

我国农业的最大弱点是人多，水土资源紧缺，人均耕地不到世界水平的一半，居世界127位，人均水资源2 200立方米，只有世界人均占有量的1/4，居世界103位。争取利用国外农业资源，发展农业生产和其加工业，既可帮助当地开发利用农业资源，增加财富、扩大就业，也有利补充我国某些农产品供应不足，保障食品安全。从长远看，这是一项值得重视、发展潜力很大的福利事业。

目前一些农业资源紧缺的或发达国家，积极走出去在国外从事垦殖、种养加工企业，规模不断扩大。如日本在国外投资开发的农田达1 200万公顷，相当于国内耕地的3倍。欧、美、日、韩等国依靠大粮商和一些跨国企业，推进走出去，在境外办农业企业，如2008年韩国在蒙古、俄罗斯租赁土地58万公顷，英国Land Kom投资公司在乌克兰购置10万公顷农田，瑞典有2家公司在俄罗斯分别购置33.3万公顷和12.8万公顷农田发展垦殖事业。从土地资源较多的非洲来看，近东国家沙特、科威特、阿联酋、卡塔尔等国在那里购置和租赁的土地至少有5 000万公顷。就埃塞俄比亚而言，印度购置了100万公顷土地、吉布提购置1万公顷、沙特购置10万公顷，韩国、埃及、阿拉伯投资者都在那里购地，已有815家外国公司在那里签订农业开发合作项目，租金很低，每公顷年租金仅1美元。在苏丹，近几年，近9%的土地被外国投资者购置。美国德克萨斯一家公司在中赤道州租赁60万公顷土地，租期49年，每年租金总共2.5万美元。拉美的巴西、阿根廷，土地资源也较丰富，但法律规定较为严格。如巴西不让外国投资者直接购置土地，必须先注册公司，把资本汇入，通过中央银行立户，由公司置地或租赁经营，利润资本如汇出，需征收25％的税。但土地的租费也低，每公顷土地每年仅10美元。

## 一、中国在境外办农业企业概况

这方面的工作，由商务部主营。中国已与130个国家签订双边投资保护协定，为走出去投资办企业创造了条件。据商务部统计资料；我国农林牧渔对外投资从2004至2010年由8.34亿美元增加到26.12亿美元。在境外办了农林牧渔企业约有788家（依我看，统计不全，实际还多）。由最初的远洋渔业扩展到种粮油、园艺、橡胶、棕榈油、剑麻、养鸡、水产、奶业、兽药等方面，投资主要在东盟、俄罗斯，及中亚、非洲和巴西、阿根廷、澳大利亚、新西兰等国。从国内投资者看，华南主要在东盟国家开发利用橡胶、渔业、热带水果、棕榈油；东北、西北重点在俄罗斯及中亚国家投资生产粮食大豆和农产品加工；华东、西南重点在非洲、拉美及澳大利亚、新西兰、太平洋岛国开发农牧渔业和加工业。

农业部水产总公司1985年就最早走出去，在西非、远东、拉美以及太平洋、大西洋、印度洋开发渔业资源，作业渔船达2 300多艘，2011年捕捞产量达118万吨，运回水产品13万吨，供应国内市场。中国农业发展集团在非洲赞比亚、坦桑尼亚、几内亚、加蓬、加纳等国投资开发农业，已垦耕地1.6万多公顷，中国农垦集团总公司在非洲建了20个农场、10个农产品加工厂、10个农牧服务和贸易服务网点，还在澳大利亚、新西兰、法国和英国并购，开办农业企业4家，并购近100亿元，2011年盈利近亿元。

除这些国有企业外，地方国有、集体乡镇企业、民营企业也闯出去，在海外办农业企业和加工业。如黑龙江省牡丹江市2012年7月止，在俄罗斯远东地区开发土地340万亩，兴办农产品企业23家，建设大型综合农场5个，创办家庭农场400多个，年创收18亿元人民币。2010年，辽宁乐丰牧业集团与乌克兰农业联合体合资在乌克兰开办年产10万吨饲料厂和兽药厂。河北保定农民1.5万多人，在非洲27个国家建立28个点，经营土地 40 多万公顷，从事农业开发加工贸易综合发展。浙江卡森集团、上海光明集团、青岛瑞昌集团等企业也从事国外农业合作开发。2012 年上海鹏欣集团投资 10 亿元人民币收购新西兰 16 个奶牛牧场。上海水产集团公司在马绍尔群岛投资 1 000 万美元，兴建金枪鱼加工厂。

据彭博新闻社，2013 年 6 月 12 日报道：中国过去 5 年（2008—2012 年）累计投资 327 亿美元在国外购置食品资产与农场；再前五年（2003—2007 年）投资 42 亿美元从巴西到美国、澳大利亚收购食品资产。双汇国际以 47 亿美元收购美国史密斯菲尔德食品公司（拥有 460 座养殖场，与 12 个州 2 100 家企业订有合同）。2012 年 8 月中国在澳大利亚以 2.35 亿美元收购丘比公司（棉花生产和灌溉企业）。中国光明食品集团 2012 年 5 月收购英国维他美公司 60% 的股份（该公司估价 12 亿英镑资产）。报道综述：中国在巴西、澳大利亚、非洲南部、俄罗斯和欧洲部分地区扩大农业生产，在东南亚各国、澳大利亚、新西兰，扩大食品贸易投资，以获取安全食品。

## 二、议论与建议

从以上信息看，我国商务部和农业部对境外办农业企业的实况还不太摸底，当然也有可能统计口径不一、统计不全的问题；渠道多、分布面广、分散，难以全面掌握，但是确实存在：对这方面业务，国家缺乏统一的管理协调机制；企业国外投资风险大。如何支持保护走出去、国外创业？国家法律体制不健全、信息服务能力差。另一方面企业本身规模小、投资能力弱、层次低、创新能力差、经营管理能力不足、缺乏复合型人才，还有各自为战、无序竞争的问题。

目前我国农业水土资源紧缺；农产品贸易是逆差国、是世界农产品进口贸易第二大国；谷物、大豆、油料、糖料、棉花、橡胶以及畜产品等进口逐年增多。走出去办农业，既有必要，也大有潜力。建议国家予以重视，列入国务院、国家发展改革委员会的重要议事日程。农业部会同外交部、商务部调查研究，总结已有的境外办农业企业的经验教训，结合吸收国际经验，采取立法、建立专门机构、制定财政、金融、保险等支持政策，提供咨询服务；大力培养与选拔走出去的企业家与人才；广泛收集国外农业资源与有关法规的信息；通过政府间农业合作和对外技术援助等渠道，积极引导与扶植农业走出去，使我国农业在国际上发挥更大作用，为实施"和平发展、互利共赢"的外交战略作出应有贡献。

*原载《统筹城乡经济社会发展论坛》2013 年第 7 期*

# 一些省区农业对外合作的发展简况

随着我国农业对外开放的发展形势，除国家农业部渠道外，各省区市近年来都在积极地开展多方位、多层次、多领域、多形式的农业对外经济技术合作，互利共赢，对于推进我国现代农业发展与世界农业进步都起到良好的作用。现摘录一些片段资料，供大家研究参考。

**江苏：**2011年农业技术进步与外资项目20个，其中澳大利亚3个，主要开展农业优良种苗培育、名贵树木栽培、现代农业技术开发、食品开发等；美国9个，主要开展园艺种植、食品加工、水产养殖等；日本8个，主要开展园艺、农业技术开发、畜牧业等方面。沿海地区农科所在越南开展优质杂交稻新品种及栽培技术示范推广4 200公顷。

**广东：**省淡水名优鱼类种苗繁育中心积极推进与菲律宾的养殖合作项目，通过技术转让、技术合作、苗种出口等方式，在菲律宾民都洛岛开发1 000公顷罗非鱼、宝石斑鱼及对虾养殖基地，进行鱼虾混养，年产罗非鱼1.5万吨，宝石斑鱼1 500吨，对虾1 800吨。

**浙江：**省海洋水产养殖研究所与挪威水产养殖蛋白质中心等机构共建海水鱼类营养饲料联合实验室，开展植物蛋白取代鱼粉、南极磷虾在水产饵料中应用等方面的研究。与泰国东方大学海洋技术学院合作建立了中泰海洋技术联合实验室，对海洋生物资源有效利用、海洋环境与生态海洋动植物疾病以及海洋药物开发等方面开展合作研究。省里还举办了四届海洋生态文明国际论坛，第13届浙江省与韩国全罗南道海洋经济学术研讨会等。

**黑龙江：**大力推进对俄农业开发合作，合作范围由境外种植粮食扩展到棚室蔬菜、生猪、肉牛养殖、粮饲加工、种子繁育、仓储运输等领域。全省在俄发展棚室蔬菜50万亩，年出栏生猪5万头，肉牛2 000头，家禽3万只，还有大豆、玉米等深加工项目30多个，建立境外种子繁育基地 4 个，大型仓储设施 10 处。此外，还以引进技术为重点，邀请俄、日、韩、美、加等国农业专家，组织开展现代农业、中俄农业合作等研讨会、农产品进出口贸易培训等交流活动。目前已与 30 多个国家与地区建立广泛联系与合作关系，累计引进国外先进技术 65 项，优良品种 140 个，先后组织一些水稻、玉米、大豆生产市县农业专家赴日、韩开展技术交流活动，赴美、加、巴西开展大豆、玉米技术交流，赴德、比利时、以色列开展新品种、节水灌溉等技术培训活动。

**黑龙江垦区：**利用北大荒集团现代大农业高水平优势，全力推进境外垦区建设进程。2011 年在阿根廷、澳大利亚合资办示范农场和港口建设项目。在加拿大、乌克兰、古巴、安哥拉等国进行农业综合开发项目，在泰国开展木薯淀粉加工项目。

**云南：**组织实施中国云南与缅甸博固农业种植示范园，与老挝乌多姆赛农业科技示范园，与柬埔寨暹粒农业友好示范园建设。还与老挝、缅甸畜牧兽医部门合作在边境合建 8 个动物疫病监测试验站，先后建设示范园面积 300 多亩，带动辐射当地农田 10 多万亩，培训当地农业技术人员 500 多人，培训畜牧兽医基层技术人员 120 多人次，有效改善了当地农民生产和生活，并使粮食单产增长一倍以上。

**云南农垦：**到 2011 年止，在境外老挝、缅甸等周边国家发展禁毒替代种植的企业有 4 家，在越南合建医院一个，合作办高职院校一所。完成境外禁毒替代种植面积累计 19 万多亩。其中，在老挝种橡胶 6.92 万亩，在缅甸种橡胶 9.2 万亩、种甘蔗 3.12 万亩。云南农垦集团 2006 年 2 月在老挝成立云橡投资公司，从事开发种植橡胶、收购、加工、销售及有关贸易开发、种苗供应、技术培训等业务。到 2011 年该公司已在老挝北部 4 省 9 县建立 16 个基地，开垦种植橡胶 6.92 万亩，苗圃基地 1 063 亩，带动当地农民扩种橡胶 11 万亩，还建起了投产万吨橡胶制品的加工厂。

**广西：**在老挝利用双方农业合作试验基地，积极推广淮山药、红薯、芋头、玉米、黄瓜、柑橘等新品种，以及自动喷淋、灯光诱虫喂鱼等生态农业技术。广西格霖农业科技公司与越南广宁、琼山两省农业与农村发展厅签订全面开展马铃薯生产与销售合作协议，分别在琼山、高平、广宁等地各建 3 000 亩马铃薯出口基地。自治区积极举办广西与东盟蔬菜新品种展示、农业管理和技术培训，为老挝蔬菜种植经营培训等活动。与越南合作开展边境重大动物疫病防控试验站建设和植物病虫害防治合作等项目，有效提高中越边境地区的防控监测能力与水平。

**安徽：** 与近 20 多个国家的有关省、州建立良好农业合作关系，共签署合作协议、备忘录 22 份。通过国际合作先后从 40 多个国家与地区引进农业高新技术 3 500 多项，品种资源 2 万多份，同时以与境外合作伙伴成立联合研发中心，在境外建设研发基地，引进国外研发机构等方式，开展农业科技合作，还利用每年举办的合肥、上海、北京三大展览会及国际展览会，积极开展农业对外交流与合作。从 2005 年以来，全省共派出农业技术人员 50 余人，分别赴尼日利亚、加蓬、埃塞俄比亚、津巴布韦、安哥拉等国，推行农业技术援助项目。

**安徽省农垦集团：** 2010 年与津巴布韦合作，成立皖津农业发展公司，在津巴布韦开发土地 50 万公顷，设计总投资约 125 亿元人民币，能实现年生产粮食 525 万吨，年产值 135.8 亿元人民币，年净收益 19.2 亿元人民币，能显著提高该国的粮食安全水平。

**河南：** 经研银海种业公司与中亚国家合作，推广棉花和玉米良种。在吉尔吉斯共和国一些地区试种成功，籽棉单产提高一倍。还与哈萨克斯坦共和国开展良种推广、蔬菜大棚建设、灌溉技术推广等合作，在塔吉克斯坦建立中塔农业示范区，试种中国棉花、水稻、蔬菜品种和栽培技术。2011 年由省组派 13 个农业专家去尼日利亚、马拉维、马里等非洲国家进行栽培、水产、畜牧、兽医等方面的技术援助。省里还引进台湾百威集团来建设绿色有机循环农业产业化经营项目，总投资将达 116 亿元人民币，主要开发有机肥生产、种植与加工等。目前已在全省建设 6 个有机肥料厂。

**四川：** 从 1977 年以来，先后派出 100 多名农业专家和技术人员赴埃塞俄比亚、尼日利亚等国开展技术援助，并派出 57 名农业专家，帮助缅甸建设现代农业示范园区，提供新品种、新技术、新设施。四川国豪种业、川农高科、凯莱科技、盛裕种业、西南科联、阳光种苗等种子企业，推进种子走出去，近两年，全省杂交水稻出口到东南亚、南美和非洲国家的数量达 1 000 万千克以上。近两年，省农业部门以项目为载体引进外资

8 000 多万美元，增加投入，加快引进先进技术、信息等要素，促进农业发展的改革创新。

上海：2007 年上海水产集团投资 1 000 多万美元，在太平洋马绍尔群岛马朱罗建设金枪鱼加工厂。2011 年光明集团收购新西兰锡兰特牛奶公司 51％的股份。2012 年上海鹏欣集团投资 10 亿元人民币，收购新西兰奶牛场。

*原载《统筹城乡经济社会发展论坛》2014 年第 4 期*

# 我国农业在境外合作的发展趋势

进入 21 世纪以来，随着全球经济一体化发展，在和平、发展、合作、共赢的外交路线指导下，我国农业对外交往范围不断扩大，1979 年为 50 多个国家，现在与 150 多个国家有农业往来，不仅引进来，而且走出去，开展农业经贸、科技、投资以及援助的项目日益增多，国家、地区、企业、社团等多层次在境外合作，都有进展，对推进我国和世界农业生产贸易共同发展起到了良好作用。

现就我国农业在全球五大洲一些国家境外合作概况简介如下。

## 一、亚洲

亚洲人多地少，人口占世界一半，耕地只占全球 1/5，是开展绿色革命早且成效显著的地区。我国地处亚洲大陆，与亚洲国家开展农业交往与合作，有独特的地理优势。我国已与 30 个亚洲国家签订了双边农业合作协议，并与 21 个国家建立了双边工作组或联委会机制；还参与区域性多边的一些机制，如东盟（10＋1），东盟与中日韩（10＋3），大湄公河次区域经济合作，上海合作组织，亚洲合作对话，中亚区域经济合作，中国—阿拉伯国家联盟论坛，中日韩合作等，但与西亚等国家尚未建立合作机制。

### （一）农产品贸易

2009—2012 年我国农产品出口亚洲的金额由 235.34 亿美元，增加到 387.4 亿美元；进口金额由 115.17 亿美元，增加到 240.59 亿美元。出口主要是蔬菜、水果、水产品、饼粕和其他农产品；进口主要是植物油、粮食等。2012 年我国对亚洲农产品进出口贸易总额为 628 亿美元，占我国农产品进出口总额 36.8%，是我国农产品进出口的主要市场。

### （二）农业技术援助与合作

50 年代，我国援助越南办农场 8 个，农校 1 所，并援助越南的越中、富山、决胜三个农场种植橡胶。1976年援助柬埔寨建设大保、边江、棉米和克列四个橡胶厂。对朝鲜进行粮食援助，并派专家援建农业示范区。对蒙古派专家就畜牧、种植业、食品安全与技术推广等方面提供技术援助。在越南、老挝、菲律宾、柬埔寨、印度尼西亚、马来西亚等国建立农业技术示范中心，并进行杂交水稻试种推广。在柬埔寨建立种猪示范场，在老挝进行农村户用沼气示范，在缅甸进行橡胶苗木生产示范。广西在老挝建立中老农业合作试验基地，推广红薯、芋头、玉米、黄瓜、柑橘等新品种及自动喷淋、灯光诱虫喂鱼等技术；广西格霖农业科技公司与越南广宁、凉山两省合作发展马铃薯生产和销售合作，建立3 000亩马铃薯生产基地；广西万川种业公司在越南开展杂交稻和蔬菜新品种示范推广工作。江苏省沿海地区农科所在越南承担优质杂交稻新品种及栽培技术示范推广。广东省淡水名优鱼类种苗繁育中心在菲律宾民都洛岛合作开发罗非鱼、宝石斑鱼、对虾养殖基地。浙江省海洋水产繁殖研究所与泰国东方大学海洋技术学院合作成立中泰海洋技术联合实验室，在海洋生物资源有效利用、海洋环境生态、动植物疫病及海洋药物开发等方面开展合作研究。2002—2010年我国对东盟国家举办了80个培训班，培训农业技术和管理人员1 154人次，还开展农业技术与信息交流，并开设了大湄公河次区域农业信息网和上海合作组织农业信息平台。2013年安徽、湖北等10多家种子企业在印度尼西亚、柬埔寨等国开展优质高产农作物示范项目（成功注册50多个品种），推广良种73万公顷。广西积极举办广西与东盟蔬菜新品种展示交流会，并与老挝开展蔬菜种植与经营培训活动。云南省组织实施"中国云南—缅甸博园农业科技示范园""中国云南—老挝乌多姆赛农业科技示范园""中国云南—柬埔寨暹粒农业友好示范园"建设项目，与老挝、缅甸畜牧兽医部门合作在边境共建8个跨境动物疫病监测试验站，先后建设示范园地300多亩，带动10万多亩，培训当地农技人员500多人次，培训老挝、缅甸畜牧兽医基层技术人员120多人次，改善了当地农民生产生活条件，促进了农业增产。中国企业在柬埔寨兴办大米加工厂，帮助培训与提高加工能力与技术。中国一些种子企业在巴基斯坦、孟加拉从事水稻、玉米、棉花等生产试验示范推广。

## （三）农业经济合作

云南农垦多年来在老挝、缅甸等周边国家开展禁毒替代种植企业 4 家，完成禁毒替代种植面积 19.24 万亩。其中老挝种植橡胶 6.92 万亩，缅甸种植橡胶 9.2 万亩，缅甸种植甘蔗 3.12 万亩，还与越南合建医院与高级职业学校各 1 所。云南农垦集团公司 2006 年 2 月在老挝成立橡胶投资公司（天然橡胶种植、收购、加工、销售、种苗供应、技术培训），2011 年在老挝北部 4 省 9 县建立 16 个基地，开垦种橡胶 6.92 万亩，建成苗圃 1 063 亩，带动了当地农户种植橡胶 11 万亩，建成万吨橡胶制品加工厂，加工橡胶 1 625 吨，累计投资 1.28 亿元。孟连农场在境外边境沿线，进行橡胶开发种植，2011 年完成 7.1 万亩，投资 1.4 亿元，帮助当地发展橡胶 6 万亩。天津聚龙公司在印度尼西亚开发建设棕榈园。

黑龙江省在俄罗斯建立大棚温室蔬菜 50 万亩，年出栏生猪 50 万头，肉牛 2 000 头，家禽 3 万只，以及大豆、玉米深加工等项目 30 多个，建立境外种子繁育基地 4 个，大型粮仓设施 10 处。在泰国运作木薯淀粉加工项目。黑龙江牡丹江市在俄罗斯远东地区开发土地 22.6 万公顷，兴办农产品加工企业 23 家，建设大型农场 5 家，创办家庭农场 400 多个。2015 年 6 月中国华俄兴邦投资有限公司与俄罗斯外贝加尔边疆地区政府签订合同，在俄租用 11.4 万公顷土地，租期 49 年（还可能扩大，租到 20 万公顷），中方投资 27 亿元人民币，共同开发农业（种粮食、牧草、养猪和设施建设）。河南省经研银海种业公司与中亚国家合作，大力推广棉花、玉米良种，在吉尔吉斯斯坦奥什州、贾拉拉巴德州试种成功。该公司还与哈萨克斯坦达成了在良种推广、蔬菜大棚建设、灌溉技术推广方面进行合作，在塔吉克斯坦建立中塔农业示范区，引进中国棉花、水稻、蔬菜品种与栽培技术。

## 二、非洲

非洲面积约占全球 20%，有 50 多个国家，都以农业为主。其中一些国家政治不稳定，农村贫困缺粮，44 个国家粮食安全问题尚未解决。该洲总人口 8 亿多，1/4 人口营养不良；农业资源丰富，可耕地 8 亿多公顷，实际利用仅 1/4，生产潜力很大；有 30 多个国家临海，渔业资源甚丰。

## （一）农产品贸易

我国对非洲农产品贸易，1996 年进出口贸易总额仅 3.82 亿美元，2012 年达 52.78 亿美元，占我国农产品对外贸易总额的 3.3%，其中出口 24.79 亿美元，进口 27.98 亿美元。主要贸易国家为：南非、尼日利亚、埃及、摩洛哥、加纳、阿尔及利亚、多哥、喀麦隆、马里、津巴布韦、坦桑尼亚、埃塞俄比亚、布基纳法索等。

## （二）对非洲农业技术援助

20 世纪 70 年代，我国派一批农业技术人员到非洲 22 个国家，接替台湾农耕队援外任务。1979 年后，在搞好援外 19 个项目的同时，开展对外经济技术合作，引入市场机制，贷款支持，承包合作项目。2000 年中非合作论坛成立后，以建立农业示范中心、派专家指导或受援国派人来华培训等方式进行援外。2001 年开始，我国帮助埃塞俄比亚建立农业职业教育培训体系，中方派出教师 108 人授课，6 个专业 48 门课程办了 10 期，受教学生 6.6 万人次。自 2004 年起，通过多边、双边合作，在中国为非洲国家培训了 47 00 多名农业管理人员和专业技术人员，内容涉及农经、农业规划、农业管理、种植业、畜牧兽医、水产养殖、农产品加工、农机和农业工程等。2006 年 11 月在中非合作论坛北京峰会上，我国宣布建立 10 个有特色的农业技术示范中心，2008 年增加到 20 个。2011 年已建成 14 个农业技术示范中心，即赞比亚、坦桑尼亚、喀麦隆、刚果（布）、卢旺达、贝宁、多哥、利比里亚、埃塞俄比亚、苏丹、莫桑比克、乌干达、南非、津巴布韦，培训当地技术人员 1 300 多人次，推广良种与技术。还确定在马达加斯加、刚果（金）、安哥拉、马拉维、马里、毛里塔尼亚、中非、赤道几内亚、科特迪瓦、南苏丹、厄立特里亚等 10 个国家援建农业技术示范中心。

从 1996 年起，通过多边渠道，我国资助与联合国粮农组织合作，以粮食安全特别计划、南南合作途径，向尼日利亚、埃塞俄比亚、塞拉利昂、加蓬、马里、毛里塔尼亚、加纳等 7 个国家派出 800 多名农技专家，示范推广了 200 多项农业实用技术，为提高当地农业生产能力和粮食安全做出了贡献。通过双边合作，截止 2012 年 6 月，我国已向非洲派出 40 个农业技术专家组 349 人，协助培训传授技术经验；派出高级专家 104 人，赴 33 个国家帮助政府制定农业发展规划，提高自主发展能力。

### （三）农业科研项目

近年来，我国与在非洲的国际机构和非洲国家科研单位进行了科学研究合作。如浙江农业大学承担援助喀麦隆雅温得第一大学建立的微生物实验室，成功地从当地生产的木薯中提炼酒精酿造啤酒，用当地水果酿造果酒。南京农业大学帮助肯尼亚埃格顿大学农学院园艺实验室，成功进行了无土栽培种植蘑菇和蔬菜。中国农业大学援助科特迪瓦的穆苏克罗农学院，在食品保鲜贮藏加工方面取得成效。中国农科院哈尔滨兽医所与埃及有关科研单位机构合作，共同研发禽流感疫苗，收到良好经济社会效果。广西农科院与布隆迪农科院合作，开展蔬菜、玉米新品种筛选试种，从 35 个蔬菜品种中选出适合当地的叶菜、瓜类、茄果类品种 14 个，从广西玉米良种 109 份选出 26 个适合当地的玉米品种。

### （四）合作创办农业生产企业

1985 年中国水产集团公司率先派出 13 艘渔船去非洲合作捕捞，现已在非洲 13 个国家中实施了 23 个渔业合作项目，有渔船 450 多艘，年产 40 万～50 万吨。中国农业发展集团在赞比亚、坦桑尼亚、几内亚、加蓬、加纳等国开发农业，已垦耕地 1.6 万多公顷。中国农垦集团公司在非洲兴建 15～20 个农场，10 个农副产品加工厂，10 个农业技术服务和商业网点。黑龙江垦区在莫桑比克开办农场。我国青岛瑞昌棉业公司在赞比亚、马拉维、津巴布韦、莫桑比克采取公司加农户的合作开发，获得了中非基金和国家开发银行融资 8 000 万美元。山东外经集团联合鲁棉集团在苏丹拉赫德灌区开发 10 万亩土地，投资 6 000 万美元，建设规模化棉花种植，并兴建年产 2 万吨皮棉的加工厂。中方企业为发展肉鸡、蛋鸡生产，在几内亚创办世纪高大农场；在赞比亚生产的鸡蛋，占当地的 40%；在坦桑尼亚莫罗戈罗建立剑麻农场，2009 年生产剑麻纤维 2 000 多吨，效果很好。湖北万宝粮油集团公司在莫桑比克投资 2.89 亿美元，开发赛赛农业区，建成 4 个现代化农场（万顷良田），种植水稻，获得丰收，2014 年为 4 700 公顷水稻，每公顷超过 7 500 千克，起到示范作用。2010 年安徽农星集团与津巴布韦合作，成立皖津农业发展公司，在津逐步开发 50 万公顷土地，预计投入 125 亿元人民币，首期先建西西农场、温亚尼农场共计

1 800 公顷土地，项目全部实施后能实现年产粮食 525 万吨，年产值 135.8 亿元人民币，年净收益 19 亿元人民币。近年来，中信集团联合新疆生产建设兵团，中工国际公司联合黑龙江垦区，利用安哥拉政府石油抵押贷款，正在实施大型粮食加工和仓储项目建设，将开发 3 万公顷耕地，投资 3.6 亿美元。中化集团、中成集团、中联集团、中信集团、中兴能源、上海外经集团等大型企业在非洲成功运作或筹划开发橡胶、油棕、甘蔗、木薯、可可等生产。海南天然橡胶产业集团公司将在塞拉利昂开发 10 万公顷天然橡胶和 3.5 万公顷水稻，建立相应加工厂，可解决当地 3 万人就业，并带动 10 万人就业。2009 年，河北保定农民 1.5 万人，在非洲 27 个国家建立了 28 个保定村，经营土地 40 多万公顷。

## 三、欧洲

欧洲地处北温带，平原居多，海拔较低（200～300 米），气候温润，水量充足。大多数国家工农业发达，农业比重少，农牧业并重或畜牧业为主，集约经营，科技水平较高，单产较高，合作事业发达，产供销一体化，有国际竞争能力。西欧属发达的市场经济国家，东欧与苏联属中央计划国家。农业状况西欧优于东欧与苏联。目前欧盟是最大的经济集团，包括 27 个成员国，形成共同农业政策，支持与保护农业发展。

### （一）农产品贸易

中国对欧洲农产品贸易总额 2007 年为 115.02 亿美元，其中出口 70.08 亿美元，进口 44.94 亿美元。2012 年农产品贸易总额达 206.51 亿美元，占全国农产品贸易总额的 11.8%，其中出口 99.69 亿美元，进口 106.82 亿美元。

2013 年中国从欧盟进口动物产品和牲畜 28 亿美元，中国与罗马尼亚协议，未来几年将进口 30 万头牛和 300 万头猪。

### （二）农业技术合作

20 世纪 50 年代起，我国与东欧、苏联开始农业技术交流合作，进行交换种质资源、互访考察、学术研讨、技术交流等活动，并引进农业机械设备。改革开放后，法国和英国等从中国引去梅山猪品种（繁殖率高，肉质鲜嫩），改良当地猪的品种。近年，伊利集团与荷兰瓦赫宁根大学合作，建立欧洲农业研发中心。

### （三）农业经济合作

欧盟国家对外合作要求较严，但我国企业已进入欧盟市场。北京、上海、香港商人近几年在法国收购 50 座波尔多酒庄，每年向中国出口波尔多葡萄酒已达其产量的 10%。2014 年法方统计，法国出售葡萄酒庄面积 1.2 万公顷，其中 21% 的面积由中国投资者购买，而且集中在波尔多地区。该地区 193 个酒庄中，47% 由中国投资者收购。中国光明食品集团 2012 年收购英国维他美公司 60% 的股份（总资产 12 亿英镑），2014 年收购意大利萨洛夫集团橄榄油企业 90% 的股权和法国 diva 波尔多葡萄酒公司 70% 股权。中粮集团 2014 年收购荷兰尼德拉集团近半数股份（12 亿美元）。2014 年 1 月，中国圣元国际集团公司在法国布列塔尼地区投资 1 亿欧元，建设婴儿奶粉加工厂。

中东欧、独联体也是我国农业走出去的重要地区之一。天津农垦集团公司在保加利亚投资 1 000 万欧元（第 1 期），租赁 3 万亩土地种植玉米、苜蓿等饲料作物，运回国内用于发展畜牧业。黑龙江北大荒种业集团公司与乌克兰签订租地 1 万公顷进行农业开发协议。辽宁乐丰牧业公司与乌克兰联合体合作建设 20 万吨饲料厂。辽宁省投资集团下属的辽宁益康生物股份有限公司与乌克兰签订租地 1 万公顷，进行农业开发协议。辽宁乐丰牧业公司与乌克兰阿尔太生物技术有限公司合作生产动物疫苗和兽药。2013 年 6 月，新疆新建集团公司与乌克兰 KSG 农业公司合作，在乌克兰东部开发 10 万公顷农田，发展种植业和养猪。

## 四、美洲

美洲是全球农产品出口基地。北美（美国与加拿大）土地辽阔，地多人少，工业发达，自然资源丰富。南美（中美加勒比海地区和拉丁美洲）自然条件差别大，都属发展中国家，森林资源丰富，林地占一半多，沿海水产资源颇多。巴西、阿根廷地多人少，未开垦土地较多。南美洲国家在过去殖民时期的单一经营基础上，重视发展外向型农业，种植番茄、咖啡、可可、橡胶、剑麻、甘蔗和玉米、大豆、木薯等，并生产牛肉、畜产品及捕捞渔业等同时出口。

## （一）农产品贸易

美洲是我国农产品进口的重点地区。2012 年我国从美洲进口的农产品总额达 626.88 亿美元，占当年我国农产品进口总额 1 115 亿美元的 56.2%。

2007 年，我国对北美（美国、加拿大）农产品贸易总额为 143.49 亿美元，其中进口 104.10 亿美元，出口 49.39 亿美元；对拉美农产品贸易总额 124.36 亿美元，其中进口 115.41 亿美元，出口 8.94 亿美元。

2012 年我国对北美农产品贸易总额为 423.23 亿美元，其中进口 341.4 亿美元，出口 81.83 亿美元；对拉美农产品总额为 306.1 亿美元，其中进口 285.48 亿美元，出口 20.62 亿美元。

## （二）科技交流合作

美国引进中国大豆、水稻品种资源和生物防治与杂交水稻等技术。2008 年中美合作相互成立各自食品、饲料、药品安全监管机构，实行跨国监管。我国奶牛胚胎繁育的澳西姆公司与美国 GRI（精液）公司合作，投资 200 万美元，在美国建立配套实验室，以提高我国奶牛良种改良效率。

中国杂交水稻、动物疫病防控技术（尤其是马传染性贫血病防控）在拉美一些国家推广。中国还帮助他们建立农业技术推广中心和示范农场。2005 年以来，中国为拉美国家培训农业技术人员，传授水稻、棉花、蔬菜种植技术，以及畜禽养殖、水产养殖与捕捞、产后加工技术。山东省农科院与委内瑞拉建立农业科技合作与交流关系，帮助培训农产品加工、食品检测，建立示范农场。2005—2007 年，中国向巴哈马群岛、巴巴多斯、苏里南、特立尼达和罗巴哥派出 10 名农业技术专家，指导果蔬园艺栽培、家禽饲养、田间生产技术示范培训。2011 年，在巴西成立中国—巴西农业科学联合实验室；2014 年在古巴建立中古桑蚕研究所。

## （三）农业经济合作

2009 年江苏九寿堂生物制品公司投资 300 万美元，在美国开办奥通水产食品公司，加工销售速冻水产品。2013 年，浙江绍兴一个食品公司与美国合作，在密西西比河捕捞鲤鱼，供应国内加工水产品。北京德青源公司与美国史密斯菲尔德食品公司合作，建立大型沼气示范工程，年产气

350 万立方米，年发电 700 万千瓦，年减排 $CO_2$ 4.2 万吨，还将在农业废弃物的资源利用方面进一步合作，发展养猪场沼气工程建设。

2013 年中国双汇国际集团公司以 47 亿美元，收购美国史密斯菲尔德食品公司（拥有 460 座养殖场，与 12 个州 2 100 家企业订有合作合同）。伊利奶业公司与美国 DFA 牛奶企业合作，投资 1 亿美元，在美国建设生产 8 万吨奶粉的工厂，供应中国与其他国家市场。

在拉美地区，中国水产企业与拉美一些国家投资合作，进行捕捞渔业与白对虾养殖项目。2011 年黑龙江农垦集团在阿根廷、古巴等地合作进行农业综合开发。北大荒集团在阿根廷开发 23.4 万公顷种植大豆、玉米。重庆粮食集团在巴西投资 3.75 亿美元种植大豆，在阿根廷投资 1 2 亿美元，发展大豆、玉米和棉花生产。

## 五、大洋洲

大洋洲包括太平洋岛屿的大部分，陆地面积约占世界陆地 6%，是世界上最小的洲。属热带和亚热带，除澳大利亚内陆外，均属海洋性气候，各国之间气候差别大。人口稀少，农用土地 5 亿多公顷，草原面积占总面积一半以上。澳大利亚、新西兰为发达国家，以农业和矿业为主，放牧业发达，农业实行了机械化，小麦、羊毛、肉类、乳产品大量出口。但一些岛国贫困缺粮，渔业资源丰富，是对外合作的重要领域。

2011 年底，我国与澳大利亚、新西兰、斐济、巴布亚新几内亚建立双边合作关系，与瓦努阿图、巴布亚新几内亚、斐济和密克罗西亚 4 个南太平洋岛国签订渔业合作协议，与澳大利亚、新西兰开展奶业对话机制。

### (一) 农产品贸易

我国对大洋洲（主要是澳大利亚、新西兰）的农产品贸易总额，2007 年为 40.94 亿美元，其中进口 34.95 亿美元，出口 5.98 亿美元；2012 年贸易总额 124.17 亿美元，占全国农产品对外贸易总额 1 740.84 亿美元的 7.13%，其中进口 112.72 亿美元，出口 11.46 亿美元。

### (二) 农业技术援助

我国对太平洋一些岛国进行农业技术援助。2005—2009 年先后援助巴布亚新几内亚哈根农业技术合作项目早稻示范田，思加省坎德普农业试验站农业技术合作项目，以及水产品加工和冷库项目、菌草示范基地项目等，对斐济进行化肥援助、菌草项目援助。2009 年以来，我国加强与一些岛国农业援助并推动渔业合作。

2004—2007 年，在联合国粮农组织粮食安全特别计划框架下，与南太平洋岛国开展南南合作项目，向萨摩亚、斐济、汤加、瓦努阿图等 7 个南太平洋岛国选派 29 名农技专家，帮助种养技术服务（包括良种繁育、饲养家禽、淡水养殖、生产蔬菜和园艺作物等），并接受来华培训（水稻、蔬菜、蘑菇、茶、甘蔗、桑蚕、养猪、水产品养殖、捕捞、加工等）。

### （三）农业经济合作

从 1987 年开始，我国与一些岛国合作从事金枪鱼生产，目前在该海域的作业渔船已达 300 多艘，年产 10 万多吨，产值超过 10 亿元人民币。2007 年上海水产集团公司投资 1 000 万美元，在马绍尔群岛马朱罗建设金枪鱼加工厂。由于船队扩大，我国企业每年向南太平洋岛国交纳捕鱼费超过 1 500 万美元，加上在岛国港口补给、维修等费用，我国金枪鱼船队每年给岛国的贡献在 2 500 万美元以上。1989 年中国农垦集团投资 300 万美元，在澳大利亚昆士兰购地办农场，近年来，采取并购参股的办法，还在北部和西北部扩建农业基地。

2011 年中国光明集团在新西兰收购星兰特牛奶公司 51% 的股份，在澳大利亚收购马纳森食品公司 75% 的股份。华澳物种和新希望集团收购新西兰莱特森企业，从事畜牧业生产，新希望集团还与新西兰皇家农科院合作，在新西兰进行健康营养研究。2012 年，上海鹏欣集团投资 10 亿元人民币收购新西兰 16 座奶牛牧场。中国企业在澳大利亚以 2.35 亿美元收购丘比公司，从事棉花生产和灌溉企业。2014 年伊利奶业公司大洋洲乳业在新西兰投资 30 亿元人民币，建设牛奶深加工和奶粉等生产，4.7 万吨的生产线已投产。

我国是最大的发展中国家，也是世界农业生产与贸易大国。中国农业在国际上有着重要的地位和很大影响。我国一贯承担农业援外的国际义务。据商务部统计，到 2010 年底，我国农业共向 120 多个国家援建 229 个农业生产项目，89 个农产品加工项目和 75 个农业技术合作项目，派出大批农业技术专家进行技术援外。同时，还向发展中国家提供紧急粮食援助 38.4 亿元人民币，有效地帮助受援国解决缺粮困难，发展农业生产，改善人民生活。联合国和国际社会把中国作为农业发展典范。近十多年来，我国农业发展较好，但人口众多，水土资源紧缺；城镇化发展，人民生活改善，对农产品需求不断增长；农产品进口增多，农产品贸易逆差扩大，2012 年逆差达 490 多亿美元。2007 年，中央提出农业走出去，要利用国内外两个市场、两种资源发展境外农业，现已有良好快速发展势头。据商务部统计，农林牧渔业对外投资存量 2004 年只为 8.34 亿美元，2012 年已达 49.64 亿美元，2013 年达 71.8 亿美元。从上述各大洲情况看，实际投资额会超过统计数。如何办好境外农业，这是一项新的艰巨任务。境外经营风险较大，需要国家研究制定扶持鼓励保护政策措施，建议农业部协商有关外交、外贸、财政、金融、海关等业务部门，认真总结经验，研究存在问题，积极加以引导，保驾护航，着力推进互利双赢，顺利健康发展，争取国际良好声誉。

原载《农业经济技术研究所通讯》2015 年第 11 期

# 关注农业走出去
# 互利共赢发展境外农业合作

我国是 13 亿多人口的发展中大国，农业具有独特的成就，是用世界 9％的耕地、6.5％的水资源，养活着占世界 1/5 的人口，是举世瞩目的大事。但是也面临着新的挑战：一是我国人多，水土资源紧缺。人均耕地 1.4 亩，只相当于世界平均水平的 40％；人均水资源 2 100 立方米，仅为世界平均水平的 28％。1998—2012 年全国耕地面积每年平均减少近 1 000 万亩，农业发展受到很大制约。二是受气候多变与生态环境、农业资源退化的威胁正在加大。三是随着经济社会发展，城镇化、工业化进展及人口增加与人民生活的改善，对农产品的需求不断增长。四是农业劳力、生产资料、基础设施投入相应增加，成本提高，增收增效难度增大。因此需要考虑利用国内外两种资源、两个市场来进行合理布局，积极开展农业国际合作，进行农产品进出口贸易调剂，扩大投资，加强农业援外和境外农业开发，取长补短，合作共赢，推进世界农业进步与发展，确保粮食安全。这是我国农业发展的一个新的战略问题，应当认真研究对待。

1979 年改革开放以来，我国农业、农村、农民都有很大进步，农业对外经济技术交流不断扩大，特别是支援发展中国家振兴农业有所贡献，中国农业国际地位与信誉有了很大提高，为农业走出去，扩大境外农业合作创造了有利条件。

## 一、农产品国际贸易

我国是全球最大的农产品消费大国，目前也是第二大农产品进口国。全球农产品国际贸易总额 1990 年 4 000 多亿美元，2009 年 1.2 万亿美元。我国农产品进出口贸易额 2009 年为 913.6 亿美元，占全球的 7.6％。

我国 2001 年加入世贸组织，2002—2013 年农产品进出口贸易额由

306 亿美元增加到 1 867 亿美元，其中出口额由 181 亿美元增加到 678.3 亿美元，进口额由 125 亿美元增加到 1 188.7 亿美元。2014 年农产品贸易总额 1 945 亿美元，其中进口 1 225.4 亿美元，出口 719.6 亿美元。从 2004 年开始，我国农业贸易由顺差转为逆差，逆差不断扩大，2004 年为 11.3 亿美元，2013 年为 510.4. 亿美元，2014 年为 505.8 亿美元。

进口的农产品数量有所增加。如 2014 年进口谷物 1 951.6 万吨（出口 76.9 万吨），净进口 1 874.7 万吨，大豆 7 140 万吨，食糖 349 万吨，棉花 267 万吨，棕榈油 532 万吨，豆油 114 万吨，还有橡胶、畜产品等。出口创汇多的主要是水产品、蔬菜、水果、特产等劳动密集型产品。

现在我国为粮食生产量、库存量、进口量"三增"。这不完全是不够吃，而是由于国内外差价大。自 2012 年起，国内粮价高于国际市场，大米、小麦、玉米价格超过国际市场 40%～50%。2012 年的大豆价格国际上每吨为 600 美元，2014 年降到 400 美元。进口便宜，有利可图。

我国农产品进口依存度，2001 年为 6.4%，2011 年为 11.8%，其中大豆依存度高达 90%。粮豆进口量已近 1 亿吨，突破了自给率 95% 的红线。据预测，今后几年内，每年对农产品需求的刚性增长为：粮食 400 万吨，肉类 80 万吨，食油 100 万吨。专家们测算，目前进口粮油大体使用 8 亿亩播种面积，相当于我国播种面积的 1/3，预计到 2020 年中国主要农产品产需缺口相当于 10 亿亩左右播种面积的产出。

粮食问题是治国理政的头等大事，必须继续抓紧，毫不放松。要坚持立足国内，确保产能，并要很好地利用国外农业资源与市场，把握好进口规模，加快农业走出去步伐，合作开发境外农业，互利双赢建立巩固的粮食基地，共同发展，推进世界农业进步和保障粮食安全。

## 二、农业援外

我国是最大的发展中国家，一贯倡导"南南"农业技术合作，促进各国农业和谐发展。中国农业实用技术适合于发展中国家，如杂交稻、种稻、蔬菜、棉、糖等的栽培，橡胶、剑麻，设施农业、农机具、农用沼气、农村新能源、动物疫苗、水产养殖、养猪、养鸭、种植绿肥等，以建设农业技术示范中心和培训人员等援外，推动技术改进，发展农业和农村经济，减轻贫困、缺粮的局面。据商务部 2010 年统计，我国农业对外援助累计达到 71.4 亿元人民币，占同期援外总额的 5.2%，共向 120 多个国家援建了 229 个农业生产项目，89 个农产品加工项目和 75 个农业技术合作项目，有效地提升了受援国的生产水平，增加生产，缓解缺粮状况，增加农民收入和改善人民生活，获得受援国政府与人民的好评。到 2010 年止，我国还向发展中国家提供紧急粮食援助累计达 38.4 亿元人民币。我国还通过多边渠道进行农业援外。其中向联合国粮农组织捐赠，在粮食安全特别计划框架下南南合作基金，1994 年提供了 3 000 万美元，2014 年又提供 5 000 万美元。对亚非拉和太平洋地区的发展中国家进行农业技术援助。2015 年 9 月，习近平主席在联合国大会上宣布：将向发展中国家提供 20 亿美元的发展援助，其中六项 100 个减贫项目中，就有 100 个农业合作项目。

为服务于整体外交战略举措，承担国际义务善举，农业部门应尽心尽力，进一步做好农业援外工作，吸收过去经验，使之发挥更好的效用。①关键要有计划地培养、选拔技术，建立派出专家队伍。农业周期长，需多年持续投入工作，不是短期行为。素质要过得硬，包括业务能力，艰苦创业，政治品德好，外语过关，了解掌握国外农业概况。②搞好项目设计，与受援国共同制定规划，双方参与，充分反映受援国的需求和中国的技术优势，目标明确，重点突出。③要发挥专家团队优势，每个专家组根据项目内容，搭配好 3～5 个专业人员，实干苦干，确保工作的连续性、系统性，还要由受援国协助配备必要的设施条件。④健全完善外派政策支撑和保障体系，包括培训、选拔、财务管理以及津贴、待遇、奖惩、考核、晋升等细则，充分调动专家的积极性。

## 三、对外投资，兴办农业企业

2007 年中央 1 号文件提出加快农业走出去的战略。近年来以国营企业（包括中央、地方）、民营企业、社团采取直接投资、合资、并购、租赁等方式，对外兴办农业企业。内容包括粮油作物、棉花、橡胶、园艺作物的种植加工，畜牧养殖与加工，兽药、物流体系与设施农业建设，远洋渔业捕捞加工以及森林资源开发等。据商务部 2013 年底统计，中国农林牧渔对外投资企业共 254 个，投资存量达 71.8 亿美元，实际情况可能超过统计数字规模。据农业部 2013 年资料，中国农垦在 42 个国家建立了 113 个境外企业和发展项目，种植面积 26.67 万公顷，当年生产粮食 100 万吨以上，产值 194 亿元人民币。从事粮、油、糖、橡胶、畜禽等主要产品的生产、加工、销售综合经营。农垦集团要进一步实施联合、联盟、联营三大战略，以谷物、橡胶、奶业等产业为主导，尽快推进产业化、集团化、股份化，今后 5 年走出去，建设开发垦区土地达 1 亿亩，再建一个新农垦。2013 年中国双汇国际集团公司以 47 亿美元收购美国史密斯菲尔德食品公司（有 460 座养殖场，并与 2 100 家企业有合作）。伊利奶业公司在新西兰投资 30 亿元人民币建设牛奶加工企业。重庆粮食集团在巴西投资 3.75 亿美元开发大豆生产；在阿根廷投资 12 亿美元，发展大豆、玉米和棉花种植生产。2014 年中粮集团投资 28 亿美元，收购香港来宝集团（农产品贸易）51％股权，收购国际 Nidero 集团（农业）51％股权。中国圣元国际集团在法国布列塔尼地区投资 1 亿欧元，建设婴儿奶粉加工厂。2015 年 6 月，黑龙江华俄兴邦投资公司投资 27 亿元人民币，与俄罗斯外贝加尔边区政府合作，租用俄国 11.5 万～20 万公顷耕地，共同开发粮、草、猪设施农业建设。

从发展趋势看，需要注意的问题是：①企业小而分散，缺乏统一指导和协调。如北京、上海、香港商人近年在法国纷纷收购波尔多葡萄酒庄，向中国出口葡萄酒。据法方反映，波尔多地区 1.2 万公顷葡萄园，其中 21％都被中国投资者收购。②不了解国外背景，容易遭遇投资风险。如黑龙江、辽宁、新疆一些企业，在乌克兰办了不少农业企业。目前那里局势动乱，影响正常生产销售。③法律纠纷逐年增多。如不熟悉当地的租地期限、劳务雇佣、工资总额、税收情况以及产品输出、设备生产资料进口、融资等规定，会遭遇麻烦。

发展境外农业企业，属新兴大业，涉及国家整体利益，需要有关部门（如发改委、外交部、财政部、商务部、海关、税务、外汇、金融、保险、交通等）统筹协调，规划引导，制定支持、咨询、服务、保护等政策措施，推进把这项事业办好，实现互利双赢，共同发展，为民造福，为国争光，树立良好国际声誉。

原载《农业经济技术研究所通讯》2015 年第 12 期

# 境外农业合作园区

随着经济全球化发展，我国按互利共赢、取长补短方式，在境外创办经贸合作园区。不断增加。据商务部资料，截至 2012 年，我国已在 13 个国家，建设了 16 个经贸合作区和近 20 个省级境外经贸合作区，创造了 150 亿美元的产值。境外合作区涉及加工、制造、商贸、物流、农业等领域。经贸合作区建设与"一带一路"沿线各国，乃至亚、非、拉地区都有中国企业兴建的合作区。2014 年我国中机美诺公司牵头成立了中国境外农业开发产业联盟，鼓励企业强强联合，发挥各自优势，形成农业境外投资企业产业链。

目前，在建的境外农业合作项目区，有国家级、省级和企业办的多种形式。简况如下：

中国与苏丹农业部门联合推动建设中国苏丹农业合作开发区，分三期进行。2013—2015 年起步，2016—2019 年快速发展，2020—2022 年全面推进，涉及种植、养殖、加工等各项目，分类实施。

吉林省兴建三个，有中俄远东农业经济贸易合作区，中国赞比亚农业合作区，中国哈萨克斯坦现代农业示范区。还推动在俄罗斯滨海边疆区投资 2 亿美元，建设产、加、销服务一体化的农牧业产业园区。

黑龙江省发改委批准建立中国俄罗斯滨海边疆区现代农业经济合作区，计划总投资 13.5 亿元人民币，2012 年开始实施。当年投资 1.4 亿元人民币，计划开发土地 20 万公顷，2014 年已开发 4 万公顷，打算 5 年完成。开发区将辐射 68 万公顷，设有 14 个分区。

湖北省商业厅、农垦集团、农业厅联合支持推动在东部非洲莫桑比克建设中国莫桑比克农业产业合作开发区。

安徽省农垦集团在东非津巴布韦组建经贸合作区，以农业生产加工为主，计划开发 50 万公顷土地，成立了皖津合作开发联盟，由安徽农垦集团引领省内有关企业走出去，积极参与合作开发区建设。

中地海外集团在西非的尼日利亚建设农业展示园区，带动中国农业机械、水稻种植技术、稻米加工设备产品走出去，提高当地粮食生产，并通过农业产业化经营与开发，把原来的示范农场扩大升级为农业产业合作区，扩大效应。

天津聚龙集团在南亚的印度尼西亚建设农业综合开发区，种植油棕，以加工为主。已建2万公顷棕榈种植园，计划在苏门答腊岛和加里曼丹岛分别建立产业园，面积扩大到20万公顷，棕榈油产量预计达到100万吨。

原载《农业经济技术研究所通讯》2016年第5期

# 我国援外的农业技术示范中心

  我国农业援外，以建设农业技术示范中心为中心，帮助发展中国家改进农业技术，推进农业迅速发展，以利解决贫困缺粮问题。

  2006 年，在第三届中非合作论坛上，我国宣布在非洲建设 10 个农业技术示范中心，在实施过程中，增加到 14 个。2009 年，在第四届中非合作论坛上，我国宣布援助的农业技术示范中心增加到 20 个。

  农业技术示范中心的目标是，促进受援方粮食增产，改进农业技术，提升粮食安全水平，搭建我国企业在非洲发展的平台，推动农业走出去。具体任务需要做好四方面的工作。①把中国的良种、栽培、管理技术措施，需因地制宜，在当地先行试验研究，取得成功后，才能示范推广。②在做好技术示范的同时，培训当地农民，传授农业技术和科学知识，使他们正确掌握使用。③认真调查研究，总结经验，与受援方合作，扩大推广，搞好互信关系，推进我国农业走出去。④农业技术示范中心，自身要能可持续发展，中方专家撤走后，立足于保证自主运营，自负盈亏，自我发展。

  建设中心项目，需中方与受援方充分协商，密切合作配合。中方派专家组人员，受援国配备相应人员。每一项目，中方出资 4 000 元人民币，由中方设计规划，配备相应仪器设备等，受援方协助实施。项目建成后，移交给受援国政府，进入运营。

  运营期分两个阶段：第一阶段是三年，为技术合作期，建设与运用费用由中方承担援助。第二阶段，移交受援方，为自主运营期，中方不再提供援助资金，由中心自主运营，自负盈亏。每个项目，由中方指定企事业单位及经济实体，承担其援建任务。

  现将近年来，我国在非洲援建的农业技术示范中心列表如下（统计不完全，仅供参考）：

| 国家 | 援建单位（承担） | 进度 | 重点领域 |
|---|---|---|---|
| 贝宁 | 中国农业发展集团 | 2011 年 3 月开始 | 玉米、蔬菜、蛋鸡、养猪 |
| 喀麦隆 | 陕西农垦集团 | 2010 年 4 月开始 | 水稻、玉米、蔬菜、木薯、鸵鸟养殖 |
| 刚果（布） | 中国热带农科院 | 2012 年 1 月开始 | 蔬菜、木薯、玉米、肉鸡、蛋鸡 |
| 埃塞俄比亚 | 广西八桂农业科技公司 | 2012 年 6 月移交 2015 年 1 月自营 | 蔬菜、玉米 |
| 利比里亚 | 袁隆平农业高科技公司 | 2012 年 1 月开始 | 水稻、蔬菜、玉米、养猪、培训 |
| 莫桑比克 | 湖北农垦事业管理局 | 2011 年 7 月移交 2015 年 5 月自营 | 粮食、蔬菜 |
| 卢旺达 | 福建农林大学 | 2012 年 4 月开始 | 水稻、蚕桑、菌草 |
| 南非 | 中国农业发展集团 | 2011 年 1 月验收 | 淡水养殖 |
| 苏丹 | 山东对外经济合作集团 山东省农科院 | 2011 年 6 月移交 | 小麦、玉米、棉花、花生、蔬菜 |
| 坦桑尼亚 | 重庆中坦农业发展公司 | 2011 年 4 月移交 | 水稻、玉米、蔬菜、香蕉、蛋鸡 |
| 多哥 | 江西华昌基建工程公司 | 2001 年 4 月开始 | 沙土改良、水稻 |
| 乌干达 | 四川华侨凤凰集团 | 2010 年 12 月开始 | 饲料、罗非鱼、淡水养殖 |
| 赞比亚 | 吉林农业大学 | 2012 年 3 月开始 | 玉米、大豆 |
| 津巴布韦 | 中机美诺科技公司 | 2011 年 10 月完工 | 玉米、大豆、马铃薯 |
| 中非 | 山西国际公司 | 2012 年 12 月开工 | |
| 刚果（金） | 中兴能源刚果（金）公司 | 2012 年开工 2014 年 9 月移交 | 灌溉、水稻、蔬菜、旱作农业 |
| 马拉维 | 中非棉业马拉维公司 | 2012 年 7 月开工 | 棉花、水田 |
| 毛里塔尼亚 | 黑龙江牡丹江市燕林庄园科技公司 | 2012 年 11 月开工 2015 年 12 月移交 | 配套设施 |
| 马里 | 江西紫荆花纺织科技公司 | 2012 年 7 月开工 | 粮食、畜牧 |

原载《农业经济技术研究所通讯》2016 年第 10 期

# 境外农业产业的发展概况

改革开放以来，我国农业企业在农业境外技术合作的基础上，在境外农业产业合作有了很大发展，并取得了良好效益和信誉。随着经济全球化的发展，将有更广阔的合作前景。

1985年我国水产总公司首先走出去，到西非合作捕捞生产，以后很好利用国内外两种资源，两个市场，加快了农业走出去的步伐。在和平友好，相互尊重、平等协商、优势互补的原则下，广泛开展互利共赢合作，推进农业共同发展，繁荣市场经济。一些国有企业、地方与民营企业，乡镇企业，利用境外农业资源和我国的资金、技术，采取租赁、独资、合资、补偿等各种形式，合作兴办各种农业产业，包括粮、油、棉、糖、菜果、饲料、养猪、禽、兔、奶牛、奶制品、油橄榄、油棕、橡胶、剑麻、葡萄酒、渔业等生产、加工、物流、还有良种，兽药、农机具等推广，有的还建立农业综合开发区、产加销储体系产业链。重点在亚洲、非洲、拉美等发展中国家与新兴市场国家，也有欧、美、澳大利亚、新西兰等一些发达国家。

据商务部统计资料，我国农、牧、渔、林领域对外投资存量：从2004年至2010年由8.3亿美元增加到26.12亿美元。2013年对外投资农业企业379家，投资存量37.13亿美元，遍及71个国家，解决东道国十多万人就业，并提供了税收。

近年来，国家重视发展境外农业产业，作为一项战略性措施。2013年农业部制定《2013—2020年境外农业资源合作开发的发展计划》，加强组织领导，支持中机美诺公司牵头，成立了中国农业境外农业开发产业联盟，鼓励推动企业强强联合，发挥各自优势，形成走出去的产业链。2014年国家进一步重视农业对外合作，成立了农业对外合作部际联席会议制度，农业部牵头联合有关部委统一协调、给予政策，贷款的扶植与支持，以市场为导向，企业为主体，项目为载体，政府服务为保障，围绕保障农产品供给和提升企业国际竞争力，在更大范围领域，更高层次上组织参与重点产业和区域的农业对外投资合作计划。大多数省市自治区也相应地建立工作机制并拟定农业走出去的规划。2016 年农业部又制定了《2016—2020 年农业对外合作规划》，还成立了海外农业研究中心、有关信息服务平台、为走出去农业企业培训人才和项目信息与评价等工作体系，确保境外农业产业健康发展。据商务部统计资料，农、牧、渔、林业对外投资存量 2012 年为 49.64 亿美元，2016 年为 148.85 亿美元，遍及 105 个国家与地区，有 1 300 多家企业。另有报道，2016 年底我国在 100 多个国家与地区，农业对外投资 500 多个项目，投资存量累计 1 800 多亿元人民币，统计难以齐全。

我们应当看到：当今全球仍有 8 亿多人缺粮与营养不良，亟待增加农产品生产和供应，任务艰巨。我国农业尽管有了很大发展，但人民生活改善，对农产品需求不断增加。人多，耕地少，水资源紧缺（人均耕地只有世界平均水平的 1/3，人均水资源只有世界平均水平的 1/4）。近年来进口粮豆、油、棉、糖等农产品，据专家估计，相当于 8 亿～10 亿亩播种面积的产出。因此，积极发展境外农业产业，对振兴我国农业和世界农业都有重大意义，具有广阔前景，大有可为。

## 一、已有一批骨干，境外农业企业，正在不断发展壮大

中国水产集团公司 2016 年底拥有 2 571 艘渔船，作业海域 40 个国家的专属经济区和太平洋、印度洋、大西洋公海及南极海域，公海渔业产量占 65％以上。中国农垦集团公司在 40 多个国家和地区，建设 117 个项目，累计投资 330 亿元人民币，境外产值达 460 亿元人民币，净利润达 15 亿元人民币。

中粮集团公司对外合作覆盖 60 个国家和地区，业务涉及 140 多个国家与地区。2014 年曾收购荷兰农产品公司尼德拉和中国香港来宝集团下的来宝农业公司，拥有强大的粮食采购能力。经营量达 1 亿吨，经营收入 50％来自海外，海外企业员工超过 2 万人。预计到 2020 年海外营业收入将占 60％以上，海外粮源掌控量超过 5 000 万吨，第三国贸易量超过

8 000万吨，总经营量达2亿吨，成为国家粮食进出口战略的国家队。上海光明集团在新西兰、澳大利亚、英国、以色列、法国、意大利均有合作，生产乳品、葡萄酒、橄榄油等食品。海外企业营业总收入226亿元人民币，海外企业资产总额达329亿元人民币，海外员工超过1.2万人。中国化工集团2015年收购倍耐力集团农业跨国公司（70亿欧元），2016年收购瑞士先正达公司（430亿美元），2016年还收购克劳斯马赛公司（10亿美元）。上海鹏欣集团在新西兰、巴西建立奶业和粮食生产基地。湖南袁隆平高科技公司2015年投资1亿元人民币，成立国际种业公司，向亚、非、拉地区开辟推广杂交稻种子国际市场。陕西杨凌投资贸易服务中心在哈萨克斯坦等6个海外农业示范园区，推广农业对外投资与中国农业技术装备，有利加快农业对外开放步伐，增强企业国际竞争能力。

## 二、走出去办农业已遍及全球五大洲

### （一）亚洲是首选开发地区

广东农垦集团公司2005年起就在泰国、马来西亚、印度尼西亚、柬埔寨、老挝、缅甸、新加坡等国家建立40多个天然橡胶产业项目，打造了集科研、种苗繁育基地、加工、仓储、物流，贸易于一体的产业链。2016年成功收购全球第三大天然橡胶企业的泰国泰华橡胶公司，年加工能力达150万吨，种植200万亩橡胶树，有1万多个当地职工。云南农垦集团公司2006年在老挝成立云橡投资公司，2011年在老挝北部4省9县建立16个香蕉基地，种植橡胶6.92万亩，苗圃1 063亩，带动当地农民种植橡胶11万亩，建成万吨橡胶制品加工厂，累计投资1.28亿元人民币。另外在缅甸开展禁毒替代种植企业，种植橡胶9.2万亩，甘蔗3万多亩。广西农垦在越南，缅甸推广中国玉米杂交种；在越南、印度尼西亚、菲律宾合作生产剑麻、甘蔗、木薯；在马来西亚、菲律宾合建示范农场，在老挝合建蔬菜农场。广西格霖农业科技公司在越南广宁、凉山两省建立马铃薯基地3 000亩。广东省淡水鱼名优鱼类、种苗繁育中心在菲律宾民都洛岛合作开发1 000公顷罗非鱼、宝石斑鱼、对虾养殖，年产罗非鱼1.5万吨，宝石斑鱼1 500吨，对虾1 600吨。天津聚龙集团公司在印度尼西亚建立农业综合开发区种植油棕与加工为主，已建2万公顷，计划在苏门答腊岛和加里曼丹岛分别建油棕产业园，扩大到 20 万公顷，年产棕榈油 100 万吨。2010 年湖北种子公司在巴基斯坦推广水稻杂交种 40 万公顷。中国种子公司与巴基斯坦佳德农业公司，白沙瓦农业大学合作，在巴基斯坦推广中国杂交小麦，比当地品种可增产 20％以上。河南省经研银海种业公司在吉尔吉斯斯坦奥什州、贾拉拉巴德州合作推广棉花、玉米良种；在哈萨克斯坦合作推广良种和温室大棚建设；在坦吉斯坦推广棉花、蔬菜、水稻良种。西安市爱菊粮油工业集团在哈萨克斯坦合作建立小麦生产基地。

俄罗斯远东地区开发潜力很大。吉林省在俄罗斯滨海地区投资 2 亿美元，建设产加销服务一体化的农牧业产业园区。黑龙江省也在滨海边疆区合建现代农业经济合作区，2012 年起开垦 20 万公顷，5 年内投资 13.5 亿元人民币，分设 14 个小区，辐射 68 万公顷。2012 年 7 月牡丹江市东宁华信集团公司和农垦局与俄罗斯阿尔玛达公司合作，在俄滨海边疆区波波夫卡共建新友谊农场，开发土地 23 万公顷，办农业企业 23 家，综合农场 5 个，家庭农场 400 多个。2013 年中实集团公司与俄罗斯合作，投资 1 亿美元，在那里建立肉兔生产企业。

**（二）非洲是重点开发地区**

2017 年底统计，中国在非洲农、牧、渔、林企业 108 家，投资 500 万人民币以上项目 117 个，遍及 35 个国家（占非洲 2/3 的国家），投资存量 148.3 亿元人民币。中国农垦集团 2011 年在东南非、中南非、北非等地建有 15～20 个农场，10 个农产品加工厂，10 个农业站技术服务贸易网点。2008 年在刚果（金）种植大面积油棕。中国水产集团在非洲 13 个国家，有 23 个渔业合作项目，拥有渔船 450 艘，劳务人员上万人，年产鱼 40 多万吨。中国农业发展集团在赞比亚、坦桑尼亚、几内亚、加蓬、加纳等国开垦 1.6 万公顷土地。中信集团联合新疆兵团、中国工程国际公司、黑龙江农垦，利用安哥拉政府石油抵押贷款，实施大型粮食生产加工仓储项目，投资 3.6 亿美元，开发 3 万公顷以上土地。2010 年安徽农垦集团与津巴布韦合作将开发 50 万公顷土地。湖北万宝粮油公司在莫桑比克合作办友谊农场，投资 2.89 亿美元，种粮 2 万公顷，带动周边农民 100 万亩粮田。青岛瑞昌棉业公司在赞比亚、马拉维、津巴布韦、莫桑比克进行公司加农户合作开发，获得中国非洲基金和国家开发银行 8 000 万美元融资。山东外经集团联合鲁棉集团在苏丹拉赫德汉区，合作开发 10 万亩土地种植棉花，并建年产 2 万吨皮棉加工厂，投资 6 000 万美元，今后还将推广到 100 万亩从事棉花产业化联合企业。中非农业投资公司在坦桑尼亚莫罗戈罗建立剑麻农场，2009 年生产剑麻 2 000 多吨，效益良好。中国企业在几内亚办的世纪高大农场，在赞比亚办的中垦农场，在喀麦隆办的雄狮特业公司和兴和农业投资公司，发展蛋鸡和肉鸡生产，规模不断扩大，如在赞比亚的中国企业生产的鸡蛋已占当地市场销售量的 40%。2012 年山东安丘绿洲兔业公司在加纳建立年产 1 000 万只种兔，繁育养殖加工企业，带动当地 5 000 农业就业。河北保定农民 1.5 万多人，在非洲27 个国家建立 28 个保定村，以农业开发为先导，加工、贸易共同发展，经营土地达 40 多万公顷。中地海外集团绿色西非农业公司 10 多年来在尼日利亚建瓦拉农场，培育水稻良种"伽瓦 1 号"品种，比当地品种增产30%，在西非进行推广。河北省张家口农科院 2008 年起在埃及、乌干达、马里等 8 个国家试种杂交谷子，耐旱高产，被联合国粮农组织列为全球推广的耐旱高产作物，将得到广泛推广，造福非洲人民。

**（三）欧洲以农产品加工为主，东欧发展粮畜生产**

北京、上海、香港商界在法国收购波尔多酒庄葡萄酒生产企业，向中国销售葡萄酒。阿里巴巴的总裁马云 2015 年以 950 万英镑也收购了法国波尔多地区的古尼和佩雷两个酒庄。山东张裕葡萄酒集团收购了法国卡斯特集团的密合花酒庄 90% 的股权（333 万欧元）。安徽鸿汇食品公司在罗马尼亚合作开展养蜂和蜂产品加工企业。2012 年重庆黄金水岸发展公司与摩尔多民葡萄酒公司合作，开办葡萄酒生产企业。2014 年中国圣元国际集团公司在法国布列塔尼地区投资 1 亿欧元合建婴儿奶粉加工厂。山东寿光蔬菜产业集团投资 800 万欧元，收购荷兰贝尔亨现代农场，有6 万平方米高端智能蔬菜温室，4 万平方米育种研发基地。光明集团2014 年 10 月以 1 亿欧元收购意大利萨洛夫橄榄油集团的 90% 的股权，从来橄榄油生产加工销售企业。安徽怀远石榴酒公司与马其顿戴维娜酒庄合作，在那里建立石榴庄酒与葡萄酒生产企业。天津农垦集团公司在保加利亚投资 1 000 万欧元，租赁 3 万亩土地种玉米、苜蓿等饲料，运回天津发展畜牧业。

乌克兰有丰富土地资源，租金低廉。基辅地区每公顷水浇地年租金50美元，或以产品20%作为租金补偿。黑龙江北大荒种业公司，在乌克兰租地，开发1万公顷。河南省黄泛区实业公司、泛达农业公司2013年在乌克兰成立合资企业，投资1 000万美元，租6 000多公顷土地，从事奶牛、肉牛等生产。辽宁乐丰牧业公司在乌克兰，与农业联合体合作建设20万吨饲料厂。辽宁投资集团的益康生物公司与乌克兰阿尔泰生物技术公司合作，在那里生产动物疫苗和兽药生产。

### （四）在美洲以拉美地区合作为主，与美国也有合作

2011年鞍山市嘉鲜农业发展公司与美国阿波罗公司合作，在密西西比河捕捞鲤鱼，加工成品，年产40万吨鱼品，投资2亿美元，雇佣1 600渔工，拥有800多条渔船，30个加工厂。2013年双汇国际公司以47亿美元收购了美国史密斯菲尔德食品公司，该公司在美国有460座养猪场。北京德青源公司与美国史密斯菲尔德食品公司合建沼气示范工程，年产沼气350万立方米，年发电700万千瓦，年排放$CO_2$ 4.2万吨，开展农业废弃物的资源化利用合作，今后还将扩大建设。黑龙江省在美国加州合作成立天源豆业公司，开发中草药和大豆卵磷脂胶囊生产。

拉美、巴西、阿根廷等国土地资源较多。中粮集团、黑龙江、广西、重庆、山东、上海、新疆等一些企业分别在巴西、阿根廷、玻利维亚、古巴、委内瑞拉等国开展种植业投资合作。2014年中粮集团公司在巴西已建2个码头、12座简仓、1个转运站、4个糖厂、2家大豆榨油厂，投资存量将达50亿美元。黑龙江九三粮油集团在巴西，开建油棕生产基地。山东冠来集团在巴西建立大豆和油棕基地3万多公顷。浙江海宁华来村农民朱张金2009年带队去巴西，成立合作社种植粮豆2 000公顷，今后计划扩大到1.33万公顷。中国新天国际经济技术合作集团公司在多来尼克合作发展蔬菜大棚生产，使当地蔬菜供应充足，而且价廉质优，居民满意。

### （五）在大西洋以畜牧业为主

2012年上海鹏欣集团公司投资10亿元人民币，收购新西兰16个奶牛场。2014年伊利集团太平洋奶业在新西兰投资30亿元人民币，开办奶

品深加工生产线大企业。2015 年蒙牛集团与雅士利公司合资 11 亿元人民币在新西兰新建奶粉加工厂。上海光明集团收购澳大利亚玛纳森食品公司（畜产品）75％股权，还收购新西兰新莱特奶业公司 51％的股权。中国企业以 2.35 亿美元收购了澳大利亚丘比公司，从事棉花生产。中国月亮湖投资公司 2016 年 3 月以 2.2 亿美元收购澳大利亚培斯马尼亚岛的牛奶，空运专销浙江宁波市。2017 年辛希望集团公司投资 10 亿澳元，收购了澳大利亚的真诚爱宠公司（生产供应宠物食品的企业）。

原载《农业经济技术研究所通讯》2019 年第 1 期

# 我国农业走出去的新进展

党的十八大以来，在"和平、发展、合作、共赢"的对外方针指引下，我国农业对外开放水平明显提升。突出表现是：多边活动增多，向多极化发展，如亚太经济合作组织、上海合作组织、中国与东盟、中国与中东欧、中国与拉美、二十国集团等农业会议，不少在中国召开，有利提高我国农业的国际地位与对外影响力，软实力增长。同时加大农业走出去步伐，扩大投资力度，在境外合作创办农业企业，硬实力增长，以利用好国内外两种资源、两个市场，实现平等互利、共同发展繁荣，推进世界农业进步。

首先，介绍近年来我国农业走出去办企业的进展。我国农业走出去是有基础的。改革开放以来，我国一贯倡导农业领域"南南"合作，推动发展中国家的农业发展。1985年3月中国水产集团首先到非洲开创合作捕捞渔业，都取得了良好的效益和信誉。2013年农业部就制定了《2013—2020年境外农业资源合作开发的发展计划》，支持中国机械——美诺公司牵头，成立了中国境外农业开发产业联盟，鼓励推动企业强强联合，发挥各自优势，形成走出去产业链。2014年国家建立了以农业部牵头，发展改革委员会、商务部、财政部、外交部等参加的农业对外合作部际联席会议制度，统一协调，制定政策措施，加强扶植领导，推进农业对外合作事业。中国进出口银行和国家开发银行给予贷款支持。采取国家支持，市场为导向，企业为主体，项目为载体，政府服务为保障，围绕保障农产品有效供给和提升企业国际竞争力，在更大范围领域、在更高层次上组织参与重点产业和区域的农业对外投资合作。2016年农业部又制定了《2016—2020年农业对外合作规划》。在中国农业科学院成立了海外农业研究中心，并建立了农业对外合作公共信息服务平台，成立全球农业大数据与信息服务联盟，启动对外合作企业信用评价，征集重要项目信息，还举办了

78 个培训班，培训 600 多人次，成功地启动农业对外合作"猎英行动"计划，有 60 多家知名大中型农业企业走出去参与，创建了农业对外合作人才培训基地。

据商务部统计，农业企业对外投资（存量）2004 年 8.34 亿美元，2010 年 26.12 亿美元，2013 年底境外农业企业 379 家，投资存量 37.13 亿美元，遍及 71 个国家，解决东道国 10.9 万多人就业，交纳税费 10.9 亿多美元。2015 年统计，境外农业企业达 1 300 多家，对外投资（存量）117.4 亿美元，扩展到 85 个国家，遍及全球五大洲，不仅是发展中国家，也有发达国家。仅中国进出口银行已向 90 个农业对外合作项目贷款 230 多亿元人民币。2016 年中国水产在伊朗，将投资 200 亿元人民币，开发西亚、非洲渔业合作，将派 60 多艘渔船进入红海、波斯湾从事捕捞生产。2016 年统计，我国在"一带一路"沿线国家农业投资 500 万元人民币以上项目已达 185 个，共计 156 亿元人民币。

对外合作的经营范围很广，涉及粮食、大豆、饲料、饲草、油料、棉花、糖料、果蔬园艺产品、养猪、养禽、养兔、养牛，奶牛、水产、橡胶、油棕、剑麻、油橄榄、奶粉、农产品加工、葡萄酒等，还有农业机械、农药、兽药、沼气工程等，有的还建农业开发区，产加销一体化经营等领域。业主有中央企业、地方国有企业、集体和民营企业，也有沿海一带农民闯出去，开办小型蔬菜农场，供应当地市场消费。现在已拥有一批骨干企业。如中国水产总公司、中国农业发展公司，中国农垦发展公司等。特别是中国粮食集团公司，已收购了全球两个大粮商（荷兰基尼德拉集团和新加坡来宝公司）股权，这是农业领域对外投资的最大项目，到 2020 年该公司海外营业收入将占 60% 以上，海外粮源掌控量超过 5 000 万吨，第三国贸易量超过 8 000 万吨，总经营量达 2 亿吨，成为国家粮食进出口战略的国家队。还有地方国有企业，如黑龙江农垦集团，云南农垦集团，广东农垦公司等。集体民营企业，如伊利奶业、双汇食品、光明食品、蒙牛奶业等，正在发展壮大，增强我国农业企业的国际竞争能力。

顺便介绍一下我国农业援外的情况，这是负责任大国的义务。近年来，我国还加大了农业援外的力度。通过双边和联合国粮农组织粮食安全特别计划框架下，向发展中国家提供农业技术援助，以建立农业技术示范中心，派遣专家，提供咨询，技术指导，培训人才等方式，积极帮助他们提高农业生产能力。2008—2013 年，我国向非洲国家援建近 30 个农业技术交流中心，派出专家千名以上，来华培训 3 000 多人。1996 年和 2004 年，我国分别向联合国粮农组织捐赠 3 000 万美元＋5 000 万美元的信托基金，支持开展"南南"合作。2014 年我国决定向非洲提供"现代化合作计划"援助 600 亿美元，其中将建立 100 个乡村实施"农业富民工程"，派 30 批农业专家组赴非洲，建立中非农业科研机构（10＋10）合作机制，配置设备、专家，帮助推进非洲实现农业现代化建设。在肯尼亚援建中非联合研究中心，从事农业技术开发研究示范和培训高级人才。2014 年李克强总理访非，宣布支持非洲实施农业优质高产示范工程，在 5 年内，为非洲培训 1 000 名农技管理人才。

向东盟国家提供 700 多万美元，执行农业技术促进项目，支持农作物育种、农业技术推广和人员培训，以及组织跨境动植物疫病防控等项目实施。2014 年我国向上海合作组织捐赠 5 000 万美元，用于成员国农机推广和人员培训。2015 年 9 月，习近平主席在联合国大会上宣布，为最贫困国家提供 20 亿美元的发展援助和增加对最不发达国家投资，力争到 2030 年达 120 亿美元，其中都有农业方面的技术教育援外项目，这是负责任的国际义务，必须办好。

据商务部资料，到 2015 年底，我国农业援外完成 270 多个项目，派出 1 万人次专家和技术人员，帮助 100 多个发展中国家在当地培训 18 万多名农业技术人员，在华培训 4 万多名农业官员和技术人员。提供大量农业机械、良种、化肥等生产物资。还相继对外进行粮食援助，仅 2016 年就向非洲 14 个国家提供紧急粮援达 7 亿多元人民币。累计帮助发展中国家减少饥饿人口近 1 亿人，深受欢迎好评。

农业是关系改善人们生活、发展经济社会的大事，全球关注。搞好农业对外合作交流，不仅可以增进国际友谊，而且能够促进世界农业进步、共同发展，为全球减贫和粮食安全大业做出贡献，我们应为此奋力前进。

原载《农业经济技术研究所通讯》2017 年第 9 期

# 我国远洋渔业状况

中国的远洋渔业在改革开放后的 1985 年开始发展，起步晚，结构却在逐步优化，素质有所提升，市场化、国际化程度有了提高，现在已成为远洋渔业大国之一。

据统计，2014 年我国从事远洋渔业企业 130 余家，作业分布在太平洋、大西洋、印度洋的 40 多个国家和地区的海域。拥有各类远洋渔业作业船只 21 59 艘，从业人员 4 万多人。

2014 年远洋捕捞鱼产量 202.7 万吨，占全国海洋捕捞产量和海洋渔业产量的 13.7％和 6.2％，远洋渔业产值 184.9 亿元，占全国海洋捕捞产值的 9.4％。2014 年产量与产值分别比 2005 年增加 65.5％和 107.8％。

远洋渔业包括大洋性渔业和过洋性渔业。大洋性渔业：主要有金枪鱼、鱿鱼渔业，竹䇲鱼渔业，秋刀渔业和南极磷虾渔业。作业以拖、围、钓为主，作业区为太平洋、大西洋、印度洋公海及南极海域。金枪鱼生产分为延绳钓金枪鱼和围网金枪鱼两种方式。太平洋海域是中国超低温金枪鱼生产的主要海域。鱿鱼主要生产在北太平洋、东南太平洋和西南太平洋海域。西北太平洋秋刀鱼为我国新开发的项目，主要生产国为日本、俄罗斯、韩国和中国台湾。过洋性渔业：主要分布在亚非和南美洲海域，作业以拖网渔船为主，另有少量流刺网和定置网渔船。亚洲国家的印度尼西亚、缅甸和其他国家海域的渔业资源相对稳定。西非国家海域鱿鱼资源有衰退迹象。南美洲海域的阿根廷、乌拉圭是中国在东南太平洋和西南大西洋鱿鱼生产渔船主要的补给基地，鱿鱼资源丰富，但因捕捞船多，单位产量呈下降的趋势。

中国远洋捕捞船队，基本上由国内拖网渔船改装而成，约占 70％。20 世纪 90 年代中期，建造或从国外购买的二手船约占 30％，船龄在 20 年以上。进入 21 世纪，特别是 2011 年以来，我国加大远洋渔业力度，有近三分之一渔船购置得到更新改造，新建立了第一艘大型金枪鱼围网船和新型秋刀鱼捕捞船，进口了超低温金枪鱼渔船和南极磷虾生产加工船，提升了远洋渔业装备水平。

大洋性渔业中，中国金枪鱼渔船的80％以上，集中在太平洋海域生产，鱿鱼渔船的70％以上集中在东南太平洋和西南大西洋。远洋性渔业中，亚洲和非洲国家项目集中了90％以上的渔船。

远洋渔业品销售与流通。中国远洋渔业品运回国内销售量约占生产总量的60％，境外销售量约占生产总量约40％。2013年，远洋渔产品运回国内销售量69.2万吨（61.4％），境外销售43.5万吨（38.6％）。其中，浙江运回销售的比例是92.4％，福建运回的比例为58％，这两个省占全国运回销售68.5％，因为这两省水产加工企业发达，加工品种丰富多样。冰鲜金枪鱼产品主要销往日本和美国。

远洋渔业存在的主要问题是：①企业总体实力不强。民营企业是主力军，规模大小不一，大部分依靠进口二手渔船和国内渔船改装而成，起点低，分散，弱小，产业链结构不完善，注重捕捞，轻视产品加工和销售，缺乏加工销售网络，投入不足，效率较低，抵御风险能力差，不适应资源开发激烈竞争的需求。②技术基础支撑滞后。远洋渔业是依存度高的技术密集型产业，国家对远洋渔业基础设施和科技研究都很薄弱；同时，远洋渔业劳动力严重短缺。③远洋渔业企业对遵守国际渔业管理观念意识不强，海上作业渔船的自律性不高，相应监管和管理机制缺乏。

远洋渔业是我国农业走出去战略的一个组成部分。目前培养与造就了一批远洋渔业企业家、技术骨干和船员队伍，积累了一定经验，为进一步发展打下了有利基础，发展空间有望扩大，国家应予以扶持，加大企业建设力度，进一步扩大利用远洋渔业资源与渔场。生产布局重点从西非、北太平洋、南美、西南太平洋和南亚五个地区，逐步向太平洋、印度洋、东南太平洋和西南太平洋扩展。扩大应用遥感系统、地理信息系统、全球定位系统、远洋渔业中心网络系统，实现远洋信息的互联网传播。在开拓国际市场的同时，积极运回优质渔业产品，丰富国内市场，并努力研究开发海洋药物、化妆品、保健品、休闲食品等加工产品，促进增加产值，满足市场多种需求。

原载《农业经济技术研究所通讯》2016年第12期

# 三、农业现代化与乡村振兴战略

# 农业现代化建设的现状与任务

现在我国经济社会发展正处于转型时期，必须坚持把"三农"（农业、农民、农村）作为各项工作的重中之重，加强惠农、扶农力度，与时俱进，更加努力，加快推进我国农业现代化发展。

## 一、用先进的农业技术装备农业，提高农业科技进步贡献率

农业科学技术是推动农业生产力发展的根本手段。只有用先进的科学技术装备农业，改造传统农业，转变农业生产方式，才能走向农业现代化，实现农业高产、优质、高效、生态、安全、可持续发展的道路。我国农业科教事业基础不强，"文化大革命"中又遭受破坏，改革开放以后，农业科技工作才有较快的发展，在吸收消化国外先进技术的基础上不断创新，实行科技、教育、推广相结合，一批科技成果在生产上推广应用，加快了农业发展，缩小了与发达国家的差距。我国农业科技进步贡献率1978年为27％，2013年上升到55.2％（先进国家为70％～80％）。

作物种质资源的保存与良种推广。我国长期保存各类作物种质资源39万多份，居世界第一。现已育成一批新品种，如多种组合的杂交水稻，小麦的北京系列、小偃系列、轮选系列、杨麦系列、豫麦系列、鲁麦系列、川麦系列等和杂交小麦高产优质新品种。目前每年推广使用农作物主要品种约5 000个良种，水稻、小麦、大豆、油菜等全部为我国自主选育品种，玉米、蔬菜85％以上是自主选育品种；良种覆盖率稳定在96％以上，种子质量合格率97％以上；育成优良畜禽和水产新品种近百个，家畜胚胎工程、海水鱼虾繁殖养殖技术得到推广。

植物保护与疫病防治成效较大。摸清了小麦条锈病，棉花枯黄萎病，大豆孢囊线虫病、蝗虫、黏虫、棉铃虫、玉米螟等主要农作物病虫害的发生规律，建立了综合防治体系。杀虫剂吡虫啉、溴氧菊酯、杀菌剂多菌

灵、甲霜灵等发展迅速，农用抗生菌、细胞分裂素等逐步推广。畜牧防疫方面，禽流感、口蹄疫和猪瘟等重大疫病得到有效控制；成功地研制出世界上首个禽流感的新城疫重组二联活疫苗，率先实现产业化应用，有效地抗击禽流感发展；研制出一大批新兽药，如乙酰甲喹、海南霉素和喹烯酮等。

农业机械化有很大发展。1978 年全国农业机械总动力 1.17 亿千瓦，大中型拖拉机 55.7 万台，机耕水平 40.7%。2013 年大中型拖拉机 531 万台，水稻机播达 35%，机收达 75%，玉米机收达 49%，农机深松整地 1.6 亿亩，耕种收综合机械化水平超过 59%。农业生产方式由以人畜力为主向现代化装备转变，农民从繁重的体力劳动中解放出来。现在我国大中型拖拉机年产量达 20 多万台，占世界总量的 20%，年产自走式联合收割机 10 万多台，居世界首位。农机由国家集体所有转向个人所有，走向"政府扶持、市场引导、社会化服务、共同所有、提高效率"的道路。

农业资源利用状况。全国有效灌溉面积 2012 年为 9.45 亿亩，占耕地 51.8%。农业灌溉水有效利用率 50% 左右（发达国家达 70% 以上）。2012 年全国化肥使用量 5 838.8 万吨（占世界近 40%），但利用率只有 30% 左右；农药使用量 180.6 万吨，单位面积农药使用量是世界平均水平 2.5 倍，农药利用率 30%～35%。化肥和农药的利用率均比发达国家低 20 个百分点。生物农药、肥料已在逐步推广。

农业科技创新与推广状况。目前每年科技成果 3 000 多项，转化率仅 40% 多。随着农业发展的需要，新技术储备显得不足，需加快产、学、研协作，不断推进科技教育推广相结合，推进农业技术进步。

## 二、改进农业经营体系，推进农业增产、增效、增收

我国人均耕地 1.4 亩，户均不到半公顷，规模小、分散，劳动生产率低，成本高，务农收入低。由于组织化水平低，一家一户势力单薄，难以抵御各种风险。需要坚持家庭经营为基础，多种经营方式共同发展，大力培养新型农业经营生产主体，加快构建集约化、专业化、组织化、社会化相结合的现代农业经营体系。

农业集约化经营状况。据联合国粮农组织研究认为，种经济作物的规

模不低于 170 亩，种粮食作物的规模不低于 300 亩，这样的规模，才有竞争力。因此，应允许农民以转包、出租、互换、转让、股份合作、委托经营等形式，流转土地承包经营权，发展专业大户、家庭农场、专业合作社、股份合作社等新型农业经营主体。据农业部资料，2013 年底，全国承包耕地流转面积 3.4 亿亩，流转比例已达 26%，经营面积在 50 亩以上的农业大户超过 287 万户，家庭农场超过 87 万个，他们经营的耕地占全国承包耕地的 13.4%，经营收入达 1 620 亿元，单个家庭农场的平均收入 18.47 万元。

农业专业合作社建设状况。截至 2013 年 6 月底，全国依法登记的农民专业合作社 82.8 万家，实有社员 6 540 多万户，覆盖全国近 1/4 的农户，每个合作社不到 100 个农户。他们以种养业为主，逐步发展到农机、植保、工艺、旅游休闲农业等方面。提供产品加工销售一体化服务的合作社占近一半。农业合作社成为专业化、产业化、标准化、规格化、品牌化的主体，入社农户的收入比一般农户高 20% 以上。

乡镇企业发展状况。就所有制来讲，包括集体、股份、联营、股份有限公司、有限责任公司、私营企业、个体工商户及少量港澳台投资、外商投资企业；就行业来讲，以制造业居多，还有交通、运输、建筑、采矿、批发零售和服务业等。1978 年全国乡镇企业有 152 万多个，从业人员 2 827 万人，总产值 491 亿元；2012 年发展到 3 111.4 万个，从业人员 1.64 亿多人，总产值 6.07 万亿元，利润 3.57 万亿元，上缴税款 1.5 万多亿元。全国已建成 4 万多个乡镇工业小区和 5 万多个小城镇。现在全国约有 520 万农民工，利用在外打工学到的技术经验和资金，回到农村发展农业和开办工商企业，平均每个创业者能带动 3.8 人就业。他们办的乡镇企业数量，约占乡镇企业总数的 1/5。

乡村旅游、休闲农业迅速发展，成为农村新兴第三产业。2012 年，全国有 8.5 万个村，经营单位 170 多万家从事这一产业，其中农家乐 150 万家，规模以上休闲农业园区超过 3 万家，年接待游客超过 7.2 亿人次，经营收入超过 2 160 亿元，就业人员 2 600 多万人。这对于拓展农业功能、促进农民就业增收，推进新农村建设，统筹城乡发展，满足市民日益增长的休闲消费需求，都有重要意义。

农产品市场体系建设迅速。1979年开始，国家放宽对集市贸易的限制，1983年起引入市场调节因素，实行多渠道经营。2000年开始向市场化转变，多种经营成分的生产流通主体形成，多形式多渠道的农产品供应链已确立，农产品流通市场活跃。2009年全国农民经纪人500多万人，农产品批发市场4 300多个，承担近70％的农副产品流通任务。2013年全国农产品集贸市场2.8万多个，批发市场4 300多家，其中亿元以上规模的超过1 600多家，交易的鲜活农产品占总量的70％左右。

## 三、加强基础设施建设，增强农业综合生产能力

我国农业长期投入不足，基础设施薄弱，产前、产中、产后不衔接，不协调，抵御各种风险能力较差，农民科技文化素质低，影响农业健康可持续发展。改革开放以来，国家重视加强农业基础设施建设，因地制宜合理调整生产布局，投入现代农业公共服务能力建设，增强农业综合生产能力。

逐步打破原有"大而全、小而全"的农业生产格局，向农业区域化、专业化发展。主要农产品向优势区域集中，形成产业带，有利于加强建设高产、优质、高效、生态、安全农业。如粮食以13个主产省为主，棉花形成长江、黄河流域和西北内陆三大格局，甘蔗以华南、西南为主，苹果形成渤海湾、西北黄土高原两大优势产业带。

建立农业科研创新体系。迄今为止，全国农业科研机构1 115个。农业部从1990年起，依托科研教育单位，建设了以33个综合性重点试验室为龙头，195个专业重点实验室为骨干，269个农业科学观测实验站，上下贯通、大联合、大协作的应用基础研究体系，以利解决农业产业发展的重点关键技术问题。提倡产学研相结合，充分发挥企业的科研力量。农产品龙头企业1.5万多家都有专门的研发机制，有科技人员82万多人。种子企业前10强年研发投入占销售收入6％以上，2013年企业自育品种占国家审定的玉米、水稻新品种的50％和47％，超过了科研与教育单位。健全与加强农业技术推广体系建设，配备必要的办公场所、仪器设备和试验示范基地、农业科技园，实施农业科技入户示范工程（专家组、技术指导员、示范户、农业科技园），辐射带动农技推广新机制。农业科技园区

示范户的科技成果转化率达 70%。

加强种养业良种工程体系建设。选用优良品种是实现高产优质的有效措施，良种在农业增产中的贡献率达 43%。近年来，国家在粮食生产核心区建设 100 个区域级种子生产基地，在种子生产面积 1 万亩以上的制种大县，建设县级种子基地。此外，还建立了西北杂交玉米种子生产基地，西南杂交水稻种子基地，海南南繁三大国家级基地。畜牧方面，建立了 1 700 多个国有种禽场，其中 83 个国家级种畜禽场，全国共有种畜禽场 1 万多个，能满足不同需求的畜禽良种繁育体系。2014 年，全国需要 25 万头奶牛良种，一半则靠进口。水产方面，改革开放初期全国水产苗种场不足 300 家，目前有 1.6 万多家，其中国家级水产原良种场 50 多家。

建立农产品安全质量检验检测体系。全国建立了 323 个国家级、部级农产品质量安全检验检测中心，各省市自治区也建有近 2 000 个省、地、县农产品质检机构。现已制定各种农产品、名优特产品标准化、优质化、规模化技术，出台国家标准 800 多项，农业行业标准 2 380 项，指导地方制定地方标准 8 000 多项。建立国家和省级标准化示范区 4 000 多个，带动面积超过 5 亿亩。畜禽方面，饲料安全技术和产品安全监测技术广泛应用。2013 年饲料产品质量卫生指标监测合格率 96%，畜产品瘦肉精例行监测合格率 99.7%，生鲜乳三聚氰胺监测合格率连续五年保持 100%。水产方面，推广无公害养殖技术，实行水质调控。现已广泛建立认证无公害、绿色、有机食品制度，全国有 5 000 多家企业使用绿色、有机食品标志。还建立了市场准入制度（生产基地、批发市场、农贸市场和超市），使农产品质量安全水平显著提高。

农业信息化建设迅猛。从 2001 年起，国家开始重视，各级政府也加强推进信息服务工程，同时电信企业、信息服务商等企业也提供涉农信息服务。目前全国各省市自治区及 97% 的地市，80% 以上的县农业部门设置了信息与服务机构，50% 的乡镇成立了信息服务站。农业信息员队伍达 10 多万人。中国移动"农信通"用户有 5 000 多万户，建有 3 万多个农业信息服务站，设置了 61 万台农业信息机，"农政通"为 5 万多个村提供农村信息服务，有效地提高农业生产、加工、经营、销售市场能力和农村经济社会管理效益。

农民文化科技素质提高较快。人的因素对生产力发展起决定性作用。发达国家的农业劳动生产率高，运用先进技术普及，除发展农业高等教育，培养科技专业人才，推动科技不断创新外，也由于农民都有较高的文化科技素质。特别是一些自然资源缺乏的国家十分重视人力资本，发挥"头脑资源"作用，加强对农业劳动者的教育培养。如荷兰、丹麦农业发达，成为重要农产品出口国就是例证。他们的农民绝大多数都有中专以上的文化程度。1979年以来，我国各级农业部门重视培训农民，平均每年培训2 000万人次以上。1994年启动绿色证书培训。2004年起，实施农村劳动力转移培训的阳光工程（转产、转岗就业培训），2006年起实施新型农民科技培训工程，进村办班培训等。随着工业化、城镇化的发展，目前务农人员以妇女和中老年为主，她们的文化程度，小学和初中约占70％～80％，高中占10％左右，中专以上和不识字或很少识字的各占5％多。受过职业技术教育和培训的农村劳动力占全部劳动力的比重不足20％。农民工中，占60％以上的为新生代农民工，大部分未种过地，也不愿回家务农。因此，为适应农业现代化发展需要，加强对农民的教育培训仍是一项艰巨长期的任务。

## 四、保护改善资源环境，促进农业可持续发展

我国耕地、水资源紧缺，生态环境退化，农业可持续发展基础脆弱。农业现代化必须走资源节约、环境友好的道路。

保护与节约耕地。近十年来，由于城镇化与公共基本建设发展，耕地年均减少近千万亩。因水土流失，贫瘠化、盐碱化、酸化等导致耕地退化，约占总面积40％多，需要改良土壤，培肥地力。据2013年12月全国土壤污染状况调查报告，全国有2亿亩耕地存在安全问题，其中1.5亿亩存在生态安全问题，5 000万亩存在农产品质量安全问题。南方土壤安全重于北方，长江三角洲、珠江三角洲、东北老工业基地等部分地区土壤污染较为突出，西南、中南地区土壤重金属超标范围扩大。因此，既要严格保护耕地，节约集约用地，守住18亿亩的红线，又要加强耕地质量建设，有计划地建设高标准基本农田（地平整、土肥沃、旱能浇、涝能排、路相通、林成网），大力加强土壤改良与污染治理。

保护与节约利用水资源。我国人均水资源只有 2 100 立方米，仅为世界平均水平 28%，但是，我国现有灌溉水有效利用率仅 51%。北方主要农区打井提取地下水过多，造成地下水枯竭。为此需要落实严格的水资源管理规定，划定水资源开发利用与用水效率，水功能区限制排污，推进节水高效农业。据水利部资料，全国有防洪任务的河段中，已治理的占 33%，而达标的只占 17%；中小流域治理率低，全国十大流域水质为轻度污染；从江河看，达标的水质占 7%，水库达标的水质占 88.7%，湖泊达标的占 28.6%。长期以来，水利工程设施老化，配套不完善，难以充分发挥排灌效益，需要坚持维修治理。

保护森林资源。我国是少林缺材的国家，森林资源不足，影响生态环境。改革开放以来，大力植树造林。2012 年全国森林面积已由 2002 年 23.9 亿亩，增加到 29.3 亿亩，其中人工造林占 1/3，人工造林的成绩居世界首位。全国森林覆盖率由 2002 年的 16.55% 提高到 2012 年的 20.36%，但还低于全球平均森林覆盖率 30% 的水平。

保护与利用生物资源。农业部曾组织农业野生植物资源调查，收集野生稻、野生大豆、野生小麦等种质资源 3 万多份，组成 32 个多年生植物种质资源保存圃，并进行评价鉴定利用。筛选了一批特殊种质基因（高产、优质、抗逆力强）物种，建立了 87 个农业野生植物原生境保护示范点。对外来生物入侵调查和监测预警方面，对加拿大一支黄花、飞机草、紫茎泽兰、豚草等开展集中灭除达 3 000 万亩以上，已筛选出紫茎泽兰、豚草、水花生的化学药剂和生物天敌，可以有效防治。

保护与利用草原资源。我国天然草原近 60 亿亩，是耕地的 3.2 倍，但退化草原占到近一半。合理开发利用发展草食畜牧业，潜力很大。1978 年 6 月召开牧区工作会议，开展草原建设试点 17 个。1983 年又建立 40 多个草地建设与牧业发展示范项目。2003 年开始天然草原退牧还草，建设围栏，草地改良，种植优质高产人工饲草料地，实行禁牧、休牧、划区轮牧、草场保育、牲畜舍饲圈养等措施，集中治理生态脆弱和退化严重的草原，减轻天然草场放牧压力，改善草原生态环境，促进草原畜牧业生产方式转变。到 2011 年累计建成草原围栏 8.45 亿亩，补播改良退化草原 2.08 亿亩，种人工饲草地 7 050 多万亩。2013 年草原综合植被覆盖率 54.2%，草原承包面积 36.45 亿亩，占全国可利用草原面积的 73％，牧区草原承包率超过 90％。

提高水产养殖集约化发展水平。以养殖业为主的我国水产业，在国际上居领先地位。我国已发展成为世界渔业生产大国、水产品出口大国和主要远洋渔业大国。2006 年 2 月国务院颁发了"中国水生生物资源养护行动纲要"，使我国水生生物资源养护工作步入一个新的历史阶段。2013 年全国水产品总产量达 6 172 万吨（1978 年仅 475 万吨），其中养殖产量占 73.7％，中国水产养殖产量已占世界养殖产量的 60％以上。我国有 42 亿亩大陆架渔场和 2.55 亿亩内陆水域滩涂，合理开发利用这些水域，发展渔业大有可为。今后要继续努力，提高组织化、产业化程度，加强资源管理，控制占用海域水面，治理水域污染，保护水生野生动植物，推进水产健康养殖活动，逐步做到生产手段现代化，产业经营一体化，不断提高水产养殖集约化发展水平。

加快农村能源建设。1979 年开始，国家重视农村能源建设与发展。目前全国各省市治区 2 000 多个县都设有专门管理机构和技术推广体系，在 300 多个县开展县级农村能源综合建设工作，发展农用沼气、节能炉具、太阳能产品、秸秆综合利用、微水电、小风力机等，新技术产品和工艺材料得到应用推广。2012 年，全国沼气用户累计 4 083 万户，利用 3 652.3 万户，年总产气量 137.7 亿多立方米，户均产气 377 立方米；大型沼气工程 5 246 处，池容 450 万立方米，年产气 8.59 亿立方米。生物质能（秸秆转变气化利用、生物质液体燃料开发示范）也在推广，还因地制宜地开展节能灶炕、太阳能利用、小风电、微水电等小能源建设。目前我国农村户用沼气、省柴节煤炉灶、太阳能热水器、太阳灶等，技术与产品均属国际先进水平，并已向国外输出。

加强农业环境保护。1994 年起，国家七个部委联合组织实施生态农业示范县建设，已建成 400 多个生态农业示范县，实现县域经济和生态环境协调发展。2005 年农业部启动了乡村清洁工程示范建设，推进作物秸秆、人畜粪便、生活垃圾、污水的资源化利用。2007 年实施循环农业促进行动，实现资源的可持续利用，全国建立了四级农业资源环境保护监测管理和技术服务网络机构 1 600 多个，在一些主要省市建立 1 000 多个以废弃物资源化利用为重点的乡村清洁工程示范村。

加强疫病防治，减少生产威胁和损失。1988 年成立全国植物保护总站，并建立省、地、（市）县各级的植保体系，承担病虫害测报、防治、检疫、农药检等工作。2004 年，国家提出公共植保、绿色植保的理念，构建以县级以上植保机构为主、多元化专业服务组织的新体系。目前各省区市建有 600 多个国家级区域植保站，预报预测准确率达 90％以上。1979 年 9 月起，国家加强了畜牧兽医站（5 万多个，27 万人）；1983 年采取集体办、公助形式，进一步加强兽医防疫工作；1988 年起加强畜禽检疫工作；1997 年国家公布动物检疫法，加强了产地检疫、屠宰检疫监督，有效地消灭了牛肺病，控制了口蹄疫、禽流感、马传贫等重大疫病的流行；2003 年底，全国畜牧兽医技术推广与动物防疫监督机构 5.6 万多个，109 万人，以后又配备村级动物防疫员 60.7 万人，有效地阻止疫情扩散蔓延，保证了人民群众肉食品卫生安全。

气象灾害有加大趋势，要做好防灾抗灾工作。据国家气候中心分析："1961 年以来，我国区域性的高温事件、气象干旱事件和强降水事件增多，低温事件明显减少。21 世纪以来，影响我国台风的强度明显增加，平均每年有 8 次台风登陆，其中一半最大风力达到或超过 12 级以上，比 1990 年代增加了近一倍。中东部雾霾的天数明显增加。"近几年，干旱（每年受旱 2 亿亩以上）、洪涝、低温、台风等灾害频繁，造成很大损失。因此，需进一步加强预测预报，及早防备，做好防灾抗灾工作。

原载中共中央党校《理论动态》2015 年 5 月第 2030 期

# 持 续 农 业

## ——我国农业与农村发展的道路

### 一、持续农业是现代农业发展的新战略和新概念

人类自古迄今，经历了原始农业到传统农业再到现代农业，现在正向持续农业发展，这是世界农业进步与发展的一个新阶段。

原始社会，人类可以从自然界里去寻找和采集食物，不需用自己的劳动去生产食物，以后逐步学会种植谷物、饲养和繁殖动物，就进入了原始农业阶段。然后逐步用石器、木制农具为主要生产手段，利用畜力、风力（风车）、水力（水磨）等为动力，发展水利，手工操作从事农牧业生产，通过选用良种，有机肥料，轮作倒茬，种植绿肥等办法来增加产量。这是传统农业的技术进步，对保障人们生活需要的有效供给起了重要作用。

现代农业是西欧和美国农业技术革命的产物。1850—1920年先是使用畜力农机具和蒸汽机，接着开始采用内燃机和拖拉机，用工业技术装备农业，使用现代生产工具，显著地提高了劳动生产率和商品生产率；选育新的良种，推广化肥、农药等，大幅度提高土地产出率；促进了农业社会化、专业化、商品化的发展，为人类提供了日益丰富多样化的食物和原料。但是也由于大量施用化肥、农药以及高度工业化的结果，带来了环境污染，成本增大，影响了农业持续发展，有害于人们的健康。为此积极寻找各种替代农业，如有机农业、生态农业、自然农业、生物农业等。近年来国际社会倡导持续农业，这是未来农业发展的一种新的模式。

持续农业是在继承传统农业遗产与生物现代农业优点的基础上，以持续发展的观点来解决生存与发展所面临的资源与环境问题，协调人口、生产与资源、环境之间关系。也就是要在控制人口增长和合理利用资源，保护改善环境的条件下，因地制宜采取切实有效的法律、政策、技术和经

济、教育等措施来发展农业和农村经济社会，既能满足当代人的物质需求，又不妨碍后代人生存与发展的需要。持续农业讲究发挥经济、社会和生态三个效益，实现"生产要发展、生活要提高、生态要改善"。从经济学观点看，农业生产已不光是土地、资本、劳动力三个要素了，而是要把科技进步、农业投入和生态资源储量等内容增加进来。很显然，保护与改善资源环境应当成为经济社会发展的一个新的动力与源泉。

## 二、推进持续农业的国际行动

持续发展的概念是 1987 年挪威首相布伦特兰德女士主持的世界环境与发展委员会，经过四年调查后写了《我们共同的未来》报告中提出的。她对粮农领域提的目标是："达到既无粮食匮乏之虞，又不耗竭资源或破坏环境，重建已经发生环境损害的资源基础。"还要求"为持续的、不影响环境的发展制定长期战略。"

1988 年联合国粮农组织理事会讨论研究，确定了粮农领域的持续发展的含义"就是管理和保护自然资源以及调整技术和机构变化的方向，以确保获得和持续满足目前与今后世世代代人的需要，这种（农牧业、林业、渔业方面的）持续发展能保持土地、水、植物和动物遗传资源，不造成环境退化、技术上适当、经济上可行，而且社会能够接受。"1991 年 4 月联合国粮农组织在荷兰召开的农业与环境会议，讨论提出了持续农业和农村发展的三个战略目标：一是积极增加粮食生产，既要考虑自力更生和自给自足的原则，又要考虑适当调剂与储备，稳定粮食供应和使贫困者有获得粮食的机会，保障粮食安全（粮食储备量至少占需要量的 17%～18%）。二是促进农村综合发展，开展农林牧渔多种经营，实行生产加工运销综合经营，扩大农村劳动力就业机会，增加农民收入，特别要消除农村贫困的状况。三是合理利用，保护与改善自然资源和环境。为了实现农业和农村持续发展，有三个基本要求：一是积极提高农业生产、加工、销售和消费系统内的效率，以便于尽可能减少浪费和污染。二是在利用自然资源和投入物的过程中，要力求维护和提高再生产能力，增强后劲。促进资源和投入物利用与生产的多样化，以适应多变的外界条件，尽量减少风险，稳定收成。三是努力开展农村多种经营和综合发展，缩小城乡之间差别。

现在已有 70 多个国家成立了持续发展委员会，14 个发展中国家已制定了国家执行《21 世纪行动议程》的实施计划草案。

## 三、我国农业发展逐步走向持续发展的轨道

中国农业历史悠久，长期以来农民积累了传统农业的丰富经验。据我国农学史专家研究，中国古代农业的宝贵遗产，主要是：①强调"天时、地利、人和"三方面协调作用，可以获得好收成。②重视灌溉和排水，改造农业生产基本条件。举世闻名的四川都江堰水利灌溉工程便是一例。⑧实行精耕细作的农艺耕作技术，如轮作倒茬、混间套作、复种，因地制宜，因时制宜的耕作法，充分有效地挖掘土地增产潜力。④精心培育、保护和利用丰富的物种资源。中国是世界上生物品种资源最丰富的国家之一。⑤讲究用地与养地相结合，种植绿肥、施用有机肥料、修建梯田保持水土，实行换土改良土壤等。这些传统农业的经验，有利于农业持续稳定增产，在过去中国经济社会发展中养活众多人口起了重要的作用。

改革开放以来，中国农业增长速度较快。在种植业方面，强调了因地制宜，讲求实效，重视推广新技术，使农作物和果蔬生产持续增长。畜牧业方面，改变了单纯追求存栏头数，讲究科学养畜，提高出栏率，增加效益。如生猪的出栏率 1979 年全国为 57％，1993 年已提高到98.5％；发展牛、羊、兔、鹅等草食动物，加速了畜牧业持续发展。水产业方面，强调控制捕捞，发展养殖，水产品总产量 1979 年全国 431万吨，其中养殖占 28％；1992 年达 1 500 万吨，其中养殖占 47.3％。林业方面，1981 年以来，每年发动全民义务植树，开展"三北"（东北、华北、西北）、沿海、长江中上游保护林带、平原绿化、太行山、京津周围等重大生态工程建设，全国已初步扭转了森林蓄积量的赤字状况，森林覆盖率上升，达到了 13.63％。在农村能源方面，大力推广节柴灶，利用沼气、太阳能、风能、水能、地热等，一定程度上缓解了农村能源紧张状态。乡镇企业方面，20 世纪 80 年代年均增长达 20％以上，进入 90年代，年均增长在 50％以上。

## 四、从推广生态农业、高产优质高效农业到持续农业

20世纪80年代初，中国农业生态经济学家们提出了发展生态农业的建议，国家重视了农业生态环境建设。1983年中央1号文件《当前农村经济政策的若干问题》中，提到"实现农业发展目标，必须严格控制人口增长，合理利用自然资源，保持良好的生态环境。"生态农业的基本概念是"遵循生态经济学原理，现代科学管理方法，通过资源与自然景观的合理开发与建设，实现生态与生产的良性循环，达到农业高产优质高效与农村经济持续协调发展。"

1992年9月国务院作了《关于发展高产优质高效农业的决定》，强调90年代我国农业应当在继续重视产品数量的基础上转入高产优质并重，提高效益的新阶段，这是我国农业发展史上的一个重大转变，也是适应发展市场经济的一个重大举措。要以市场为导向继续调整和不断优化农业生产结构，以流通为重点，建立贸工农一体化的经营体制；依靠科技进步发展高产优质高效农业，建立健全农业标准体系和监测体系，继续增加农业投入，支持贸工农一体化经营组织，重点投向农产品加工、贮藏、保鲜、批发市场、交通运输和良种繁育等基础设施的建设，改善农业生产条件，不断提高农业综合生产能力。积极扩大农业对外开放，参与国际市场竞争。1994年在全国不同地区建立了100个高产优质高效农业示范基地。

1994年5月国务院讨论通过的《中国21世纪议程》，其中第11章论述"农业与农村可持续发展"。其目标是，保持农业生产率稳定增长，提高食物生产和保障食物安全；发展农村经济，增加农民收入，改变农村贫困落后状况；保护和改善农业生态环境，合理永续地利用资源，特别是生物资源和可再生资源，以满足逐年增长的国民经济发展和人民生活的需要。为了实现这些目标，采取的战略是逐步完善指导农村社会发展的法规、政策体系，贯穿市场机制和适度有效的宏观调控，加强食物安全，调整农村产业结构，提高农业投入和综合生产力水平，发展可持续农业科学技术，促进农业生态环境保护和资源的合理利用。发展乡镇企业和建设农村乡镇中心。1992年起已在全国不同生态类型区建立了25个持续农业和农村发展的试验县、点。

## 五、实施农业与农村可持续发展任务艰巨

从以上历程不难看出，中国农业和农村发展经过曲折的复杂的过程，正在逐步走上持续发展的轨道。但必须看到：目前农民收入增长缓慢，1989—1993年全国农民收入年增长只有2.2％，1993年人均921元，有2/3的省、自治区在平均数以下。农村非农劳动力只有1.12亿个，占农村劳动力总数的25％，剩余劳动力有1.2亿个。人口每年增加1 500万～1 700万，耕地每年减少700万～800万亩，有1/3的省人均耕地不足1亩，现有耕地一半的灌溉面积中，大约有1亿亩因水源不足不能进行灌溉，华北地区由于过度开采地下水，造成地下水位急剧降低。土地沙化达153.3万平方千米，占国土面积的15.9％，每年新增沙化土地达2 340万亩。水土流失面积达367万平方千米，占全国总面积39％。草原退化面积13亿亩，平均产草量下降30％～50％。工业"三废"和农药污染的土地近3亿亩，82％的江、河、湖、泊受到污染，各海域水质恶化，赤潮不断发生。抗灾能力有所减弱，旱涝等自然灾害发生频率增多，80年代比50年代平均每年受灾面积增加68％，1992年比1978年，成灾率由42％上升到50％。因此，要实现农业和农村可持续发展是一项十分艰巨而长期的任务。需要全国各部门，社会各界，广大人民群众密切关注、通力合作，促其实施。

原载《中国老教授协会农业专业委员会专家论坛》1994年

# 乡村建设的先导者

## ——晏阳初、卢作孚、梁漱溟的乡建探索

20世纪20年代末30年代初，在我国兴起的乡村建设运动是一次社会政治思潮和社会改革举动。以晏阳初、卢作孚、梁漱溟为代表的先导者提出了要建设现代化农村的共同目标，但在如何建设现代化农村问题上则有不同的见解、不同的道路和不同的模式，都曾产生过启示性影响。

晏阳初是以推行平民教育，启发民智为主来带动整个乡村的建设，卢作孚是把重点放在经济建设上，以乡村现代化为乡村建设的目标，梁漱溟则从建设村学乡学着手进行乡村建设。他们是互相支持，互为知己的好朋友，然而由于政治社会的变化多端，他们有着不同的命运与结局。

### 一、晏阳初——世界著名平民教育家，是教育救国、教育强国的探索者

他1916年留学美国后认为教育界可以支配中国、改造社会。1918—1919年赴法国为在法华人劳工服务中感受到华工不识字的痛苦，同时也发现华工的聪明才智，有着巨大的潜伏"脑力"。由此联想到国内不识字的文盲众多，这是巨大的"脑矿"，一旦开发将会改变社会，关键是靠教育，要进行面向广大民众的平民教育。1920年他回国后，即以上海基督教青年会为依托，从事平民教育推广工作。1923年中华平民教育促进会（简称"平教会"）成立，晏阳初任总干事。最初平教会的工作重点在城市，主要进行识字扫盲教育。不久，他意识到：中国是个以农立国的国家，中国农民占绝大多数，而且大部分文盲在农村。要想普及平民教育，应到农村去。"民为邦本，本固邦宁"为第一信条，决心致力于平民教育与乡村建设事业。

1924年11月平教会就在河北保定农村推广平民学校，1926年平教会

在河北定县设办事处，以翟城村为试点。开展以村为单位的平民教育实验。在这过程中，晏阳初和平教会同仁们（有留美博士、硕士或国内大学教授的有志之士）进一步认识到，平民教育是救国救民的基本，不仅让他们识字求知，而且让他们转变。他选择河北定县开展乡村建设的实验。他率先举家由北平迁徙定县定居，一批专家学者相继离开优越的城市生活，放弃优厚的待遇，投入到农村社会改革的实践中去。明确提出"不满足于仅仅教人们阅读，还想帮助农民实现农业现代化，引进先进的农业方法和提高中国农民的生产效率"，目的是提供农民的文化经济和道德水平。"希望通过实验找到建设中国农村并使农村现代化（非西方化）的最好方法和技术"。即探索一条适合于中国国情的农村现代化之路。

晏阳初根据在定县长期社会调查后，总结出中国农村问题最基本的就是"愚、穷、弱、私"，即大多数农民缺乏知识，在生与死的夹缝里挣扎着；大多数农民是病夫，谈不上科学治疗和公共卫生；大多数农民不能团结合作，缺乏道德陶冶和公民训练。他认为，在这四个缺点之下，任何建设事业都是会落空的。因此，首要的是解决"人"的问题，即乡村建设的重点在教育，必须以教育推进建设。提出了要以学校、社会、家庭三位一体连环教育的三种方式，实现四大教育，即"以文艺教育治愚，以生计教育（普及农业科技、增加农业生产）治穷，以卫生教育治弱，以公民教育治私"的主张。最终除掉农民的四大病根，增进人民的知识力、生产力、强健力和团结力，使之成为推动经济建设的根本动力。他带领同仁们直接深入到定县参加到农村群众之中，面向农民做艰苦细致的教育工作，动员农民参加农村社会改革活动，教会农民建设现代化的技术和方法。他们进行社会调查，扫除文盲，开办平民学校、推广合作组织，创建实验农场，传授农业科技，改良品种，建立医药卫生保健制度等，还开展了农民戏剧、诗歌、民谣、演唱等文娱活动，受到当地农民欢迎，取得了一定成效。但到1937年因日本侵略者的炮火，中断了他们的实验。晏阳初在卢作孚的支持和帮助下，到重庆北碚创办了中国乡村建设学院，继续为乡村建设培养人才。晏阳初在1943年纽约纪念哥白尼地动说400周年大会上，与爱因斯坦、杜威等人被世界百余所大学和科研机构的代表评为"现代世界最具革命性贡献的十大伟人之一"。

新中国成立前夕，晏阳初和夫人及部分子女离开祖国，继续在海外从事平民教育和乡村建设。1950年后他担任联合国教科文组织特别顾问、国际平民教育委员会主席和设在菲律宾的国际乡村改造学院院长，致力于第三世界国家平民教育和乡村建设事业，曾提出"除天下文盲，做世界新民"的口号，被誉为国际乡村改造运动及平民教育运动的奠基人。1983年他90岁时获得美国艾森豪威尔大奖章。1987年他又应邀去美国白宫，接受了里根总统颁发的"扫除饥饿奖"。

1985年和1987年他两次应邀回中国大陆访问。1987年7月6日在北京与梁漱溟会见，十分感慨地说："我们两人均出生于1893年（经查晏阳初实际出生于1890年——编者注），同时从事乡村建设运动，经历磨难与奋斗，真是奇缘啊"。两人回忆起往年在河北定县和山东邹平开展乡村建设实验的往事，真有说不完的话题。

晏阳初于1990年1月17日以100岁高龄在美国纽约去世。

## 二、卢作孚——著名爱国实业家，他创办民生实业公司、成立民营航运大企业，被誉为"中国船王"

1927年他出任四川嘉陵江三峡特组峡防团务局局长时，就选了几个点如北碚、夏溪口以及矿山北川铁路沿线，试做一种乡村运动，开始乡村建设实验，探索救国强国之路。1929年他发表《乡村建设》一文，从政治、经济、教育几个方面阐述了乡村地位的重要性：①全国政治问题其基础在乡村。这是因为乡村人口远超过城市。盗匪问题总是起于农村，引起地方的治安问题，扩大起来便成了国家的问题。乡村的人民愚昧无知，不能自治，不肯过问眼前以外的地方乃至国家的问题，便完全让土豪劣绅军阀官僚专横。②乡村教育远落后于城市，乡村教育不发达，乡村人口涌入城市，因此乡村教育不只是乡村问题，而变为城市问题。③城市经济发达，而乡村经济不发达，如不解决这些问题，便会引起城市经济问题，引起城市经济原料供应的恐慌。同时，大量乡村人口由于乡村贫困而涌入城市，使城市人口增多，更会成为城市问题。因此，一个乡村问题放大起来，便是国家问题。乡村的地位十分重要。要解决中国的问题，必须赶紧解决乡村问题。

1930 年上半年，卢作孚率团到华东、华北及东北地区进行社会考察。在东北地区，目睹了日本帝国主义对我国东北的经济侵略，激发了他奋发图强，挽救民族危亡的紧迫感。同时看了浙江和东北沿海城市的建设现代化，使他受到启发和鼓舞，从而形成以经济建设为中心，以乡村现代化为目标的乡村建设思想。

1934 年他发表《四川嘉陵江三峡的乡村运动》一文中，明确提出："中华民国根本的要求是要赶快将这一个国家现代化起来，所以我们的要求是要赶快将这一个乡村现代化起来"。应大处着眼，小处着手。他决定在一个乡镇范围作农村现代化建设实验，选择了以北碚为中心的嘉陵江三峡作为实现其理想社会的实验地，使之成为一个生产的区域、文化的区域、游览的区域。规划中，经济方面，有矿业、农业、工业、交通事业；文化方面有各个专业科研机构：教育方面，有实验小学、职业中学、大学、图书馆、博物馆、运动场等；人民方面，皆有职业，皆受教育，皆能为公众服务，皆无不良嗜好，皆无不良习惯。环境方面，皆清洁美丽，皆有秩序，皆可居住、游览。这就是卢作孚在 20 世纪 30 年代乡村建设运动中独具特色的北碚模式。即以经济建设为中心来实现农村现代化，以兴办实业推动乡村建设，以开发促发展，以城镇带农村，同时大力兴办文化教育和公共事业，促进物质文明和精神文明建设。通过 20 来年的努力，把一个落后的北碚乡村建成了有一定规模、具有现代文明的小城镇，成效较为显著。

抗日战争期间，卢作孚曾出任交通部次长和全国粮食管理局局长，为解决战时交通运输和粮食问题作出重大贡献，特别是他指挥的宜昌大撤退，把中国最重要的工业企业，上万难民经三峡航道撤退到大后方去，为抗战胜利打下了有力基础。

新中国成立前夕，他拒绝了国民党要他去台的多方劝说，千方百计将滞留在香港的 18 艘民生公司轮船驶回大陆，参加新中国建设，曾受到毛泽东、周恩来、朱德等领导的欢迎和多次接见，并当上了全国政协委员和西南军政委员会委员，毛主席在 20 世纪 50 年代一次讲话中提到在中国民族工业发展过程中有四位实业界人士不能忘记，他们是张之洞（重工业）、范旭东（化工）、卢作孚（交通运输）和张謇（纺织）。

### 三、梁漱溟——我国著名哲学家、教育家和社会活动家

梁漱溟一生为民族独立、国家富强积极探索努力。他先是醉心于西方政治制度，后又想从中国传统文化中寻求改造中国之路。他认为中国是"伦理本位，职业分途"的特殊社会形态，必须从乡村入手，以教育为手段改造社会，他是民国时期乡村建设运动的倡导者。

1928年他在广东开始实践其"乡治"主张，后去河南省担任村治学院教务长。1930年在山东创办山东乡村建设研究院，并在邹平县开始进行乡村建设实验，引起了全国的关注，他编写的《乡村建设理论》《乡村建设理论文集》等是中国乡村建设运动的代表作。

总起来看，这三位社会活动家的乡村建设思想，都是追求进步、振兴国家和民族的爱国主义伟大实践。他们关注和研究中国农业、农村、农民问题，探索农村社会改革的道路，希望通过改良的途径，来改变农村贫穷落后的面貌，推进农村走向现代化。他们的主观愿望和艰苦奋斗、坚强毅力都是非常可贵的。但是他们未能揭开中国落后的根本原因。试图在不触动社会根本制度的前提下来改变中国农村面貌，是难以实现农村现代化的。正如晏阳初于1985年应邀回中国访问河北定县后感慨地说："定县确实发生了巨大变化，乡亲们的生活比过去富裕多了。从定县的变化我看到了中国的前途和希望。""比较起来，我当年搞的只不过是一种方法的研究，要真正改变广大农村的面貌，还得有现在的这个制度。"

晏阳初、卢作孚、梁漱溟在乡村建设中，十分重视教育和科技，开发人力、智力资源，以及大力发展乡村工业、乡镇企业，加强文化与环境以及基层政治建设，推进农村现代化，迄今仍有重大现实意义的。

原载《卢作孚研究》2018年第4期

# 努力提高城镇化的水平与质量

## 一、世界城市化的趋势

城市化是全球经济社会进展的必然趋势和必由之路。据联合国资料，1950 年世界城市人口 7.3 亿人，2009 年接近 35 亿人，40 年后将达 64 亿人，预测 2025 年全球将有 29 座大城市人口超过 1 000 万人，其中大多数在发展中国家。

世界城市化率（城市人口占总人口的比重），1900 年 13.6％，1959 年 28.4％，1994 年 45％，2000 年为 50％，预测 2025 年将达 65％，其中发达国家 1970 年 67.5％，1995 年 74.7％，预测 2025 年将达 84％；发展中国家 1970 年 25.1％，1995 年 37.0％，预测 2025 年将达 57％。从地区看，欧洲、北美和大洋洲以及拉美地区城市人口超过农村人口，非洲和亚洲仍以农村人口居多。从全球看，城市化达 30％～75％期间处于高速发展阶段，到 75％以后，则速度将减慢。

拉美地区国家属世界上城市化过快的区域，城市建设和公共服务跟不上城市人口增长需要，社会问题很多，其教训值得吸取。1950 年拉美内地总人口 1.1 亿多人，其中农村人口 6 430 万人，而今拉美内地总人口已逾 5 亿，其中农村人口 6 300 多万人。60 年间，农村人口基本没有增长，而城市人口暴增，城市人口已达 4.4 亿多人，增加 3.8 亿多人。2010 年拉美已成为世界上仅次于北美的城市化最高的地区之一（城市化率：拉美 79.6％，北美 80.7％，欧洲 72.6％，大洋洲 70.2％，亚洲 39.8％，非洲 37.9％）。带来的问题是：城市硬软件建设满足不了城市人口快速增长需要，社会问题很多。如：①住房紧张，出现贫民窟。②就业困难，农民工大量出现，就业与失业难以区别，农民亦工亦农。③社会保障制度缺乏，很难满足人口增长需要，大部分劳动力人口排挤在社会保险制度之外。

④贫困现象十分严重。20 世纪 80—90 年代，一直在 40％以上，最高达 48.3％，目前仍有 1/3 人口生活水平在贫困线以下（收入低、工作岗位不固定，工作条件差，社会地位低下，无条件社会保险），成为社会弱势群体。⑤分配不公，两极分化。⑥社会治安不好。如墨西哥一个地区贫民窟连成片，居住人达 200 万人，是暴力殴斗、吸毒、贩毒等发源地。

世界银行把国家人均国民收入分为四个等级，人均 GDP 1 000 美元以下，属低收入水平，1 000～4 200 美元属中下等收入水平，4 200～12 500 美元属中上等收入水平，12 600 美元以上，称为高收入国家。根据日本和亚洲四小龙跨越中等收入阶段的时间，日本（1966—1985 年）、新加坡（1971—1990 年）分别用了 19 年；韩国（1977—1995 年）、中国香港（1971—1989 年）用了 18 年。中国 2001 年走出了人均 1 000 美元的低收入阶段，2010 年人均超过 4 200 美元，成功进入中等收入国家行列，但城市化率只 49.95％，还出处于中低等收入国家水平。主要问题是设施建设公共服务跟不上，受城乡二元化体制制约，进城农民落户困难，农民转化为市民的能力薄弱。估计在未来 15 年内，中国可进入高收入国家行列。

城市是经济增长的推动力量，如美国 80％以上的就业靠城市解决，财政收入的 87％来自城市。世界城市面积占全球土地的 3％多，创造了 70％的总产值，集中了超过一半的人口和 80％的基础设施，是国家地区和世界的核心区域。

## 二、中国城镇化的发展

新中国成立初期，城镇化率仅 10.6％，1961 年 19.1％，1977 年 17.6％，1978 年以后逐步提高，1995 年后进入快速增长时期，2010 年达 49.95％，目前设市的城市达 657 个。

其特点是：①"北高南低"（北部城镇化高，南部城镇化低）向"东高西低"转变，现阶段是"东高西低"的格局，2006 年我国东中西部城镇人口比例计算，东部为 55％，中部为 40.4％，西部为 35.7％，2007 年中国城镇化率大于 50％的省市区（除内蒙古外）都分布在东部或东北，除福建和海南两省外的东部和东北地区的城镇化率都超过 50％，福建为 48.7％，海南 47.2％。②城镇化率 30％～50％的地区，提升得快，如河北、河南、陕西、江西、安徽、湖南、重庆等；城市化率高于50％以上的地区，如北京、上海、天津（均超过75％）和东北三省以及城镇化率低于30％的地区则提升的慢。③特大城市快速增加（水平提升和规模扩大），中等城市以上的数量和比重在增加。2008年人口超过100万人的地级以上城市已超过122个。④大都市圈快速增长。如珠江三角洲、长江三角洲以及京津冀大都市圈明显成长。2006年这三大都市圈的土地面积占3.38％，人口占15.54％，非农业人口占21.4％，GDP产值占全国36.76％，人均GDP达41 576元，是全国平均水平的2.37倍。此外，还形成了十余个地方性的大都市圈，如辽中南、中原、武汉、长株潭、成渝、闽东南、山东半岛、北部湾等城镇群，这些大都市圈约占全国土地的12％，承载了全国22％的人口、创造了全国GDP的一半以上产值。

2006年统计，我国城市面积由1985年9 386平方千米，到2005年达32 520平方千米，增长3.46倍。2001年以来，每年城市征用土地面积都在1 000平方千米以上。

城镇化是推动区域经济发展的火车头，是一个国家综合国力政府管理能力和国际竞争力的重要标志。对于促进市场开拓、推进新型产业化、培养高层人才、创新科技、解决农村剩余劳动力出路等方面发挥重大作用。我国国内生产总值的3/4来自城市，文化事业产业、医疗、科研、高校、机场、港口、车站都集中在大中城市。按我国国家规划，城镇化率每年可能增加0.8～1个百分点，到2030年达65％。这意味着城镇平均每年要增加2 000万人的速度进展。从2010年到2030年基本解决4亿农民工及其家属的进城和落户问题。

改革开放以来，随着市场经济发展，我国农民阶级中有了农业劳动者，农民工、乡镇企业工人、农村干部、私营企业主、个体劳动者等不同阶层。全国农业就业比重从1978年的70.5％到2007年的40.8％；而非农产业就业比重从1978年29.5％增加到2007年的59.2％。农村劳动力转移到城市，但没能真正融入城市产业工人阶层，出现了"农民工"这个特殊群体。2012年全国城镇人口6亿多人中，包括有1.5亿多农民工（包括家属达2.32亿人），他们并未享受市民的权利。农民工中在第二产业从业人员中占58％，在第三产业从业人员中占52％，在加工制造业从业人员中占 68%，在建筑业从业人员中占 80%。实际上，农民工已成为我国产业工人的重要组成部分。

目前城镇化发展中存在两种偏向。①从建筑角度看，有"赶超型城市化"，大跃进现象，追求形式，高楼化、别墅化、楼堂馆所，大量占用土地，讲究阔气、漂亮、豪华，造成浪费；缺乏城市内涵，公共设施和服务管理水平低下。②从人口角度看，"浅度城市化"，很大部分农民工、暂住人口（户口不在城镇，在城居住时间一般不超过半年的外来流动人口）不计算为城市人口。截至 2008 年 12 月，全国有 13 个省、市、自治区取消农业户口和非农业户口的划分，统算居民户口。但是现在城镇化率计算，是用城镇户籍人口加城镇暂住人口除以总人口。第 6 次人口普查，城镇化率为 49.96%。不是真正的城镇化率，有 2.32 亿流动人口（"候鸟"两栖人、亦城亦乡）未享受市民待遇（占约 17%），实际城镇化率仅 33%。因此，改变农民工的不利地位，保障这个弱势群体的社会和经济权利，是一项迫切需要解决的任务。据专家推算，农民工市民化的平均成本约在 10 万元左右。只有实施农民工市民化，才会有中国的城镇化。

如何提高我国城镇化？要从我国实际出发，吸取国际有益经验的基础上，走中国特色的城镇化道路。要大中小城市和小城镇协调发展，城镇与农村协调发展，各个城镇之间形成合理分工，互助合作的城镇群。现阶段需要严格控制大城市的发展，适度发展中等城市，积极发展小城镇。要完善区域性中心城市功能，发挥大城市的辐射带动作用，引导城镇密集区有序发展，防止盲目扩大规模。要大力推进我国中西部地区的工业化与信息化发展。认真做好城乡发展规划设计（包括土地利用，"米袋子""菜篮子"工程、投资、就业、基本公共服务、社会保障、户籍制度等在内的城乡一体化进程），努力缩小地区与城乡差别。根据不同区位优势与资源特点，优化城镇产业结构，增强城市基础设施、社会文化设施、防灾减灾、社会保障等建设；积极提高城镇低收入居民收入水平和城市基本公共服务和社会保障水平；切实解决环境、交通、住宅等问题，建立低耗、低碳、高效、集约、宜居的绿色，可持续发展的现代化新型城镇。

原载《市长参考》2012 年第 4 期

# 苏州市城乡一体化发展的经验

苏州市为破除城乡二元结构，促进城乡经济社会一体化发展，推进工业化、城镇化与农业现代化协调，不断改革创新，取得了很大进展。

2008年9月，江苏省委省政府把苏州作为城乡一体化发展综合配套试点区。同年10月国家发改委也把苏州列为城乡一体化发展综合配套改革联系点。

## 一、苏州市城乡一体化发展的有利条件

苏州市经济发达，所辖县市地区，工农、城乡之间的差距较小，发展城乡一体化具有良好的基础条件。2009年全市生产总值7 740亿元，地方一般预算收入745亿元，所辖5个县级市均属全国综合实力百强县（市）前十名。城区、工业园区、高新技术开发区、古城区等都实现了全面协调发展，地区经济发展均衡度很高，为全国少有。

工农差别看，20世纪70—80年代，苏州就发展乡镇企业，并在全国率先建立了以工补农，以工建农的体制机制。随着工业化、城镇化的发展，农业增加值占国民经济总产值的比例不断下降，但农业基础作用、生态功能仍很重要。近几年利用工业与财力支撑，大力加强对农业的反哺，建立了14个万亩现代农业园，64个千亩生态农业园，农业与工业之间的差距明显缩小。

城乡差距看，苏州农民拥有村级集体经济的分配权和社区股份合作社股权，一般每人每年可以分得几百元、上千元的红利，高的可达1万多元。农民还拥有土地承包权，加入土地股份合作社之后，每年每亩地也能分得上千元。还有宅基地的使用权，征地拆迁可以换到多套房子。2009年苏州农民人均纯收入达12 987元。这在全国20个大中城市中是名列前茅的。城乡居民收入差距多年维持2∶1的低位。

贫富差距看，苏州是全国差距最小的地区之一。这主要得益于苏州的农村集体经济与社会保障体系。2009 年，全市平均每个村的集体经济可支配收入为 389 万元，其中 98 个村超过 1 000 万元，13 个村超过 3 000 万元。村级收入扣除公共开支和必要的积累外，其余大部分分给了农民。同时还有完善的社会保障体系，包括医疗保险、就业保障服务、创业扶持、农业保险、失业救助、最低生活保障以及老年农民养老保险等。

## 二、城乡一体化的战略选择

近年来，苏州市委、市政府多次研究认为，要向率先实现现代化迈进，关键是在农村，就是要使农民持续增收、农村基础设施建设赶上城市水平。这就必须解决农村面临的资源、人口和环境问题。苏州常住人口密度每平方千米超过 2 000 人，人均耕地不到半亩，农户分散居住，环境差，农业规模经营不够，土地资源没有得到充分利用。

其出路是转变发展方式，采用劳动密集型、资源消耗型等转型升级，并改革体制机制，用城乡一体化手段来解决。即打破城乡分割的资源配置方法，重点是从偏向城市转向兼顾城乡，从单向索取转变为双向互补，从低价征收转向等价置换，要使苏州经济社会发展从征地投资拉动转向主要利用存量土地的可持续发展之路。

在富裕农民方面，要完善农村"社区股份合作、土地股份合作、农民专业合作"三大合作改革，增加农民财产投资性收入比重。在社会保障方面，要消除城乡二元分隔造成的待遇差别。在就业方面，要逐步实现城乡劳动者服务共享，机会平等。在农村金融体制方面，要通过改革和创新，培育小额信贷组织等适应农民创业多元化金融组织体系。在政府机构改革方面，与城乡一体化相适应，从城乡分治转向城乡统筹。因此，城乡一体化是涉及全方位的深刻的革命性举措。

## 三、城乡一体化的政策创新

2008—2010 年三年间，苏州市连续出台了三个纲领性文件，《城乡一体化发展综合配套改革的若干意见》《城乡一体化发展综合配套改革三年实施计划》《全面推进城乡一体化改革发展的决定》，指导城乡一体化改革发展的全局实践。

2008 年《城乡一体化发展综合配套改革的若干意见》，明确提出其目标是，通过一段时间努力，使苏州农村既保持鱼米之乡优美的田园风光，又呈现先进和谐的现代文明，逐步建设成为基础设施配套、功能区域分明、产业特色鲜明、生态环境优美、经济持续发展、农民生活富裕、农村社会文明、组织坚强有力、镇村管理民主的社会主义新农村。加快形成农民持续增收长效机制，农村新型集体经济发展动力机制，协调发展和构建和谐社会制度环境，城乡公共服务均等化运行体系，城乡一体化行政管理体制，率先实现城乡发展规划、资源配置、产业布局、基础设施、公共服务、就业社保和社会管理一体化的新格局。

2009 年《城乡一体化发展配套改革三年实施计划》，则进一步细化改革进度，提出 2009 年为"重点突破年"，围绕城乡一体化发展目标，在完善农村劳动和社会保障制度，推进宅基地换商品房，承包地换社保工作，加快城乡户籍管理一体化等方面，制定专项政策意见，推进 23 个先导区的先行试点工作。2010 年为"整体推进年"，整体推进"三形态""三集中""三置换"工作。2011 年为"全面提升年"，建立较为完善的城乡一体化发展推进机制，全面提升"三形态""三集中""三置换"工作水平（"三形态""三集中""三置换"，在下面有说明）。

2010 年《全面推进城乡一体化改革发展的决定》，再次向全市发出了推进城乡一体化发展的总动员令，提出到 2012 年基本建立城乡一体化发展的机制体制；全市农民人均纯收入 2012 年达全省平均水平的 1.5 倍，全国平均水平的 2 倍以上，2017 年突破 2.5 万元。村均集体经济收入 2012 年达 450 万元。到 2012 年现代高效农业面积占种养面积（不含粮油作物）比重达 60%，城乡公共服务均等化基本实现，城乡社会保障基本并轨。

除这些纲领性文件外，还有不少细化操作的政策文件，由市委、市政府直接抓的就有 10 多个文件。有力地构建起城乡一体化改革发展的政策制度，推动城乡一体化实施。

**"三形态"**——把苏州城乡规划为三种形态进行地区产业分工，优化城乡空间布局。地处工业和城镇规划区的地方，加快融入城市化（如唯亭镇、木渎镇等），地处工业基础好，经济实力较强的地方，加快就地城镇化（如昆山的千灯镇）。地处农业规划区、生态保护区的地方，加快农村现代化（如阳澄湖镇），一方面发展现代农业，一方面把节约下来的建设用地置换到其他地区搞工业或三产，取得收益反哺农业。

"三集中"——优化土地资源配置。推进农民居住向社区集中，工业企业向园区集中，农业用地向规模经营集中，优化科学规划布局。目前全市 2.1 万个自然村规划调整为 2 517 个农村居民点，75% 的农村工业企业进入工业区，56% 的承包耕地实现规模经营，33% 的农户迁入集中居住点。

"三置换"——更好保障农民权益。鼓励农民将集体资产所有权、土地承包经营权、宅基地及住房置换成股份合作社股权，城镇保障和住房，实行换股、换保、换房进城进镇。2009 年全市有 5 万多户、17 万农民，通过三置换，实现了身份转变，促进了城镇化进程。

"三大合作"——巩固富民强村根基。加快发展农村社区股份合作、土地股份合作、农民专业合作，建立各类富民合作社，实现资源资产化、资产资本化、资本股份化，形成集体经济与农民持续共享资源增值收益的长效机制，创新"苏南模式"的共同富裕之路。全市农村"三大合作"组织已有 2 821 家，持股农户占农户总数 90%。全市农民人均纯收入连续 7 年实现两位数增长。农民财产投资性收入比重从 2003 年不足 5%，提高到 2009 年的 33.2%。

"三大保障"——为民排忧解困。目前，全市农村劳动力参加基本养老保险覆盖率 98.5%，其中参加城镇职工养老保险的达 55.3%。老年农民社会养老补贴覆盖率达 99.5%。积极推行新型农村合作医疗保险制度向基本医疗保险制度过渡。农村基本医疗保险参保率达 97%，人均基金 347 元，基本实现农民村医保卡就诊看病。农村低保的应保尽保。

"公共服务均等化"——让农民共享城市文明。在各行政村普遍建立了集行政办事、商贸超市、社区卫生、警务治安、民政事务、文化娱乐、体育健身、党员活动等多种功能于一体的农村社区服务中心。累计投入新农村建设资金近 200 亿元，建立 459 个市级示范村、19 个省级示范村。全市 88% 的村建有功能配套的社区服务中心。56% 的村实现生活污水集中处理，90％以上的村建立垃圾无害处理体系。

**发展"现代农业"——提升基础产业。** 全市按四个 100 万亩的规划要求，发展现代农业示范园区，加快推进"水稻规模化、蔬菜设施化、水产标准化、营销现代化"，同时基本形成完善的农业担保体系。累计担保金额达 45 亿元，形成国家、省、市、县四级农业保险体系，累计投保农户 289 万户次，承保风险 54 亿元。在全省率先对粮食规模经营户实施收购价外补贴，率先探索基本农田保护和生态补偿机制。

在城乡一体化试点中，苏州创造性地推出 23 个城乡一体化改革先导区，"允许试、允许闯、允许错了改"的政策空间。首先打破城乡分治；从政府机构自身改革做起。如绿化，过去园林和绿化部门只管城市，农村绿化由农林部门管，造成管理不统一和资源调配不合理等问题，现在变成城乡统管。有的镇常住人口达数十万，但治安、城管队伍仍是镇级编制；有的村并镇后形成巨大管理服务对象群，这就需根据实况给予更多行政经济管理权限。同时推出了众多职能部门大联动机制，改变"管城不管乡、管乡不管城"的二元管理体制。如推进城乡基础设施建设和管理一体化、城乡公共服务均等化、城乡一体化社会保障制度改革等，都把有关单位组织起来加以落实，建立了由主要领导担任领导小组长的办公室统筹协调工作。

## 四、力求新的突破

苏州市委、政府要求城乡一体化发展综合配套改革力求新的突破。

### （一）注重规划引领，在转变发展方式上突破

促进城镇规划、土地利用规划、产业规划、生态建设规划有机结合，镇村布局规划、村庄规划、农业规划、乡村旅游规划、水系规划等专项规划有机衔接。到 2012 年镇村工业企业集中度达 80％以上，农村居民集中居住度达 50％以上。

### （二）注重制度建设，在创新体制机制上突破

把推进农民身份转换作为城乡改革联动的突破口，鼓励引导更多的农民换股、换保、换房，进城进镇落户。创新土地使用制度，实行城乡建设用地增减挂钩制度，现代农业园区农业设施用地政策和村集体留用地政

策，进一步优化土地资源配置、完善社会保障制度，加快城乡社会保障制度接轨。

**（三）注重产业融合，在经济转型升级上突破**

坚持城镇现代化和农业现代化有机结合，高度重视被撤并乡镇镇区的资源整合和配置。注重展示吴文化的深厚底蕴，提升城镇建设与管理水平。坚持农业生产、生活、生态、生物的功能定位，推进一、二、三次产业融合发展，大力实施"万顷良田"工程，加快建设百万亩现代农业规模化示范区，重视市场营销体系建设。到 2010 年基本实现农业规模化经营。

**（四）注重优先富民，在农民持续增收上突破**

推进就业、创业、产业、物业并举，鼓励和支持股份合作经济组织参与城镇化、工业化和新农村建设，使股份分红成为农民增加财产性收入的重要途径。到 2010 年全市村均收入超 450 万元，农民人均收入超 1.6 万元，农民财产性收入比重达 40％以上。

**（五）注重社区建设，在城乡管理体制上突破**

加强新社区建设，促进城乡公共服务均等化，探索建立新型社区管理体制，试行"区、镇合一"行政管理体制，对有条件的县城镇、中心镇、农业示范区给予更多的行政和经济管理权限，增强社会管理和公共服务职能。

（参考 2010 年 6 月 2 日《苏州日报》"城乡一体化——苏州实践特别报道"编写整理）

原载《统筹城乡经济社会发展论坛》2010 年第 8 期

# 浙江省加快推进小城市培育试点工作

2011 年 12 月 7 日浙江省委、省政府在绍兴县召开全省小城市培育试点工作现场推进会。现将情况介绍如下：

## 一、省领导的部署

省委书记赵洪祝在会上强调，各地各部门要进一步深化认识，明确要求，加强领导，按照"一年一个样，三年大变样"的工作要求，全面实施三年行动计划，加快推进小城市培育试点，要镇人口集中，产业集聚、功能集成、要素集约，努力把试点镇培育成为产业特色鲜明、生态环境优良、社会事业进步、功能设施完善的现代化小城市，走出一条具有浙江特色的新型城市化路子。

现在全省已有 27 个单位开展小城市培育试点工作。赵洪祝书记在充分肯定取得培育试点工作成绩后，强调各地各部门要切实增强责任感和紧迫感，充分认识开展小城市试点是加快转变经济发展方式的转化器，是加快推进新型城市化的加速器，是加快建设成惠及全省人民小康社会的助推器，是加快体制机制创新的孵化器。把小城市培育放到全面建设惠及全省人民小康社会的大目标中来考虑，放到加速新型城市化的大背景中来谋划，放到加快转变经济发展方式的大格局中来推进，加快实现试点"镇"，由"镇"变"城"的历史性跨越。他还明确要求，抓住工作重点，务求取得更大成效。要创新建设理念，优化城市形态；强化建设投入，提升城市功能；加快产业结构调整，推进经济转型升级；推进集聚集约，实现资源要素大整合；强化创新意识，完善体制机制。要求各级党委政府进一步解放思想，配强班子，形成合力，加大宣传，扎实推进小城市培育试点工作，为全省城乡统筹协调发展做出新贡献。

夏宝龙代省长在讲话中指出，小城市培育试点是全省推进新型城市化、统筹城乡发展的重要举措，也是扩大投资消费，促进经济平稳健康增长的重要抓手。要进一步深化认识，用现代城市的理念、标准来建设小城市；大力发展城市经济，促进三次产业协调发展；着力破解土地、资金和人才等要素瓶颈制约，加快对小城市培育发展起重大支撑作用的基础设施和产业发展项目建设；用足用好已出台的政策并进一步完善相关政策，全力破难攻坚试点中遇到的体制性障碍；在注重"硬件"建设的同时，更要注重城市管理，优化政府服务等"软件"建设，创新举措，狠抓落实，努力开创全省小城市培育发展新局面。

## 二、绍兴县的培育试点工作

绍兴县近年来牢固树立中心镇就是小城市的理念，把中心镇作为统筹城乡发展，建设社会主义新农村，走新型城市化道路的重要节点，切实加大中心镇的培育力度，一批特色鲜明、功能完善、集聚带动能力强的现代化小城市正在形成。他们的做法：

### （一）优化布局，明确思路

加快中心镇发展，定位是基础，规划是龙头。

根据绍兴县"十二五规划"，县域主体功能划分为重点发展区域、优化发展区域和保护发展区域三大类。在此基础上进一步优化完善县城总体空间布局，着力形成柯桥主城区、钱杨新城、平水新城、福兰新城以及北部工业区、东部现代生态经济区、西南生态休闲旅游区的空间格局。

同时，按照省、市的统一部署，该县积极开展省、市级小城市培育试点的申报工作。2010年底，钱清镇经省政府审定，列入全省第一批27个省级小城市试点镇。另外杨泛桥、平水、福全、兰亭、马鞍等五个镇被列为市级小城市培育试点镇。

在此基础上，县里明确把中心镇定为全县"经济转型发展示范区、城乡统筹发展示范区、社会和谐发展示范区"，并重新规划编制了钱杨、平水、福兰三个新城的总体规划，特别是对区域空间布局、道路交通及重大公共设施和基础设施的共建共享，进行统一、科学的优化细化。

### （二）以点带面，加快培育

该县的钱清镇被列省级小城市培育试点镇为契机，积极推动市级小城市试点培育工作，形成小城市培育工作的新高潮。

《钱清镇小城市培育试点三年行动计划》规定，将实施 93 个项目建设，完成全社会投资 151 亿元，到 2013 年小城市建成区面积达 13.5 平方千米，建成区常住人口 12.87 万，地区生产总值 132 亿元，工业销售收入 680 亿元，财政总收入 18 亿元，第三产业比重达 36%。目前该镇按上述目标积极实施城市建设，推进产业结构调整升级。

全县还制定了其他 5 个市级小城市试点镇的三年行动计划，以点带面，把小城市培育工作落到实处。

小城市建设是一个新生事物，需要上级党委、政府的精心培育。对省级小城市钱清镇，县里出台了多项扶持政策：除了在财政上给予财政分成，土地出让金净收益返还，专项扶植基金等，同时在钱清镇设立行政服务中心、城市综合执法中心、就业保障服务中心、土地储备中心和应急维稳中心等五大机构。对其他 5 个市级小城市培育试点镇，在财政分成政策的基础上，每镇每年给予 500 万元定额补助，以推动小城市培育工作。

城市培育试点任务重、要求高、人财物的要素保障十分重要，对此，县里强化人才保障，把优秀人员充实到小城市试点镇工作第一线；在资金保障上，对省市级小城市培育试点镇加大财政倾斜力度，降低财政分成基数，增加超收分成额度，同时增加专项资金定额补助，落实地方配套建设资金等，在用地保障上，把有限的土地指标重点向小城市培育倾斜。

在中心镇带动下，对全县经济、城乡、社会转型升级发挥显著作用，对文化教育、医疗卫生、公共交通等服务也逐步向城镇、农村基层延伸，公共服务均等化水平持续提高。

原载《统筹城乡经济社会发展论坛》2012 年第 2 期

# 北京郊区农业、农民、农村的新形势

北京市"十二五"期间，高度重视"三农"工作，抓紧抓实，统筹协调城乡一体化，改革创新，加大对"三农"投入，加强有关体制、机制建设，有力推进农业、农民、农村事业的迅速发展。

## 一、维护与发展农民的根本利益，促进农民增收

2015年全市农民人均可支配收入为20 569元。5年来，农村居民人均收入年增长11.2%，增速连续7年快于城镇居民。为提高工资性收入，实施城乡统一的就业政策，大力促进农民转移就业。在41.21万名实有登记农村劳动力中，80.3%实现了转移就业，农民工资性收入始终稳定在70%以上。为提高财产性收入，深入推进"土地流转起来，资产经营起来，农民组织起来"，帮助农民盘活用好所拥有的资源，实现财产保值增值。为提高转移性收入，持续提升农村社会保障水平，农民基础养老金增长67.9%，福利养老金增长92.5%，新型农村合作医疗筹资标准由520元提高到1 200元，农村低保标准提高1.4倍，达到710元，实现了最低保障标准城乡统一。对低收入农户，进行专项扶持政策措施。对全市23.33万户、58.03万人、645个低收入村开展综合帮扶、精准帮扶。市政府安排9 189万元扶持164个村因地制定发展特色产业；帮助83.7%的低收入农户劳动力就业。在大兴、密云区试点，以异地购置物业，取得长期稳定收益，支持低收入农村发展的长效帮扶机制，两区配套资金1.5亿元，初见成效。据统计，2011—2015年，全市20%相对低收入农户人均年收入增长14.1%，增幅比全市农民平均高2.9个百分点。

## 二、发展都市型现代农业

5年来，北京农业着力拓展新功能。生产上，保障"菜篮子"供给能

力，实施基本菜田生产补贴，对达到一定规模节水安全标准的菜田予以补贴。设施农业面积达 35.5 万亩，菜肉自给率稳定在 30%以上，禽蛋奶自给率稳定在 60%左右。新增外埠蔬菜基地超过 25 万亩。种养业主导产品的标准化覆盖率超过 90%，绿色、有机、无公害认证覆盖率达到 40%。"种业之都"建设成效明显，销售额稳定在 100 亿元以上。生活上，乡村休闲旅游业蓬勃发展，1 301 个农业观光园和 8 863 个乡村旅游接待户遍布郊区各地。2015 年共接待 4 043 万人次，总收入 39.2 亿元。技术上，全市农业科技贡献率超过 70%（高于全国平均水平 16 个百分点），农业科技服务能力居全国首位。世界草莓大会、高级别会展农业和北京农业嘉年华等农事节庆活动，有力推动了现代农业的发展。

2014 年，为全面提升都市型现代农业发展水平，划定 150 万亩粮田、菜田和 100 万亩果园，落实到地块并实现数字化管理。到 2015 年底，粮田面积调减到 125 万亩左右，调减生猪出栏量 15.8 万头，家禽出栏量 750 万只，水产养殖面积 0.23 万亩；建设 3.15 万亩高效节水果园和 5 万亩高效节水灌溉工程，小麦喷灌、蔬菜高效节水技术覆盖率分别达到 54%、45%，均提高 9 个百分点；全市农业用水在 2014 年减少 2 000 万立方米的基础上，又节约了 4 000 余万立方米，累计完成 2020 年调减任务的 1/3；农业化学需氧量 COD、氨氮排放量分别减少 14%和 12%，在全国率先完成农业水污染物减排任务。

### 三、为建设美丽乡村，市政府固定资产投资投向郊区的比例，始终保持在 50%以上

城乡结合部地区设立了首批筹资 20 亿元的产业引导资金。50 个重点村旧村拆除任务扎实推进。60 万户农宅实施了抗震节能改造。实施山区农民生态搬迁工程，国家进行补贴。2004 年至今，市级资金累计投入 24.6 亿元，完成搬迁 3.8 万户、9.3 万人，建成新村 200 多个。

为提升农村人居环境，全市从 2014 年开始启动美丽乡村建设工作。以"减煤、换煤、清洁空气"行动、电网改造、住宅抗震节能改造、污水治理、绿化美化、田园环境整治、卫生服务、传统村落保护、基础设施长效管护等 9 项重点任务为支撑，每年以不低于 15%的村庄比例推进。

2014 年，第一批近 500 个村庄已经完成，2015 年又启动了 500 个美丽乡村的建设。同时，切实加大了传统村落的保护力度，16 个国家级传统村落实现了一村一规划。从 2006 年起，创办寻找北京最美的乡村宣传评选活动，倡导"生产美、生活美、环境美、人文美"的社会风尚。

## 四、基础设施的城乡一体化

5 年来，全市加速推进轨道交通、高速公路、新城路网、浅山区路网等搭建的城乡交通路网体系建设，率先基本实现"村村通公交"；基本实现农村安全饮水，建成乡镇污水处理厂 48 座，村污水处理站 1 045 处，郊区污水处理率达 66.2%；生活垃圾分类收集、运输、处理工作不断加强，远郊垃圾无害化处理率达 97.2%。

郊区能源结构加快调整，启动农村电网改造升级，15 万户实现"煤改电"，送气下乡实现全覆盖，郊区 90 万农村住户都用上了政府补贴的液化气。

2006 年以来，市政府为改善农村基础设施建设，共投入 300 多亿元，完成了 3 000 多个村庄的规划编制，硬化了近 10 047 万平方米农村街坊路，改造老化供水管网 3.2 万多千米，农村卫生厕所覆盖率 96.6%。为所有村庄配备了垃圾储运设施和设备，建成农村污水处理设施 1 000 余处，安装太阳能路灯 17 万盏，安装村内节能路灯 20 余万盏，更换节能灯泡 1 300 多万只，建成村级太阳能公共浴室 1 300 多座。35% 以上的农户开始使用可再生能源（太阳能、生物质能、地热能等），建设雨洪防灾利用工程 500 余处（新增蓄水能力 3 500 多万立方米）。为确保这些基础设施良好运行，使农民长期受益，还加强了维护与管理体系。每年市、区两级在这方面投入均在 6 亿元左右，有效提高了基础设施的利用效率。

## 五、加强生态环境建设

5 年来，全市森林覆盖率由 39% 提高到 41.6%。林木绿化率由 53% 提高到 59%；平原地区森林覆盖率由 14.85%，提高到 25%；人工造林 28.38 万亩，封山育林 124.75 万亩。建成生态清洁小流域 280 条，治理水土流失面积 6 758 平方千米。发展沟域经济，兴建各项工程，总投资

120 亿元。全面实施秸秆禁烧，综合利用率达 98% 以上。全市成功创建国家生态县 2 个，国家级生态示范区 11 个，生态乡镇 96 个，生态村 2 个。

农村"减煤、换煤、清洁空气行动"成效显著。从 2013 年开始，积极推进"城市化改造上楼一批，拆除违建减少一批，炊事气化解决一批，城市管网辐射一批，优质燃煤替代一批"的要求，采取资金奖励、补贴，加强优质煤供应配送和质量监督等措施。到 2015 年底，全市农村 146 万户籍的住户中，已实现城市化上楼集中供暖 25 万户，煤改电、煤改气分户供暖 16 万户，换优质燃煤 92 万户，冬季转移过冬约 3 万户，覆盖率超过 90%。

## 六、深化农村改革，积极推进土地流转起来，资产经营起来，农民组织起来

集体林权确权已完成，共 1 300 余万亩，涉及 3 274 个村、119.3 万山区农民。到 2015 年底，全市农村确权土地面积 449 万亩，土地经营权有序流转，确权土地流转率达 61.7%。全市完成农村集体经济产权制度改革的单位达 3 711 个，其中村级改革完成比例达 97.9%，并开始设立农村集体资产监督管理委员会。

农村金融，逐步形成产业金融、开发金融、民生金融、发展金融及生态金融五大体系。2011 年发行北京市农业中小企业集合票据，发行额 11.6 亿元。2010 年成立北京农村产权交易所，累计成交 402 笔，金额 31.54 亿元。政策性农业保险也在积极推行。

积极推进农民专业合作社规范发展。2015 年底，农民专业合作社达 6 832 个，正式登记注册的合作社成员 17.8 万人。合作社成员出资金额达 92.13 亿元。市级示范合作社达 216 家，组建跨区域的联合社 31 家。

## 七、加强农村基层组织建设，使党的执政基础更加稳固坚强

市级财政对村级公益事业专项补助资金每年达 7.71 亿元，还建立每村每年下拨 15 万元的基层党组织服务群众的专项经费。2 474 个村庄，实现了社区化管理，建成了 36 个地区（乡镇）办事处的社区服务中心和 3 700 多个村级综合性社区服务设施。

实现村务公开和民主管理。从 2015 年起，着力打造"守信念、讲奉

献、有本领、重品德"的农村基层干部队伍，从创新选任方式，加强教育培训，完善激励保障机制，强化监督约束四个方面，加大工作力度。

## 八、京郊农村社会结构新变化

农村劳力方面，据 2014 年统计，农村户籍劳力 163.3 万人，具有劳动能力的 140 余万人，已就业 127 万人。从 1996 至 2014 年，全市一产业从业人员由 72.5 万人减少到 52.4 万人，平均每年减少约 1 万人。2014 年，从事第三产业的有 69 万多人，占农村就业劳力的 54.5%。农业老龄劳动力约占 1/3 以上。

收入来源多样化。2014 年郊区 104.9 万农户中，靠一产业收入的农户 33.6 万户，占 32%。在可支配收入中，报酬性收入占 59.1%，家庭经营性收入占 18.5%，财产性收入占 10.5%，转移性收入占 11.9%。存在贫富不均状况。2014 年，全市农村居民家庭人均纯收入 20 225 元，其中 20% 的高收入家庭人均纯收入 34 796 元，20% 的低收入家庭人均纯收入仅 9 068 元，前者是后者的 3.84 倍。

2010 年资料显示，北京农村家庭中，二人户占 29%，三人户占 26.5%。农村每个育龄妇女平均只生一个孩子。独居老人户在老人户中占 18.3%，空巢老人家庭占农村户的一半以上。

2014 年，全市常住人口 2 151.6 万人，常住人口城镇化率 86.40%，但同期全市户籍人口城镇化率仅 50.6%，非京籍外来务工人员已成为近郊农业发展的重要力量之一。据统计，2013 年，京郊农村居住半年以上的外来人口有 226.8 万人，其中从事第一产业的 5.7 万多人，占全市第一产业劳力的 10% 以上。应对这些变化，需研究新的决策举措。

**参考资料**：①李海平："七彩"绘成"三农"卷，《北京农村经济》2016 年第 3 期；②郭光磊：京郊农村社会结构的新变化，《北京农村经济》2016 年第 2 期。

原载《农业经济技术研究所通讯》2016 年第 8 期

# 推动"三农"工作再前进

　　中国共产党建党 90 周年了，回顾党对"三农"问题是一贯关心与重视的，但经历了崎岖曲折与艰辛的过程。在政策措施上，曾犯急躁冒进"左"的错误，要求过急过高，"穷过渡"挫伤农民生产积极性；"抓革命，促生产""以粮为纲"，违反经济规律与自然规律，付出了沉重代价，使农业产期处于波动与停滞不前，农民贫穷，农产品紧缺，经济落后的状态。1978 年 12 月党的十一届三中全会总结历史经验教训后，实行改革开放，才使三农工作逐步走上健康、科学、持续发展的道路。

## 一、"三农"工作崎岖曲折的历程

　　1921—1936 年，在建立革命根据地时期，党确立了"农村包围城市"的革命战略。在农村开展土地改革，使耕者有其田，反对地主恶霸剥削统治，使农民从封建压迫制度中解放出来。1928 年、1931 年分别制定《井冈山土地法》《中国工农兵苏维埃共和国土地法》。

　　1937 年抗日战争后，在抗日根据地和解放区，党中央将"没收地主土地、实现耕者有其田"，改为"减租减息"的政策，并实行部队屯田、边生产边打仗，提出了"自己动手、丰衣足食""发展经济、保障供给"，开展大生产运动，依靠农民群众支援革命进展。1940 年前后，陕甘宁边区，在南泥湾开荒生产，建成"陕北江南"，还建立农业学校、边区农业试验场、延安自然科学院（设生物系），办起光华农场（养奶牛和农作物试验）。1942 年创建延安大学（设农学系）。晋察冀边区也建立了一些农场和农业试验所，开始重视农业科技建设。其他抗日根据地，也积极发动群众开展大生产运动。一些游击区，坚持劳武结合，保护农民和参加农业生产。日本侵略者则在东北、华北、华东等地进行移民，掠夺中国农业资源，对各抗日根据地实行封锁和"烧光、杀光、抢光"（三光）的政策，使中国农村遭到极大破坏。国民党统治区广大农民饱受剥削压迫、苛捐杂税、通货膨胀，生活贫困，生产不振。在人民革命战争胜利前夕的 1949 年时，全国农业生产低迷，粮食总产量比抗日战争前（1936 年）减少 1/4。

1949 年新中国成立后，党在农村有计划的实行土地改革，调动农民生产积极性，同时开展爱国丰产运动。1953 年开始实行计划经济，对粮、棉等农产品实行统购统销，农民为国家工业化积累资金。在互助合作的基础上，加强农田水利建设，总结推广群众增产经验，选用良种、改良农具、增施化肥、改进栽培制度与耕作技术等，有效地促进了农业增产，农民生活显著改善。

1958—1978 年，党中央发布《1956—1957 年全国农业发展纲要》以及有关人民公社的一些工作条例，开展"农业学大寨"运动、抓革命促生产、开展"文化大革命"等。总的看，由于忽视农业基础弱、底子差和因地制宜的特点，提出了一些不切实际，脱离群众的过高要求，特别是追求"一大二公"改变生产关系，搞生产资料公有制，"穷过渡"，成立人民公社，搞大跃进，大刮"浮夸风""瞎指挥风""强迫命令风"，不讲生产责任制、不按劳分配、搞平均主义等，严重挫伤农民生产积极性；强调"以粮为纲"，限制发展多种经营，割"资本主义"尾巴，造成不因地种植、乱砍乱垦，破坏生态环境。尽管靠劳动积累，搞了一些水利和农田基本建设，但农业长期徘徊波动，农产品供应紧缺，整个经济社会发展缓慢，农民生活十分贫困。据农业部人民公社局统计资料：1968 年全国农民人均年收入（集体分配）仅 74.67 元，有 2 亿农民低于 50 元，2/3 农民生活不如 50 年代。

1978 年 12 月党的十一届三中全会，总结历史经验教训，做出了《关于发展农业若干问题的决定》，从而农村执行家庭承包责任制和发展乡镇企业，取得了重大突破，推进了农业农村的全面发展。1982—1986 年和 2004—2008 年都根据新形势，每年以党中央 1 号文件对农业与农村工作提出新的部署，实行免征农业税、给以各种补贴、强农惠农、增加农业投入等政策措施，全力推动农业农村进展。2003 年提出为了实现党的十六大提出"全面建设小康社会的宏伟目标，必须统筹城乡经济社会发展，更多关心农村，关心农民支持农业，把解决好农业农村和农民问题作为全党工作重中之重，放在更加突出的位置，努力开创农业和农村工作的新局面"。当前"十一五"计划胜利完成，综合国力提升，农业特别是粮食生产连年获得好收成，人民生活明显改善，农民收入增长，农民就业规模扩大，农村综合改革有所突破，农业现代化建设加快，我国的国际地位和影响力大为提高。

现在党和国家制订"十二五"规划，提出了建设中国特色社会主义经济社会发展的宏伟目标，已进入一个新的发展时期，但必须认识，解决好三农问题仍是十分艰巨而长期的任务。我国面临着工业化、城镇化发展带来的挑战与压力。人口增长（每年增 800 万人），农业劳力相对减少，近15 年来耕地每年减少 1 000 多万亩，水资源紧缺，生态环境有所恶化，自然灾害增多，农业生产成本加大，科技创新能力不强，农业产后环节薄弱，产业化发展不快，农民收入还不高，地区间发展很不平衡，农村贫困人口仍有二、三千万人，城乡差别较大等。需要认真对待，决不能掉以轻心。要继续努力发挥"以工促农、以城带乡"的长效机制，加大强农惠农力度，不断提高农业现代化水平和农民生活水平，建设好社会主义新农村。

## 二、对新时期"三农"工作的几点建议

### (一) 确保粮食安全

2010 年粮食总产量达 54 641 万吨，连续七年增产。但随着工业化、城市化发展，人民生活提高，对粮食（包括饲料、工业用粮）需求增长。而农村强劳力转向城市（农民工已达 2.4 亿多人），劳力素质相对下降，水土资源有限，自然灾害逐年增多，生产成本上涨，农民种粮收益低。近年来粮食与大豆进口有所增加，2008 年进口大豆 3 746.3 万吨，2009 年进口大豆 4 255 万吨，2010 年进口大豆 5 480 万吨。进口食用油 2009 年 816万吨，2010 年 687 万吨。世界粮食生产近 10 年来在 21 亿～22 亿吨波动，近 20 年来世界粮食消费量每年增长 1.3%，库存量多变，价格上涨，全球贫困缺粮人口达 10 亿多人。如果我国进口粮食过多，势将影响世界粮食安全。粮食问题是治国安邦的头等大事，必须立足国内自给，确保粮食

自给率在95%以上。从政策上需考虑，切实提高粮产区政府抓粮与农民种粮的两个积极性，建立主产区利益补给制度、加大对产粮大县的财政支持，积极引导产区和销区企业建立长期稳定的粮食购销协作关系，通过政策促农、科技富农、投入帮农等措施，提高种粮农民收益。

## （二）增加对农业与农村建设投入

农业是弱质产业，国际上把农业作为社会公益事业。国际经验，农业每增长1%，非农各部门可增长1.5%。国家随着财力的增长，应加强对农业的投入支持。如美国2007年各种农业补贴6 234.65亿美元，农民收入中22%来自政府补贴。日本对农业设施开支，中央政府补贴50%，地方政府补贴25%。欧盟对农业的补贴占财政预算的一半。但是2010年我国财政用于"三农"支出8 579亿元，只占财政支出的9.28%，占GDP的2.15%，仍存在"重城轻乡"的倾向。

据国土资源部公布的资料，2010年全国土地有偿出让收入29 397亿元，占财政收入83 080亿元的35.38%，比上年增长106.2%（上年为14 239亿元）。土地供应总量为42.82公顷。这些收入大部分为中央和地方政府所得，建议国家对廉价征占农民和农村的土地所获的资金，应专项研究，主要用于农业与农村开发建设。改造中低产田和开展农业资源本是农业部门的业务范围和职责。奇怪的是一直归财政部农业综合开发办公室主管。国际机构（联合国开发计划署、国际农业发展基金会、世界银行）的农业项目都尊重联合国粮农组织规划、咨询、审核、指导。从体制上调整，农业项目应划给农业部门主管。

## （三）加快发展农业产业化

2010年全国各类农业产业化组织25万多个，其中销售收入500万元以上的近6万家，带动农户1.07亿户，参与产业化经营的农户超过全国农户总数的40%。通过合同、合作、股份合作利益联结方式带动农户的产业化组织数占总数的97.8%。农户参与产业化经营的户年均增收2 100多元。生产基地规模占农业生产总规模60%以上的重点龙头企业，自建生产基地3 500多万亩。目前的问题是：①国家级龙头企业有近1 000家，均未成为国际知名大企业。②产业化经营组织发展滞后，大半数农户尚未参加进来。③订单合同不规范、履约率低。④政策与财力支持不足，税收政策尚不落实。这些均需采取必要措施，加以推进。

## （四）加强区域化协作

经过改革开放 30 多年来，随着社会主义市场经济的发展，全国农业已形成"七区二十三带"的农业战略布局，即东北平原（玉米、水稻、大豆、畜产）、黄淮海平原（小麦、玉米、棉花、大豆、畜产）、长江流域（水稻、小麦、棉花、油菜、畜产、水产）、汾渭平原（小麦、玉米）、河套灌区（小麦）、华南（水稻、甘蔗、水产）甘肃、新疆（棉花、小麦）等农产品主产区。为此建议：①农业部牵头分片组织协作或成立产业协会，利用区域优势集中发展，加强资金、技术、设施等支持，推进大宗农产品实施标准化、专业化、规模化、集约化和产业化经营，扶持壮大加工业和流通业的发展。②中央和省、市、自治区农业科研部门要加强对战略布局集中产区大宗产品的产、加、销方面的重大环节问题进行科研协作，力求技术创新推广。

## （五）发达地区援助发展中地区

2010 年全国农村贫困人口 2 688 万人（按人均年收入 1 274 元测算），如果按国际标准，每人每日 1 美元计算，贫困人口则达 9 000 万人以上。国际上，联合国规定，发达国家每年要拿出国民经济总值的 0.7％援助发展中国家。四川汶川大地震后，各发达地区分别对口援助灾后重建，成效显著。建议：今后贫困地区提出需要援助的项目（包括软、硬件），经发达省区市审定同意后进行对口援助，促进贫困地区增强自力更生能力，脱贫致富。

## （六）发展农村旅游业

随着城镇化和市民生活改善，农村休闲旅游业（农村第三产业）有了很大发展。形式多样、功能多元、特色各异、因地制宜。2009 年据 19 个省市区不完全统计，休闲农业（农家乐）收入超过 1 175 亿元，带动就业达 280 万人，其中吸收农业就业 267 万人。2010 年底统计，全国休闲旅游农业超过 150 万家，规模以上休闲农业园区超过 1.8 万家，年接待旅客超过 4 亿人次，年营业收入超过 1 200 亿元，使农村 1 500 万农民受益。这是一项新的农村产业，对于增加农民收入，扩大农村劳动就业，满足城镇人民休闲需要、和谐城乡关系都有重要意义。今后仍有很大发展空间与潜力。目前的问题是：布局简单雷同，缺乏创意，从业人员素质低，服务质量差，基础设施滞后，缺少促进的政策措施。需要农业部门主动与旅游部门配合、加强领导，从资金扶植、税收改革等引导，做好规划、规范、培训等工作，提高经营管理水平，推进更好发展。

### （七）加强农业援外工作

中国农业以占世界 11％ 的农用地，养活了占世界 1/5 多的人口，著称于全球，成为发展中国家农业的示范榜样。2009 年以来，我国向亚洲、非洲缺粮国家提供 2.63 亿元人民币的粮食援助，向联合国粮农组织捐 3 000 万美元，用于粮食安全特别计划下实施"南南合作"项目。中国在非洲已建农业示范中心 14 个，派遣 104 名农业专家去非洲 33 个国家进行咨询指导。2004 年以来为非洲国家培训 4 200 多名农业管理和技术人员。近三年内要在非洲建农业示范中心 6 个，派遣专家达 500 名，培训非洲农业人才 2 000 人。与东盟国家，近 10 年在印度尼西亚、马来西亚、越南、柬埔寨、缅甸、老挝等，执行 40 多个农业示范项目，培训 1 000 多名农业管理与技术人员。任务日益繁重，存在不少问题，如缺乏国家级规划与政策协调，援助与开发脱节，资金筹措困难，风险大而效益低等。随着我国国际地位的不断提高，农业援外是一项长期的任务。为了提高农业援外的效益，建议：①加强对非洲和东盟国家的农业调研，在主要国家驻外使馆中设农业专员或秘书、负责调研和咨询服务；中国农科院设立国外农业研究所，选择一些农业高等院校和农科院设立培训外国技术管理人才专业。②与非洲、东盟的主要国家合作建立农业科研中心，为技术的推广、储备提供依据。③输出科研成果，带动中国良种、设施农业设备和小型农机具的出口。④建立农业援外协调机构，培训与选派懂外语并有一定经验的农技外援人员，应适当提高农业援外专家的待遇。

### （八）提高农民的政治地位

农民是建设城乡社会和发展农业的主力军。他们为人民革命成功做出过贡献，建设社会主义现代化农业，需要重视发挥农民的积极性和创造性。回顾党的 90 年历史，凡是符合农民群众意愿和利益的，如土地改革、家庭承包责任制、创办乡镇企业，就得到成功推广与发展；凡是违背农民群众意志的，如"穷过渡"共产风、大跃进、人民公社、以粮为纲，不搞多种经营等，就遭到失败，带来严重灾难，需民主解决。近年来国家开始重视与关心农民，以人为本，可同城市居民一样享受文化教育、医疗卫生、社会保障等方面的优惠待遇。从政治文明考虑，城镇工人早有工会组织，代表与维护工人的民主合法权益。国际上，各国都有农民协会、农场主、农业工人等组织。为了改变农民弱势群体的地位，党已考虑在人民代表中增加农民的比例。建议尽快成立农民协会和农业产业协会，以保护农民权益，并有利于沟通、联络和发动教育农民，执行政府的法令措施。

原载《统筹城乡经济社会发展论坛》通讯 2011 年第 8 期

# 关于我国粮食安全形势的探讨

## ——解答对粮食进口增多的疑虑

最近，有位朋友向我提问：近年来我国进口的粮豆等农产品很多，而且现在肉、奶、水果等也在扩大进口；农产品国际贸易逆差也不断增加，为我国的粮食安全和农业前景有所担心。

这个问题很复杂，需要从国际经济合作综合考虑，全面分析。我认为，农产品进口多，不完全是坏事，这是经济全球化发展，农业对外开放的趋势，充分利用国内外两个市场、两种资源进行合理调整的举措。是有利有弊，利大于弊。

### 一、粮食安全的国际概念：粮食是指食物，不仅是谷物

粮食安全，一是要产量充足，能满足社会需求。二是要能买得起和买得到粮食。现在全球有 8 亿多人饥饿与营养不良（全世界 9 个人中有 1 人）。日本是发达国家，地少人多，购买进口粮，但口粮大米要想法自给的。三是要有储备粮，据粮农组织测算，要占需要量的 17%～18%，保证与新粮衔接。四是要求有营养、保健，即高质量、绿色、不污染的食物。

### 二、党中央十分重视粮食安全

党的十八大以来，习近平同志一再强调指出："保障国家粮食安全是实现经济发展、社会稳定、国家安全的重要基础。""只有把饭碗牢牢端在自己手中才能保持社会大局稳定，确保国家粮食安全。""要确保谷物基本自给，口粮绝对安全。""粮食安全基础仍不稳固，不能轻言粮食过关了。"各级领导和农业部门一贯认真贯彻执行这些重要指示，并取得成效。

### 三、70 年来我国粮食产量是不断增长的

1949 年粮食总产量是 1.13 亿吨，1952 年 1.63 亿吨，近年来连续在 6 亿吨以上，2018 年达 6.57 亿吨。人均粮食占有量：1978 年为 319 千克，2017 年达 450 千克，高于世界平均水平（400 千克）。1959 年开始到"文化大革命"时期，粮食困难，实行定量供应。改革开放以来，农业状况逐步好转，城乡市场食品供应充足，品种繁多，质量提高（食品质量安全合格率 97％以上），物价稳定，人民生活不断改善。据统计资料：人均消费量（1978—2017 年）猪肉从 13.7 千克增加到 20.6 千克，禽肉从 1 千克增加到 9.7 千克，鲜蛋从 3.7 千克增加到 10.3 千克，水产品从 10 千克增加到 20.3 千克，奶品从 3 千克增加到 36.9 千克。

### 四、从国际农产品贸易看，过去我们过紧日子，出口农产品换取工业品

2001 年加入世贸组织后，我国农产品进出口贸易发展很快，总额达 279.1 亿美元，比 1978 年增长 3 倍多，2010 年达 1 207.9 亿美元，2004 年开始成为农产品贸易逆差国。2018 年农产品进出口贸易额为 2 108.1 亿美元，其中进口 1 371 亿美元，出口 797 亿美元，逆差 593.9 亿美元，成为全球农产品贸易第二大国，农产品进口第一大国，出口第五大国，现在处于"买全球，卖全球"格局。近年每年仅谷物进口 2 000 多万吨，大豆八九千万吨，还有油、糖、棉等其他产品。进口增多的主要原因：一是需求增长。为发展畜牧业、饲料工业大发展。1980 年全国饲料工业产量 110 万吨，1990 年达 3 194 万吨，2010 年 1.62 亿吨，居世界第一，2016 年超过 2 亿吨，需粮豆作为原料。二是国际市场货源充足，价格比国内便宜，如国产大豆每吨 4 100～4 200 元人民币，进口的每吨 3 100～3 200 元（人民币），多进口，可储备用。据专家分析估算，近几年过度进口粮豆达五六千万吨，目前粮食自给率 82％～86％，主粮自给率 95％。当前我国是货物出口大国，工业品出口较多，创汇多，为了照顾一些国家（如东欧、非洲、拉美、东南亚）贸易平衡，适当进口肉、奶、水果等农产品，我国消费市场广阔、潜力大。现在我国进口的农产品属土地密集型产品（谷

物、豆类、油料、棉、糖等），出口的产品以劳动密集型产品为主（水果、蔬菜、水产品等），这样有利于缓解我国水土资源的压力。中国人均耕地只 0.8 公顷，只有世界平均水平的 1/3。据专家估算，现在我国进口的农产品相当于 7 亿～10 亿亩耕地的产能（中国自有 18 亿亩耕地）。

大豆进口多，影响我国农民对大豆生产积极性，国家采取措施，扩大大豆种植面积，提高大豆的收购价格，给予补贴的政策，促进大豆增产。

**五、党的十八大以来，国家重视农业走出去的新的战略措施，用好国内外两种资源，两个市场，开展多种形式合作，在境外建立多种农产品基地，促进互利双赢、共同发展**

2016 年统计，境外农业领域投资仅是 148.5 亿美元，扩展到 90 多个国家。如中粮集团公司已收购全球二大粮商（荷兰基尼德拉集团和新加坡来宝公司），其资产与机构覆盖 60 个国家和地区，业务涉及 140 多个国家与地区，海外经营收入占一半以上，经营量达 1 亿吨，预计到 2020 年海外营业收入将占 60％以上，海外粮源掌握量超过 5 000 万吨，第三国贸易量超过 8 000 万吨，总经营量达 2 亿吨，成为国家粮食进出口战略的国家队。还有一些骨干企业，中国农业发展公司，农垦集团，水产总公司等在境外建立开发区、基地。农垦部门在 40 多个国家与地区建有 106 个合作项目，境外产值达 460 亿元人民币。集体与民营企业在境外农业合作更多，如伊利、蒙牛奶业、光明食品、双汇食品，上海鹏欣集团，四川新希望等集团都在发展壮大。光明集团在海外营业收入 226 亿元人民币，总资产达 329 亿元人民币。

2013 年 9 月习近平主席提出的共建"一带一路"倡议，得到沿线国家热烈响应，与 23 个国家建立自由贸易区和加强农业科技经贸合作，2016 年底统计，农业投资 500 万元人民币以上项目达 185 个，合计 156 亿元人民币，2017 年与 58 个国家签署 126 个合作协议。进一步加大农业走出去，利用两个市场、两种资源，为农业供给侧结构性改革，拓展更大空间，有利缓解国内资源环境压力，巩固粮食安全，同时推进各国农业共同进步，繁荣发展，有利于人类命运共同体战略的实施。

原载《农业经济技术研究所通讯》2019 年第 9 期

# 关注我国蔬菜产业

蔬菜是人们日常生活的必需食物，保障对维生素、矿物质、纤维素的需求。蔬菜产业是涉及民生大事，它是劳动密集型产业。发展蔬菜生产对于发挥我国农村劳动力充裕的优势、促进农业产业结构优化和增加农民收入有重要作用。同时，随着城镇化与市场经济发展，均衡地保证城镇居民对蔬菜市场需求，对于稳定社会与物价，改善居民生活，协调城乡关系也有重要意义。

我国是世界上最大、最古老的蔬菜生产与消费国家。从人类开始从事农业生产以来，就有蔬菜生产，起源于采集野生植物和相继的栽培驯化。白菜、芥菜、萝卜、茭白、大葱、甜瓜、葫芦、竹笋原产中国，也引进不少国外蔬菜品种，如胡萝卜、黄瓜、菠菜、豌豆、蚕豆、茄子、豇豆、蒜、姜、番茄、辣椒、南瓜、马铃薯、菜豆、甘蓝、洋葱、莴苣等。在2000年前的汉朝，我国农民就创造了保护地栽培，为冬季种菜开创了先河，以保障蔬菜周年均衡供应。

## 一、我国蔬菜产业发展的特点

建国 60 多年来，我国蔬菜经历了自由生产、计划生产、计划与自由生产相结合，宏观调控下的市场调节生产等不同阶段，也即就地生产、就地供应阶段、以近郊为主，远郊为辅、外地调剂阶段，全国统筹安排均衡供应（适地生产、全国调运）的阶段，国际间调剂与补充阶段（蔬菜出口与进口）

### （一）全国蔬菜面积和产量大幅增长

改革开放后，随着国家工业化城镇化的发展与人民生活的改善，对蔬菜生产的需求不断增长，全国蔬菜生产的面积与产量大幅度增长。1978年全国蔬菜面积 333.1 万公顷，2000 年 1 523.7 万公顷，2005 年 1 772 万公顷，2009 年 1 841.4 万公顷，尚有瓜菜面积 233.43 万公顷，蔬菜占农作物播种面积的 11.6%、瓜菜占农作物播种面积的 1.5%。蔬菜总产量 2004 年为 5.5 亿吨，2009 年为 6.18 亿吨，产值近 8 000 亿元，占种植业产值的约 30% 以上。我国蔬菜人均占有量达 470 千克，高于世界平均水平（140 千克）。从计划经济时期供不应求，到市场经济的条件下转而为供大于求的局面。近年来蔬菜花色品种增加，质量与安全度明显提高、价格基本稳定，均衡供应水平改善，基本做到淡季不淡、旺季不烂。在冬季和秋夏淡季蔬菜消费，由有什么吃什么转变为吃什么有什么。

**（二）设施蔬菜栽培，特别是节能型日光温室发展很快**

1996 年全国蔬菜花卉设施栽培面积 67 万公顷，其中塑料中小拱棚 37 万公顷，塑料大棚 13 万公顷，各种温室 17 万公顷，2007 年设施蔬菜栽培面积达 292.19 万公顷，总产值 3 430.49 亿元，占全国蔬菜总产值的 47.13%。2010 年设施蔬菜栽培面积 466.7 万公顷（约占我国设施园艺栽培的 95%，世界设施园艺栽培 80% 的面积），成为世界设施农业面积最大的国家。设施蔬菜产值达 7 000 亿元，分别占蔬菜总产值 65% 和占种植业产值的 20% 以上。提供了 4 000 万个就业岗位，成为许多地区农业支柱产业。设施栽培分布在渤海湾及黄淮地区占 55%～60%，其中山东设施蔬菜产值已占全省种植业产值的近一半，长江中下游地区占 18%～21%，西北地区占 7%～8%，其他地区约占 15% 左右。

**（三）蔬菜产区形成区域化布局**

1984 年前，蔬菜生产主要分布在大中城市郊区。1988 年国家实施"菜篮子"工程建设计划，1990 年进一步提出"菜篮子"市长负责制，即以发展生产、搞活流通、产销统筹考虑，改善城市副食品供应为主要目标，实行大中城市市长负责制，极大地带动了各地发展蔬菜生产积极性。随着蔬菜产销体制的改革，除大中城市郊区和近邻区县蔬菜基地稳定发展外，在农区建立专业化蔬菜基地，逐步形成全国蔬菜产品的大流通和蔬菜产品的出口。1995 年后，"菜篮子"工程基地建设向区域化、规模化、设施化和集约化发展，使我国蔬菜生产结构、方式和流通体系有较大改善；从长期短缺转为供求基本平衡，丰年有余。2000 年起，"菜篮子"工程转向食用蔬菜的安全行动计划，要求提高蔬菜质量和保证蔬菜消费安全的无公害食品行动计划。2002 年 8 月起，国家又加快"菜篮子"产品质量卫生安全标准和检验检测体系的建设，以保证产品安全卫生。

现在，全国蔬菜生产已从农区为辅，变为农区为主，农区蔬菜面积占全国的 80%，越来越向优势产区发展和集中，形成区域化布局，即华南冬春蔬菜重点区域，长江上中游冬春蔬菜重点区域，黄土高原夏秋蔬菜重点区域，云贵高原夏秋蔬菜重点区域，黄淮海与渤海设施蔬菜重点区域，东南沿海出口蔬菜重点区域、西北内陆出口蔬菜重点区域，东北沿边出口蔬菜重点区域，京北延时蔬菜重点区域等蔬菜生产优势区域。

**（四）蔬菜科技成果获得较好推广**

蔬菜是农业高新技术应用的先导产业。长期以来，我国农业科技人员在蔬菜种质资源收集、保存与创新育种、设施栽培关键技术、生物技术、病虫害防治、贮藏加工、质量安全等方面都取得许多成果，在生产上广为应用。目前我国蔬菜产业的科技贡献率近 60%，高于大田作物。20 世纪 80 年代以来，每年审定的蔬菜新品种有 70～80 个，新品种大多为杂种一代，有抗病、优质、高产的优点，蔬菜良种覆盖率达 90% 以上。加入世贸组织后，外国先进技术和种子公司进入中国，加快了蔬菜产品的更新换代，丰富了蔬菜品种，提高了我国蔬菜产业的整体质量，增强了国际市场竞争能力。

## 二、中国蔬菜生产的国际地位

随着经济全球化的推进，蔬菜生产正由高成本的发达国家向自然条件优越、劳动力资源丰富、生产成本低廉的发展中国家转移。蔬菜是我国的第二大种植业，加入世贸组织后，为我国蔬菜产品出口创造了良好机遇，成为中国农产品中最有竞争力的优势产业之一。

我国是世界最大的蔬菜生产国。蔬菜种植面积占世界蔬菜总面积的40% 多，产量占世界蔬菜产量的一半左右，是排在第二位印度的 5 倍多。多年来，我国蔬菜栽培的商品化、国际化程度不断提高，加工蔬菜和保护地与特产栽培的比重不断增加，经营效益显著提高，蔬菜出口量不断上升。1980 年蔬菜出口 34 万吨，2009 年达 636 万吨，出口金额 2000 年为15.76 亿美元，2009 年为 49.95 亿美元，成为有竞争力的创汇农产品。

2006 年出口蔬菜 568 万吨，其中新鲜冷冻蔬菜占 60% 多，其次为加工保藏蔬菜和干制蔬菜。出口市场有 100 多个国家与地区，主要是日本、美国、俄罗斯、韩国、马来西亚、印度尼西亚等国，国内出口的蔬菜产区主要集中在山东、福建、浙江、江苏、新疆、广东等地，即"两带""三区"。"两带"指沿海新鲜、速冻蔬菜出口，陇海特色蔬菜出口，主要发展大蒜、生姜、牛蒡、山药、芦笋、大葱等特色蔬菜和蘑菇、胡萝卜、洋葱、木耳、马铃薯及蔬菜罐头；"三区"即东北区发展向独联体国家及蒙古出口新鲜蔬菜；西北区向俄罗斯、欧洲出口番茄酱、胡萝卜汁、脱水菜等加工品；西南区向东盟国家出口蔬菜。但近年来蔬菜出口价格不太稳定，时高时低。

我国也进口蔬菜。如 2006 年进口 16.7 万吨，主要是马铃薯与干制蔬菜以及辣椒、番茄、姜等。主要来自美国，占进口量的一半以上，其次为荷兰、日本、泰国、匈牙利等。

## 三、我国蔬菜产业存在的问题

### （一）蔬菜生产水平和任务有待提高

目前蔬菜单产与科技水平与发达国家相比，仍有差距，产后加工处理技术投入较少，落后于实际需要，配套设施也很缺乏，大部分上市蔬菜未经清洗、分级、药物处理、包装等措施，直接销售，缺少科技的有力支撑，致使蔬菜商品质量难以保证。

### （二）生产有相对过剩的问题

目前，蔬菜生产是买方市场，市场需求品种搭配、品质优良、趋于多样化、高档化、周年化、多元化等特点，致使一些地方出现蔬菜季节性相对过剩的问题，大路菜积压、卖难，影响菜农和经营者的经济效益，挫伤积极性。

### （三）蔬菜农药残留较为突出

随着温室大棚等保护地蔬菜面积迅速扩大，重茬、连作等情况不断出现，导致病虫害加重，不得不采用化学农药防治，从而严重污染农业环境，使蔬菜中农药残留量超标，对人体健康带来危害，同时也影响蔬菜出口创汇，给农民带来损失。确保蔬菜安全卫生是蔬菜产业中的重要问题，必须从生产环节到产品检验、运销检测等方面加以把关，保证食品安全。

### （四）生产体制矛盾，产业化程度低

目前蔬菜生产以一家一户的分散经营为主，经不起市场波动冲击，同时蔬菜产业化经营起步不久，企业经营水平不高，蔬菜流通环节滞后，批发市场功能较弱，信息体系建设不善、零售网点不足，严重制约了我国蔬菜产业水平的提高。

### （五）蔬菜产品流通环节不畅，造成菜价上涨

2010年全国平均居民消费价格比上年增长3.3%，而其中蔬菜上涨的幅度最高，达18.7%（城市17.8%，农村21.3%）。据盛产蔬菜的山东寿光市调查，蔬菜价格的形成，农民占30%，流通占40%，销售超市占20%，还有10%的其他费用，蔬菜损失率达25%～30%，蔬菜价格上涨，影响整个物价上升，成为城乡居民关注的焦点，需要认真研究解决。

## 四、蔬菜产业的发展重点与方向

### （一）努力提高蔬菜质量，保证食品安全

由于大力实施"菜篮子"工程建设、蔬菜商品供求总量大体平衡，价格基本稳定，品种日益丰富，但蔬菜卫生质量问题成为社会关注的焦点。2001年4月农业部提出无公害食品行动计划，2003年4月推出无公害农产品国家认证，2007年国务院在全国范围内开展产品质量和食品安全专项整治。在蔬菜质量安全管理上开展了高毒农药和农产品批发市场整治行动，重点打击在蔬菜产品中添加禁限用农药成分的违法行为，并将大中城市农产品批发市场全部纳入监测范围，重点检查认证、产地认定条件生产过程和产品质量安全状况，加强产地监测和对进入市场销售认证、认证产品资质的确认，大力推广标准化生产。

发展符合绿色食品标准的蔬菜基地。人们对绿色消费的观念日益增长，对蔬菜需求多样化、高档化、新鲜化的趋势。蔬菜产业必须向天然、无污染的绿色环保型方向发展，保证产品优质安全，符合绿色食品标准，创建稳定可靠的绿色蔬菜基地，这是扩大市场份额和实现出口创汇的必然选择。

## （二）积极发展蔬菜产业化经营

我国蔬菜产后处理、储运、销售环节薄弱，小生产与大市场的矛盾、流通组织化程度低、产销中介组织作用不明显，影响蔬菜产业的发展与流通。应按产业化组织蔬菜生产、组织引导一家一户的分散经营，围绕主导产品实行区域化布局、专业化生产、一体化经营、社会化服务、企业化管理、组建市场率龙头、龙头带基地、基地连农户，产加销、内外贸、农工商一体化的生产经营体系。这是今后蔬菜产业的发展趋向。要积极畅通蔬菜流通渠道和运输绿色通道，加强"农超对接"，减少中间环节，降低成本，规范和降低城市农贸市场摊位费和超市进场费，支持骨干批发市场升级改造和大型蔬菜批发市场、社区菜店、冷链物流建设。

## （三）大力发展蔬菜加工

蔬菜产品可分初加工和深加工。初加工指简单的分级清洗、包装或预冷等处理，减少腐烂和城市垃圾，方便食用。一些大中城市已实现包装进入超市。深加工指蔬菜产品再生产，改变原形或提纯、浓缩产品营养、简化食用过程，提高贮运效率、拓展交易领域。目前尚处于起步阶段，一些蔬菜汁、脆片、脱水蔬菜、冷冻菜等已投入市场，受到消费者的欢迎，今后将有更好的发展前景。

原载《市长参考》2011 年第 6 期

# 积极发展休闲农业与乡村旅游业

国际农业界认为，农业具有生产、生活、生态、经济、社会、文化、休闲等多种功能。休闲农业与乡村旅游是新型的农业加服务业的产业，可以深度开发、利用农业的多功能性，满足城市居民休闲旅游、健身的需求，有利农民增收、扩大就业，实现城乡一体化发展，密切工农关系，富裕农民，提升农业，美化农村，是一项很有发展前景的现代化建设事业。

## 一、发展历程

我国休闲农业与乡村旅游，开始于 20 世纪 70—80 年代，即改革开放以后，从欧洲、日本和我国台湾省引入的经验，现在已进入蓬勃发展的时期。大体经历了四个阶段：

### （一）萌芽阶段（1980—1990 年）

改革开放初期，城市郊区和风景区附近，少数农民自发地举办节庆活动，吸引城市游客前来购买、品尝农特产品并观光旅游。

### （二）起步阶段（1991—2000 年）

随着国家工业化、城镇化与国民经济不断发展，市民收入显著提高，消费结构开始改变，市民对观光休闲旅游的需求逐步增加。城郊农村农户利用当地特有农业资源与生态环境和特色农产品，开办以观光为主的休闲农业园、民俗接待户，吸引市民利用节假日到农村采摘、钓鱼、野餐、休闲、旅游。中国农业地理学会、中国农学会等学术团体与旅游部门积极开展境内外学术交流，宣传推广休闲农业与乡村旅游的经验，推进这一新兴事业发展。

### （三）成长阶段（2001—2010 年）

随着我国社会主义建设和社会经济进展，人民生活水平不断提高，由温饱转入小康，对休闲旅游的需求日益增长，休闲农业与乡村旅游加快发展，规模范围扩大，数量增多。据 2009 年对全国 19 个省区市的统计，休闲农业收入达 1 175 亿元，带动就业 280 万余人。2010 年全国休闲农业、农家乐经营户超过 150 万家，接待游客超过 4 亿人次。

**（四）迅速发展阶段**（2010 年至今）

政府部门介入，积极引导，农业部颁发《全国休闲农业发展"十二五"规划》，并与国家旅游局签署休闲农业与乡村旅游合作框架协议。在行政上，大力指导推动，制定标准，规划建设，优化政策环境，促进其健康扩展。2013 年全国休闲农业接待游客 9 亿人次，收入 2 700 多亿元；2014 年乡村旅游经营主体达 180 万家之多，年接待游客超过 10 亿人次，带动 2 000 万农民增收；2016 年接待游客 21 亿人次，营业收入超过 5 700 亿元，从业人员 845 万多人，带动 672 万户农民受益；2017 年上规模的各类经营主体达 33 万多家，营业收入 5 500 多亿元，呈井喷式增长态势。

经过近 40 年的发展历程，休闲农业与乡村旅游已成为我国农村经济社会发展的新业态和新亮点。

## 二、主要特点与经验

### （一）政府领导的重视

2014 年以来，国务院有关部门在财政、金融、土地、公共服务等方面大力支持扶植休闲农业与乡村旅游的发展。绝大多数省区市也出台了扶持政策措施，形成了体系。如 2015 年国土资源部、住房和城乡建设部、国家旅游局《关于支持旅游业发展用地政策的意见》，2015 年农业部等 11 个部门《关于积极开发农业多功能、大力促进休闲农业发展的能和》，2015 年国务院办公厅《关于推进农村一、二、三产业融合发展的指导意见》，2016 年中央 1 号文件《关于落实发展新理念，加快农业现代化，实现全面小康目标的若干意见》等文件均对休闲农业、乡村旅游工作作了部署。2015 年 5 月习近平总书记在浙江舟山考察，对农家乐给予高度评价。之后，他又在贵州调研时，再次考察了休闲农业与乡村旅游点，赞扬其对促进农村发展与扶贫的重要作用。2016 年农业部专门召开了休闲农业与乡村旅游的会议，总结经验，进一步推进这一新兴事业的发展，把其作为农业现代化建设的举措之一。2017 年李克强总理在政府工作报告中提到，

"落实带薪休假制度，完善旅游设施和服务，大力发展乡村、休闲、全域旅游。"

### （二）市场需求旺盛

随着国家经济社会发展，人民收入提高，生活不断改善，生活方式改变，休闲时间增加。1995 年起，我国公共假期每年可达 115 天，约占全年的三分之一。同时，城市迅速发展"城市病"（交通拥挤、环境污染）加剧，市民愿意到空气新鲜、自然环境优美、青山绿水的农村去休闲旅游，体验野外生活，调剂身心健康。这些均有力促进了休闲农业与乡村旅游的兴起。据农业部统计，近几年全国对休闲农业与乡村旅游的社会投资持续增长。2013 年为 960 亿元，2014 年达 1 600 亿元，2015 年达 2 600 亿元，2016 年达 3 000 亿元。

### （三）多元化发展

各地不断涌现各种不同的经营方式，如家庭经营、合作经营、私人经营、集体经营、企业经营、合资或外资经营等多种方式，共同发展。2016年上规模的经营单位达 30.57 万个，比 2015 年增加近 4 万个。2016 年的营业收入 5 700 亿元，比 2010 年 1 200 亿元增长 4 倍多。

### （四）内容丰富多彩

不同地区注意挖掘当地地域文化、民族文化、历史文化，设计出一大批"人无我有，特色鲜明，文化深厚，吸引力强"的休闲体验产品，形式众多，功能多样，特点各异。如农家乐，以住农家院、吃农家饭、摘农家果为主，度假休闲体验的农庄；农耕文化和现代农业科技为内容的现代农业示范园、田园风光的观光农业园；传统农耕文化和特色文化为内容的民族村、农业主题公园、特色小镇等各种不同形式，吸引不同需求的游客，使旅游者"行得安心，玩得开心，住得舒心，吃得顺心，购得称心。"

### （五）中间服务、组织管理体系不断健全

农业部门建立了行政管理体系。农业部设立农村社会事业发展中心，2007 年成立休闲农业处。海南、青海、浙江、陕西、河北、江西等省都有专业处。2017 年 7 月还成立了全国休闲农业与乡村旅游产业联盟。有18 个省区市，建立了相应的机构与组织，并配套制定了相关的规划设计、融资、投资、人才培训、信息咨询、宣传推广服务等中介机构，有力地推

进这一新兴事业的健康发展。

## 三、前景广阔，大有可为

旅游业是国民经济很有活力的产业。世界旅游组织的预测，到 2020 年中国将成为世界旅游接待大国（居第一），也是出游来源大国（居第四）。一些发达国家乡村旅游收入一般占整个旅游业收入的近 20%。根据国际经验：人均国民经济产值超过 5 000 美元时，形成休闲度假的消费需求。我国 2016 年人均国民经济产值已达 8 100 多美元，带来强劲的发展需求。我国城镇化率 2017 年达 58.52%，预计 2020 年将达 60%。城市人口集中，交通拥挤，空气污染，生态环境不佳，工作节奏紧张，市民对健康愿望强烈，乐于度假旅游，享受美好幸福生活。

当前城乡之间交通条件大有改善，高速铁路、公路发展很快，私人车辆增多，自驾游兴起，为乡村旅游创造良好条件。全国已有 560 多个天蓝、地绿、水净，安居、乐业、增收的美丽休闲乡村。大多数省区都编制了休闲与乡村旅游发展规划。休闲农业与乡村旅游，可以丰富我国旅游产品的内容，同时在旅游高峰期间起了分流客源、疏导旅客的作用。据上海、北京等大城市调查，愿到农村去旅游度假者有持续上升的趋势。国家旅游局也把乡村旅游纳入重点工作之一，专门拟订了农业旅游发展指导规范，协助推进农村旅游业的健康顺利发展。

习近平同志在党的十九大报告中指出："中国特色社会主义进入新时代，社会主要矛盾已经转化为人民日益增长的美好生活需要和不平衡、不充分的发展之间的矛盾。"应当努力推进社会的全面发展。可在大中城市郊区、著名旅游景点附近以及交通便利、能吸引旅客的特色农业基地，创办良好生活、生态、生产、生活和有文化特色而生动活泼、丰富多彩的观光、休闲、旅游农业，满足市民对提高生活质量的需求。2017 年我国境内外旅游总计 45.3 亿多人次，占全球榜首，相当于全国总人口的 3 倍多。有关部门预测，2020 年全国休闲农业与乡村旅游接待量可达 33 亿人次，收入 7 000 亿元以上。

2018 年中央 1 号文件指出："要实施休闲农业和乡村旅游精品工程，建设一批设施完备、功能多样的休闲观光园区、耕林人家、康养基地，乡村民宿，特色小镇。""发展乡村共享经济、创意农业、特色文化产业。"
"加快发展森林草原旅游，河湖湿地观光，冰雪海上运动，野生动物驯养
观赏等产业，积极开展观光农业，游憩休闲，健康养生，生态教育等服
务。创建一批特色生态旅游示范村镇和精品线路，打造绿色生态环保的乡
村生态旅游产业链。"这就更广开了发展的思路。

当前的问题是：有些地方对这项事业还不够重视；有些休闲农业内部
也存在产品同质、同结构，特色不鲜明；有重建设、轻管理、淡服务的偏
向；有基础硬件不完善、配套设施不健全的缺陷；有人才素质差，缺乏培
训、经营管理水平低，创新动力不足等弱点。需要加强全面科学规划、因
地制宜、突出特色，服务设施上向现代化、信息化、智能化转型升级，提
升质量，拓展领域，吸收更多城市先进要素进入农业农村，把主业与农
业、城市与农村有机地联结起来，成为工农联结、城乡沟通的重要纽带，
实现新产品、新服务、新供给，满足新需求，使之成为推进振兴乡村、发
展现代农业、建设新农村的重要动力。

**参考文献：**张辉，方家，杨礼宽：《我国休闲农业和乡村旅游发展现
状与趋势展望》中国农业资源与区划，2017 年第 9 期。

# 振兴大豆生产

大豆原产于中国，既是粮食作物，又是油料作物，也是高蛋白的饲料作物，是中国人民食物营养（蛋白质）的主要来源之一。

大豆一般蛋白质含量 40% 左右，脂肪 20% 以上，碳水化合物 30% 左右，还有纤维素、糖、氨基酸以及其他多种营养物质。我国主要用于直接制作大豆食品和榨油，豆油的消费量约占植物油消费量的 45% 多。豆粕是重要饲用蛋白原料，占国内饲料工业蛋白原料的 60% 左右。

我国大豆栽培有 4 700 多年历史，曾是世界大豆主要生产国和出口国，产区以东北松辽平原和华北、黄淮平原最为集中。我国拥有大豆野生种植资源，有适合食用和加工的大豆品种达三千多种。我国大豆均为非转基因大豆，是世界上最大的天然大豆生产国。据国际农业生物技术应用服务组织的统计资料，美国、巴西、阿根廷三个大豆生产国，转基因大豆分别占其本国大豆面积的 94%、87.4% 和 99%。我国产的大豆，蛋白质含量平均高于国外品种，具有高档蛋白保健品的独特优势，特别适合于加工直接食用的大豆食品，但我国大豆的平均油脂含量，一般低于进口的转基因大豆。

## 一、大豆产供需矛盾突出，进口大增

我国大豆生产发展缓慢，由于单产低，收益差，农民生产积极性不高。大豆种植面积，1978 年 714.32 万公顷，1998 年 850.01 万公顷，2015 年 650.52 万公顷，2016 年 720.23 万公顷，有减少趋势。大豆单产，1978 年（每公顷）1 059 千克，1996 年 1 770 千克，2000 年 1 656 千克，2016 年 1 796 千克，停滞不前。大豆总产量，1978 年 756.5 万吨，1996 年 1 322.4 万吨，2000 年 1 540.9 万吨，2016 年 1 293.7 万吨，呈下降趋势。

大豆单产较低。以 2012 年为例，与国际比，中国每公顷 1 896 千克，美国 2 519 千克，巴西 2 715 千克，阿根廷 2 281 千克。中国的大豆面积居世界第 5 位，单产则占第 21 位。

我国大豆生产成本价格高于国际市场。近年我国大豆每吨在 4 000 元以上，进口的大豆每吨 3 000 元左右。

我国曾是大豆出口国，近 20 年来成为进口国。据海关统计，1995 年大豆出口 38 万吨，2000 年 21 万吨，2015 年 13 万吨，2016 年 13 万吨。大豆进口，1980 年 57 万吨，1996 年 111 万吨，2000 年 1 042 万吨，2007 年 3 082 万吨，2015 年 8 167 万吨，2016 年 8 391 万吨（需 339.8 亿美元）。目前我国是大豆最大的进口国。1996 年大豆进口依存度 7.3%，2015 年则达 88.6%。由于人民生活改善和畜牧业发展，对大豆需求不断增长。

我国豆油生产企业，以外资企业为主。2016 年我国 97 家大型油脂企业中 64 家为跨国粮商参股或控股，占总股本的 66%。油脂市场原料加工，食用油供应的 75% 市场份额为外资企业掌控。ADM、邦基、嘉吉、路达等 4 家粮商控制我国 80% 的大豆进口货源。

## 二、设想与建议

习近平主席指出："中国人的饭碗任何时候都要牢牢端在自己上""立足国内基本解决我国人民吃饭问题"。

对当前大豆产供需矛盾突出，大豆大量进口问题，值得引起高度重视。国家近年已采取了措施，如压缩玉米面积，扩大大豆面积，2017 年调减玉米 5 000 万亩，扩大豆 1 000 万亩，并对大豆生产区农民给予补贴等。同时还应积极采取技术措施，大力提高单位面积产量。据了解，由中国农业大学教授组建的天官司农公司，靠航空育种，辐射育种，诱导变异，培育出高产优质的隆发系列大豆品种 20 多个，近年来，在山东、安徽、福建、贵州、黑龙江、新疆等地试种，每公顷产量可达 5～6 吨。推广良种，这是简而易行的有效措施，国家应予大力支持。

此外，还需考虑走出去，配合"一带一路"倡议，开展境外农业合作，利用国外水土资源，建立大豆生产基地，供应国内市场需求。现在中粮集团公司已在巴西、阿根廷，农垦集团公司等已在俄罗斯远东地区，与当地合作，采取多种形式，互利双赢，发展粮、豆产业。可鼓励与支持国内有条件的企业更多走出去，在境外发展粮豆生产，供应国内需求。

原载《农业经济技术研究所通讯》2019 年第 8 期